2229- 28 ⑤

DES PRODIGES
ET DES HOMMES

Hélène Renard

DES PRODIGES
ET DES HOMMES

Philippe Lebaud

« *Seul l'extraordinaire nous élargit l'esprit, seul le frisson devant des forces nouvelles accroît notre sensibilité. C'est pourquoi l'exceptionnel est toujours la mesure de toute grandeur.* »

STEPHAN ZWEIG, *Le Combat avec le démon.*

Introduction

Qu'est-ce qu'un prodige ? C'est un phénomène qui sort du cours normal des choses, un événement à proprement parler « extraordinaire » auquel on ne peut trouver d'explication naturelle connue ou concevable dans l'état actuel des connaissances.

Or, le corps humain — dont les lois sont connues dans leur majeure partie — serait capable, en certaines circonstances bien spécifiques, de présenter des phénomènes tellement inouïs, tellement inexplicables, qu'ils répondent à la définition du prodige.

J'ai bien conscience de m'aventurer ici sur des terres dangereuses. Devant le prodige, la raison et l'intelligence n'ont rien à quoi se raccrocher. Les faits prodigieux sont provocants : ils irritent la raison, car leurs lois nous échappent. Nous n'en connaissons pas la cause. Nous n'en comprenons pas le sens. Aussi l'attitude normale est-elle de rejeter tous ces prodiges d'un haussement d'épaules : « Allons donc ! Tout cela est impossible. »

Le corps qui s'allège en lévitant ? Impossible ! Le cadavre qui ne se corrompt point ? la chair marquée de stigmates ? le corps qui devient lumineux ou exhale des parfums ? Impossible ! Impossible ! Et la raison d'énoncer alors — de bon droit — mille arguments pour démontrer cette impossibilité.

Et pourtant, certains phénomènes ne peuvent être raisonnablement rayés des réalités historiques. Ils ont existé — ils existent encore de nos jours. La lévitation, les stigmates, la luminescence du corps, l'hyperthermie, la bilocation, le jeûne absolu, la résistance à la douleur, l'incorruption du cadavre sont des réalités attestées. Ces phénomènes ont été observés et circonstanciés. Les noms, les lieux, les personnes ont été mentionnés de façon précise. Ces réalités, des témoins les ont observées. La recevabilité des témoignages, leur authenticité, ont fait l'objet de travaux sérieux par des historiens compétents qui ont opéré le tri nécessaire pour éliminer les cas de supercherie ou d'exagération. A qui veut mener une recherche sur ces réalités prodigieuses, ces documents sont accessibles et, bien entendu, je les ai consultés.

Il reste donc des faits que, sauf partialité intellectuelle, on ne peut nier ni rejeter sous prétexte qu'ils dérangent. Certes, admettre de tels faits, ne pas les traiter par le mépris, cela exige un effort. Mais il convient, pour garder un véritable esprit objectif, de savoir résister à l'attitude première de rejet.

Les prodiges du corps, on s'en doute, ne sont pas le lot quotidien des êtres ordinaires. Il est rarissime, chacun l'admettra, de rencontrer une personne capable de ne rien manger ni boire pendant des mois ou des années — ce qui est humainement impossible. Pourtant, ces cas existent, et la médecine, pour ne parler que d'elle, en a observé. Cependant, on ne relève de ces êtres prodigieux que quelques-uns par siècle, ce qui, compte tenu du caractère même du prodige, est déjà extraordinaire. On ne s'étonnera donc pas de constater que les prodiges du corps affectent surtout des êtres qui, par leur vie, se distinguent déjà des autres, et parmi eux, en tout premier lieu, les mystiques. Mais ce n'est pas une corrélation absolue. La plupart des prodiges du corps ont en effet un rapport direct avec le mysticisme, de quelque religion que ce soit, mais on les rencontre aussi, comme on le verra, chez d'autres personnes.

Les mystiques[1] ont presque tous pratiqué une ou plusieurs formes d'ascèse[2] c'est-à-dire d'exercices physiques de mortifications (sexuelles, alimentaires, sensorielles, psychiques etc.). L'effort de libération spirituelle s'accompagne de privations sévères. Pour être libre et s'unir au divin, le mystique doit d'abord opérer une rupture, ne plus être tributaire des contraintes du milieu intérieur, des exigences du corps : il ne doit plus être soumis aux impératifs du sommeil, de la faim, de la soif, de la douleur. Ces pratiques ascétiques provoquent parfois des troubles psychologiques, nul ne le nie. Mais on verra que la frontière est réelle (bien que parfois difficile à discerner) entre le déséquilibre volontaire et le déséquilibre pathologique, tel que l'hystérie, par exemple[3].

---

1. Comme le mot « mystère », mystique vient du grec *mustikos* qui veut dire secret, caché.
2. Le mot ascète vient du grec *askêtês* qui signifie « qui s'entraîne, qui s'exerce ». Il s'appliquait dans l'Antiquité aux athlètes.
3. Bergson dans *Les Deux Sources de la morale et de la religion* définit comme suit la « bonne santé » intellectuelle et mystique : « Elle se manifeste par le goût de l'action, la faculté de s'adapter et se réadapter aux circonstances, la fermeté jointe à la souplesse, le discernement prophétique du possible et de l'impossible, un esprit de simplicité qui triomphe des complications, enfin un bon sens supérieur. N'est-ce pas précisément ce qu'on trouve chez les grands mystiques ? »

La mystique, c'est l'expérience de l'union au divin. La lévitation, la luminescence, la bilocation et tous les autres prodiges n'en sont que des manifestations observables.

La mystique ne saurait donc, en aucun cas, être réduite à ces manifestations corporelles et visibles.

Certains êtres, reconnus comme grands mystiques, n'ont pas eu un « corps à prodiges » ; mais, à l'opposé, d'autres, dont on pourrait mettre en doute la vertu ou les prétentions à la sainteté, ont manifesté dans leur corps des phénomènes de nature prodigieuse.

Certains spécialistes de la mystique insistent sur ce point. Docteur ès sciences, professeur de philosophie et de théologie à Louvain, Joseph Maréchal[1] écrit : « La mystique est un mode exceptionnel d'union à Dieu ; elle s'accompagne d'un lot variable de phénomènes supranormaux, sinon miraculeux, plus ou moins associés à la contemplation mystique : transe extatique, visions, clairvoyance, don des langues, prophétisme ; ou encore, lévitations, stigmatisation et autres manifestations psychosomatiques... Nous réserverons à ces phénomènes secondaires, qui peuvent être totalement absents chez un contemplatif, la qualification de « paramystiques »

La sainteté ne réside pas dans les « pouvoirs » ni dans les prodiges : tous les mystiques sont unanimes sur ce point et tiennent les prodiges pour secondaires. Patanjali, par exemple, dans le *Yoga-Sutra*, insiste sur le fait que la liberté, but ultime du yoga, n'est atteinte que si le désir d'acquérir des « pouvoirs » est écarté : « Ces aptitudes extraordinaires ne doivent pas être le but final. » Et quand on évoquait devant Michel Garicoïts (mystique béarnais du XIXe siècle) ses moments de lévitation, il ne s'en inquiétait guère, disant : « Évitons avec soin toute singularité. »

Mon propos, dans cet ouvrage, n'est pas d'écrire un traité sur la sainteté ni sur la mystique, mais un essai d'observation et de description, le plus précis possible, sur les prodiges dont le corps humain est quelquefois le siège. La mystique provoque incontestablement un état particulier qui entraîne de mystérieuses transformations du métabolisme humain (Aimé Michel définit d'ailleurs le prodige comme « une modification dramatique du métabolisme[2] ». Ce sont ces transformations-là, ces modifications fonc-

---

1. Joseph Maréchal : *Études sur la psychologie des mystiques* (Alcan, 1924).
2. Aimé Michel : *Metanoïa* (Albin Michel, 1986).

tionnelles, ces « métamorphoses » pourrait-on dire, et peut être ces « mutations », qui font l'objet de cet essai.

Isoler un phénomène physique, sans le lier à son contexte mystique, est une méthode qui a l'avantage d'être précise, certes, mais qui est aussi imparfaite : comme si, pour comprendre le fonctionnement d'un être humain, on examinait, en les séparant du reste du corps, le bras ou la jambe. On ne peut comprendre la mystique en l'étudiant seulement par ses phénomènes somatiques car elle les déborde de beaucoup. Un cas mystique, un être mystique, est un « tout », à la fois organique et psychique, où les interactions sont indissociables. Cependant, dans cet essai, j'ai choisi volontairement de « disséquer » chaque prodige en laissant de côté la relation privilégiée au divin de l'être concerné.

Les modifications physiologiques subies par ces êtres exceptionnels mériteraient qu'on leur consacre une science, une « biologie mystique » qui aurait pour objet d'étudier cet aspect encore mal connu du corps humain quand il est soumis à une discipline afin d'atteindre un but spirituellement élevé. Ce serait une biologie des hauteurs... une biologie d'exception.

Mais une autre question se pose : l'expérience mystique peut-elle être l'objet d'une observation scientifique objective [1] ?

La science positive a pour domaine des faits définis, elle étudie des aspects du réel en les isolant. Mais, quand il s'agit d'une expérience interne ineffable, incommunicable, dont le premier caractère est justement d'être globale, comment la science pourrait-elle s'en faire l'observatrice ?

Dans une de ses récentes chroniques [2], Aimé Michel soulignait ce point : « L'expérience religieuse, intérieur par nature, est mécaniquement rejetée parmi les fantasmes. Tel est l'aveuglement profond de notre temps. » Et il est vrai que, si les prodiges mystiques ont été solidement attestés par des témoins, ils ne furent que très rarement observés dans des conditions scientifiquement satisfaisantes. Cependant, la médecine (qui n'est pas toute la science) a eu souvent fois l'occasion d'observer des prodiges

---

1. Tel était le thème du Congrès international de Psychologie à Genève en 1910 : La psychologie religieuse peut-elle être abordée comme une science empirique ?
2. Du journal *La France catholique* n° 2171. Et il ajoute : « Le mot expérience tend à ne plus signifier qu'" expérience répétable dans le monde physique ", où le temps s'écoule du passé connu vers le futur conjecturé, excluant toute idée de but, de fin, de sens. »

mystiques ; et ces observations-là sont évidemment de grand intérêt, bien qu'elles n'apportent en aucune façon d'explications au mystère. Le prodige est inexplicable et le demeure. Sinon il ne s'agit plus d'un prodige.

On ne cherchera donc ici aucune « explication », mais on trouvera — je le souhaite — des pistes de réflexion, des comparaisons de disciplines et de domaines, des analogies, des arguments et des contre-arguments, qui contribuent à éclairer le mystère des êtres que leur union au divin affranchit des lois naturelles.

Vivre sans manger

Le jeûne est une discipline de mortification qui consiste à réduire pendant un temps plus ou moins long la quantité de nourriture absorbée. Tous les ascètes, de quelque religion que ce soit, s'entraînent au jeûne. Pourquoi ? Parce que la modification des fonctions digestives irait dans le sens d'une purification de l'organisme, donc d'une libération de l'esprit.

Théoriquement, la privation de nourriture a des limites physiologiques : quatre ou cinq jours pour la boisson, quarante à soixante jours pour la nourriture solide. Quelques cas tout à fait exceptionnels autorisent à parler de *jeûne absolu*. Certains mystiques n'ont rien mangé ni bu pendant plusieurs années, ce qui est normalement impossible.

En réalité, la différence entre un jeûne extrêmement rigoureux et un jeûne absolu repose sur ce point essentiel : ne rien boire. On verra qu'il convient d'établir des « degrés » dans l'étude du jeûne : il peut être extraordinaire dans la plupart des cas ; il ne sera considéré comme « prodige » que lorsqu'il sera absolu (nourriture et boisson).

Le jeûne mystique absolu est appelé par les spécialistes *inédie* (du latin *in* particule privative, et *edo* manger).

Dès le XVIe siècle, le mystère des jeûneurs attirait l'attention [1]. Au fond des campagnes françaises, on se racontait des histoires... Celle, par exemple, de cette petite fille de douze ans, qui vivait à Commercy, en Lorraine et dont on disait qu'elle était restée trois ans sans manger. Au bout de ce laps de temps, et sans qu'on sache pourquoi, elle reprit normalement de la nourriture. Et dans d'autres provinces aussi, de telles anecdotes circulaient [2] : près de Sens, à Vauprofonde, en 1616, on signalait le cas d'un jeune garçon, Jean Godeau, qui était resté cinq ans sans rien avaler.

En Côte d'Or, à Beaune, c'est encore une fillette de dix ans et demi [3] qui souffrait de migraines, de paralysies et de syncopes, mais qui « avait toute sa tête intacte » : elle ne buvait que de l'eau et s'en portait bien ; elle avait « l'œil vif, le teint coloré, les lèvres vermeilles, mais son ventre était si affaissé qu'on touchait les vertèberes ». Un jour, elle eut subitement faim et tout rentra dans l'ordre. Elle était tout de même restée sans manger pendant quatre ans !

Et la veuve Zélie Bouriou ? Que n'a-t-on pas raconté sur elle ! Elle vivait en Dordogne à La Verrerie, commune de Paussac. A trente-cinq ans, elle perdit accidentellement son mari et ses enfants. Elle en fit une maladie nerveuse et fut conduite à l'hôpital de Bourdeilles, près de Brantôme. Elle resta cent vingt-cinq jours sous étroite surveillance, sans rien prendre qu'un peu d'eau qu'elle rejetait. Les journaux de l'époque, 1896, évoquèrent largement ce cas : elle resta neuf ans sans manger, tout en gardant sa vivacité.

1. Albert de Rochas en fait un bon recensement pour les cas français dans son ouvrage : *Suspendre la vie* (Éd. Dorbon-Aîné).
2. Il circulait même des « livres » puisqu'une brochure, datée de 1586, en Anjou, porte le titre : *Histoire admirable et véritable d'une fille champêtre qui a été quatre ans sans user d'autres nourritures que d'un peu d'eau.*
3. Ce cas est relaté dans les Mémoires de l'Académie des sciences. Il se serait passé en 1751.

Quand on l'interrogeait sur son abstinence, elle disait, en patois, « je ne pourrai pas avaler seulement gros comme cela d'aliments », et montrait la tête d'une épingle.

Est-ce que cette année 1896 aurait été propice aux jeûnes ? On signalait à Belle-Île-en-Mer une Marie-Josèphe Seveni qui n'aurait rien avalé durant vingt ans.

En 1900, Gaston Mery écrivait : « Je connais une femme dont on ne parle jamais et dont le cas, qui dure depuis dix-sept ans, me paraît extraordinaire. On pourrait l'appeler « la jeûneuse d'Hottot », du nom du joli village normand où elle habite à deux pas de Caen[1]. Rose Savary ne dort jamais et ne mange pas. Elle a quarante-deux ans. Depuis 1883, elle est couchée. De quoi souffre-t-elle ? D'un arrêt des fonctions de l'estomac. Elle ne peut rien digérer. Cette jeûneuse avait des sensations de faim, cas assez surprenant. Comme elle suppliait un jour qu'on lui fasse goûter une fraise, on la lui donna dans un peu d'eau sucrée. Deux jours plus tard, elle vomit la fraise, intacte. Aucun des médecins consultés ne parvint à guérir cette malade.

Un cas également célèbre aux États-Unis, celui de Mollie Fancher[2], cette Américaine qui vécut sans rien manger à partir du moment où elle devint invalide, frappée par la tuberculose (1866), à l'âge de dix-huit ans et cela jusqu'à sa mort. La polémique autour de ce cas fut sévère, certains dénonçant une supercherie, sans se déplacer pour autant afin d'examiner la jeune fille, d'autres criant très haut leur mépris, tout simplement parce que l'instinct se révolte contre cette idée absurde : vivre sans manger. Plusieurs médecins, le professeur West, le docteur Speir (qui cite dans ses rapports les noms de sommités de New York qui ont contrôlé le jeûne), ont cependant étudié son cas et confirmé le jeûne absolu. « Je peux dire avec certitude qu'elle n'a rien mangé, affirme le docteur Speir. Je ne crois pas qu'aucun aliment solide ait passé les lèvres de cette femme depuis son attaque de paralysie... Je la force de temps en temps à prendre une cuillère d'eau ou de lait, en utilisant un instrument pour lui ouvrir la bouche. Mais cela lui est très douloureux... J'ai pris toutes les précautions contre la supercherie, arrivant parfois à l'improviste chez la malade à onze heures du soir ou à minuit. Je l'ai toujours trouvée couchée dans la

---

1. Hottot-en-Auge est plus précisément situé près de Dozulé.
2. Thurston et Aimé Michel relatent tous deux ce cas en détail.

même position.» Sa déchéance physique (ses membres inférieurs atrophiés étaient tordus sous elle) lui permit, dit-on, d'acquérir des dons remarquables de seconde vue et de se prétendre en relation avec des esprits défunts... Une odeur de spiritisme n'a rien à envier à une odeur de soufre... et ses facultés, réelles ou non, lui firent grand tort.

Un mystère de l'existence humaine

Au printemps 1988, l'agence de presse chinoise Xinhua révèle l'existence d'une jeune fille qui n'a absorbé aucun aliment solide depuis dix ans. Elle s'appelle Xiong Zaiding, elle a vingt-cinq ans et habite un village de la province de Hubei. A quinze ans, elle tombe subitement malade et sa fièvre monte à 42° C. Elle est hospitalisée à l'hôpital Xiehe de Wuhan et examinée par divers spécialistes. A la suite de cette maladie mystérieuse, elle refuse toute nourriture solide. Quand la nourriture arrive dans l'œsophage, des spasmes violents la lui font rejeter. De 1978 à 1986, elle reste alitée, ne survivant que grâce à des injections de glucose. Il y a un an, cependant, un changement s'est opéré. Elle peut maintenant s'alimenter elle-même en buvant un peu d'eau de riz, de la soupe de légumes et du sirop. Elle est désormais capable de se lever, et son poids, aujourd'hui de quarante kilos, est supérieur de dix kilos à celui de l'an passé.

Dans une interview datée de janvier 1988, le professeur Zang Jinkun, directeur de l'hôpital Xiehe et spécialiste de l'appareil digestif, qui a conduit les examens cliniques sur la jeune fille pendant plus de cent jours, ne peut apporter d'explication au jeûne qu'il a observé. Il le considère comme « un mystère de l'existence humaine ». Il précise également que « ses deux jambes longtemps atrophiées, peuvent maintenant se détendre », mais que, très sensible à la chaleur, elle ne supporte même pas de mettre un gilet de coton en hiver. Notons ces détails car nous les retrouverons dans les cas mystiques de jeûne absolu : paralysie et hyperthermie.

Sommes-nous ici en présence d'un cas de jeûne absolu — d'inédie pour reprendre le langage des spécialistes de la mystique ? Assurément non, puisque ce jeûne-ci ne concerne que la nourriture solide, et qu'avec de l'eau, des vitamines apportées par des légumes et du sucre, il est possible — bien qu'extraordinaire — que la santé de cette jeune fille ne soit pas altérée.

Le professeur Mirouze, professeur de clinique des maladies

métaboliques et endocriniennes, précise les conséquences de la privation de nourriture sur l'organisme, et en particulier sur le cerveau[1] :

« Le premier apport nutritionnel indispensable est le sucre. Les cellules cérébrales ne consomment que du sucre. Quand celui-ci n'est plus apporté de l'extérieur, il faut forcément le prendre sur des réserves. Il se trouve que l'organisme s'adapte à la privation de nourriture provisoire car il est capable de transformer des graisses de réserve, des protéines de réserve, en sucre. La fonction cérébrale peut donc se maintenir un certain temps, mais pas éternellement. Tant que le manque de sucre est compensé par les conversions métaboliques endogènes, qui fabriquent du sucre, le système nerveux ne s'en ressent pas. Quand celles-ci deviennent insuffisantes, surviennent alors des troubles psychiques, le délire, l'agitation, puis le coma. »

Mais en dehors du manque de sucre, la privation de nourriture entraîne d'autres carences très graves :

« Quand il existe une carence en lipides, l'organisme ne fabrique plus les stéroïdes dont il a besoin pour le fonctionnement des capsules surrénales, qui sont un des éléments essentiels au maintien de la vie. La carence en protéines entraîne un déficit des hormones polypeptidiques. Les protéines jouent un rôle important d'aliment énergétique et d'aliment plastique. Si ces aliments plastiques ne sont pas apportés de l'extérieur, ils font gravement défaut. Les acides aminés sont indispensables et ils sont justement apportés par des protéines élémentaires qui viennent de l'extérieur puisque l'organisme ne sait pas en faire la synthèse. »

Vivre sans manger est donc dangereux, pour ne pas dire impossible. Et cependant, l'histoire ne manque pas de cas de jeûne extrême, de restrictions volontaires insensées. Je n'en veux pour exemples que ces ascètes anachorètes du désert, ces hommes « ivres de Dieu » qui fascinent Jacques Lacarrière[2] et dont le « menu » quotidien n'excite guère l'appétit.

1. Je rapporte ici les propos d'une interview qu'il m'a accordée mais on lira pour plus de détails le chapitre « Comportements et conduites alimentaires » qu'il a rédigé pour l'ouvrage collectif *Pour en finir avec les maladies psychosomatiques* (Albin Michel, 1987).
2. Jacques Lacarrière : *Les Hommes ivres de Dieu* (Fayard, 1975). Le roman qu'il a consacré à Marie l'Égyptienne (Lattès, 1983) raconte aussi les « exploits » ascétiques de cette ancienne prostituée qui, convertie, s'exile dans le désert. Jacques Lacarrière a également présenté les textes de Sophrone : *Vie de sainte Marie Égyptienne pénitente*, et ceux de Théodoret de Cyr : *Vie de saint Siméon le Stylite* (Éd. Jérôme Millon, 1985).

Ainsi, à vingt ans, Antoine se retira dans une forteresse abandonnée où il resta vingt ans, « se nourrissant exclusivement de pain et d'eau, dormant deux à trois heures par nuit ». A la suite de cette période d'ascèse solitaire, « il n'était ni grossi par le manque d'exercice, ni atténué par tant de jeûnes. Il avait le même visage qu'auparavant, la même tranquillité d'esprit et l'humeur aussi agréable... »

Selon saint Jérôme [1], Paul de Thèbes (à ne pas confondre avec saint Paul de Tarse) vécut en Thébaïde en ermite. Il s'installa définitivement dans une grotte auprès d'une source et d'un palmier qui lui fournirent l'essentiel pour subsister : l'eau et les dattes. « J'ai vu, écrit saint Jérôme, des solitaires, dont un, reclus depuis trente ans dans une caverne, ne vivait que de pain d'orge et d'eau bourbeuse, et un autre, enfermé dans une vieille citerne, vivant de cinq figues par jour. »

Pakôme, fondateur des moines coptes, fit auprès d'un ancien l'apprentissage de l'ascèse : sept ans de jeûne, sept ans de privation de sommeil. Son maître l'avait prévenu : « En été, je jeûne tous les jours, en hiver, je mange tous les deux jours. Je ne prends que de l'eau, du pain, du sel, et je dors rarement. » Pakôme s'habitua si bien à ces aliments « auxquels il ajoutait un peu de cendre pour leur donner mauvais goût », qu'il imposa ce régime à la communauté. Cependant, il s'aperçut bien vite que certains moines avaient tendance à faire des excès de zèle concernant le jeûne. Il imposa donc à chaque repas au moins « quatre ou cinq bouchées de pain pour éviter la vanité » !

Jacques Lacarrière estime qu'au IVe siècle on comptait cinquante mille solitaires vivant dans le désert de la Thébaïde et pratiquant un tel régime.

Piotr ne se nourrissait que d'un petit pain et cinq olives par jour, Makaire ne mangeait que des herbes crues ou trempées dans l'eau et « il n'y trouva pas une grande difficulté ». Il inaugura même une nouvelle façon de manger le pain : l'émietter et le glisser dans une bouteille en décidant de ne manger que ce qu'il pourrait attraper avec les doigts. « Il pratiqua, nous disent les textes, cette ascèse pendant trois ans, ne mangeant que quatre ou cinq onces de pain par jour (environ cent grammes), buvant un peu d'eau et un peu d'huile (un cruchon par an).

---

1. Saint Jérôme vécut lui-même comme ermite dans le désert pendant trois ans (IVe siècle), puis continua à mener une vie ascétique jusqu'à sa mort en 420.

Il ne faudrait cependant pas croire que ces « hommes ivres de Dieu » supportaient allégrement toutes ces austérités. Makaire raconte à Evagre : « J'ai passé vingt ans dans ce désert à souffrir de la faim, de la soif et du sommeil, car je ne prenais chaque jour qu'un peu de pain, je mesurais mon eau, et je prenais à la dérobée, m'adossant à la muraille, le peu de sommeil dont je ne pouvais me passer. »

Faut-il encore citer les fameux « brouteurs » qui ne se nourrissaient qu'en rampant sur le sol d'herbes et de racines ? Ils broutaient si bien, d'ailleurs, que les paysans, selon ce que rapporte l'égyptologue Jean Doresse [1], les chassaient, le bétail ne trouvant plus sa pâture. Et que dire des stylites, perchés sur leur colonne, qui ne mangeaient qu'une fois par semaine et « avaient le ventre si plat qu'ils n'avaient nulle peine à se courber et à toucher de leur front la pointe de leurs pieds » ?

Que penser de ce « menu » des anachorètes ? Est-il humainement viable ? Pour le professeur Mirouze cela ne fait aucun doute :

« Si ces ascètes mangeaient du pain en petite quantité, quelquefois des herbes ou des graines, des olives, de l'eau et du sel, ils trouvaient là des éléments suffisants pour vivre très longtemps : l'eau et le sel maintiennent la diurèse, les olives ou un peu d'huile apportent les corps gras, les lentilles ou les graines, des glucides. Avec cela, vous pouvez vivre indéfiniment ! »

Le jeûne selon le yoga

D'après l'enseignement de Patañjali [2], le jeûne est une ascèse qui s'acquiert en contrôlant, par le yoga, le chakra vishudda, situé au creux de la gorge :

« Prendre la gorge comme support d'enquête au samyama donne la compréhension de la faim et de la soif. Cela permet de maîtriser leurs manifestations extrêmes. »

---

1. Dans son ouvrage *L'Empire du prêtre Jean*, paru aux éditions Plon. Jean Doresse a été l'un des tout premiers traducteurs des fameux manuscrits de la mer Morte, écrits gnostiques en langue copte datant du IVe siècle : *Les Livres secrets des gnostiques d'Égypte* (Éditions du Rocher, 1984).
2. *Yoga Sûtra de Patañjali*, texte traduit et commentaires de T.V.K. Desikashar (Éd. du Rocher, 1986).

Desikashar ajoute dans son commentaire : « Comme le nombril, la gorge est une région vitale. Notre appétit pour certaines nourritures, la faim et la soif, sont tous ressentis à cet endroit. »

Le chakra vishudda correspond aux amygdales, aux glandes salivaires, à la thyroïde et à la gorge.

Gérard Edde, étudiant la santé et les chakras[1], la médecine tantrique des centres d'énergie, note que l'individu dont le chakra est pleinement développé ne dort que quatre à cinq heures.

Rappelons que ce serait une erreur d'identifier les chakras avec les plexus physiologiques proprement dit. Les chakras, en effet, sont des centres subtils que seul le yogi peut voir avec son « œil mental ». La physiologie occidentale et la physiologie selon le tantrisme ne correspondent pas exactement.

1. G. Eddè : *Chakras et santé* (Éd. L'Originel, 1985).

Le jeûne mystique

Nous venons de considérer des cas de jeûne extrême (pour ne pas dire excessif) pratiqué volontairement. Mais l'histoire des mystiques montre que le jeûne absolu n'est pas une question de volonté. Ce n'est pas par goût de l'ascèse que certains ont arrêté de se nourrir, mais parce qu'ils éprouvaient une immense répugnance physique pour la nourriture, au point qu'elle les empêchait d'avaler et les faisait vomir. La volonté du mystique participe si peu à ce prodige qu'il (ou elle) n'est même pas capable d'obéir à l'ordre de son supérieur quand celui-ci exige qu'il se nourrisse (souvent parce que ce jeûne extrême était tenu pour une excentricité et donc une faute d'orgueil à réprimer).

C'est le cas, par exemple, pour Marie-Madeleine de Pazzi (morte en 1607) dont on nous dit qu'elle ne se nourrissait que de pain sec. Elle vomissait tous les repas que ses supérieurs l'obligeaient à prendre pour éviter qu'elle ne se distingue du reste de la communauté. Avec humilité, elle se soumettait, avalait, mais rejetait tout. Elle fut donc autorisée à suivre ce régime de pain sec pour le reste de sa vie et s'en porta bien. Ce cas de jeûne extrême n'est pas un prodige de jeûne absolu malgré son caractère extraordinaire. Il en est de même d'ailleurs pour d'autres mystiques « jeûneurs par répugnance » si l'on ose cette expression.

La biographie d'Agnès de Jésus[1], de Langeac, dans la Haute-Loire, mentionne qu'elle se faisait violence pour avaler ce qu'on lui ordonnait de manger, mais sans succès. L'un de ses directeurs, le père Boyre, jésuite, déclare qu'à une certaine époque, elle fut autorisée à abandonner ses tentatives pour manger puisqu'elle n'y parvenait pas. Elle vécut ainsi sept mois sans autre nourriture que l'Eucharistie (la biographie ne mentionne rien à propos de la boisson). Elle devint faible mais ne semblait pas malade. Au prix de grandes souffrances et par degré, elle recouvrit la faculté de prendre quelques aliments mais toujours en très petite quantité. Manifestement, sa volonté n'était pas en cause ; il semble qu'il y ait eu une réelle impossibilité physiologique.

Comme la jeune Chinoise dont je mentionnais le cas en commençant ce chapitre, Angélique (sœur Bernard de la Croix), née en 1820 à Sainte-Foy près de Bordeaux, ne supportait qu'avec peine du laitage et des fruits en très petites quantités. Entrée au couvent à vingt-deux ans, stigmatisée six mois après, elle était d'un caractère gai et franc. Un détail de sa biographie mentionne qu'un médecin fut appelé près d'elle parce qu'on craignait une paralysie[2].

Le docteur Imbert-Gourbeyre a observé durant de longues années la stigmatisée de La Fraudais, près de Blain en Loire-Atlantique. Marie-Julie Jahenny est restée plusieurs fois sans aucune nourriture, une fois pendant quatre-vingt-quatorze jours, une autre fois pendant cinq ans. « Pendant toute cette période, note le médecin, il n'y eut aucune excrétion liquide ou solide. » Ne mettons pas en doute la conscience professionnelle de ce médecin mais remarquons, là encore, qu'il ne précise pas si elle buvait ou non. Il semble que tout le monde ait fixé son attention sur le fait de ne rien manger mais que personne n'ait souligné le fait de boire ou pas. Or, c'est le point essentiel...

1. Les témoignages bien rapportés dans sa biographie établie par Lantages et Luçot, parue en 1863, sont solidement attestés.
2. Le docteur Imbert-Gourbeyre tenait ce témoignage directement de la supérieure du couvent de Lyon où vivait Angélique.

Au Boulleret, dans la Creuse, une autre stigmatisée, Joséphine Reverdy, vomissait du sang et restait sans manger durant plusieurs semaines. Voulant vérifier ce qu'on lui racontait, l'évêque du lieu entreprit une enquête et fit établir une surveillance sévère : nuit et jour, du 25 octobre au 7 décembre 1877, soit quarante et un jours, Joséphine fut surveillée par cinq femmes le jour et cinq autres femmes la nuit. Quatre cents personnes en tout ! Ces grands moyens ne permirent cependant pas une démonstration éclatante (à mon avis), car rester quarante et un jours sans manger est certes, exceptionnel, mais des grévistes de la faim ont tenu cinquante-quatre jours, tel Bobby Sands en Irlande en 1981. Cette enquête aurait dû être établie sur la boisson plutôt que sur la nourriture.

La mort de Marthe Robin est encore trop récente (6 février 1981) pour qu'on puisse avoir accès à toutes les pièces de son dossier[1]. Les différents témoignages personnels que j'ai pu recueillir tendent à accréditer le jeûne absolu de Marthe pendant cinquante ans. Mais il est parfois contesté par d'autres (dont les arguments sont, à mon avis, plus faibles) : elle aurait été plutôt jeûneuse partielle.

Marthe vivait dans la ferme familiale à Châteauneuf-de-Galaure, près de Saint-Vallier dans la Drôme. L'ancien curé de Saint-Vallier, le père Jacques Fougère, qui porta pendant de nombreuses années la communion à cette mystique, m'a affirmé qu'elle ne mangeait ni ne buvait rien en dehors de l'Eucharistie. Ce témoin oculaire n'avait évidemment pas pour rôle d'effectuer une surveillance ni une vérification. Mais il n'était pas non plus disposé à encourager une supercherie.

De même, Jean Guitton[2] affirme que cette supercherie est invraisemblable quand on connaît les lieux, les personnes et l'emploi du temps des journées. Je m'en suis entretenue avec lui au moment de la sortie de son ouvrage : *Portrait de Marthe Robin.* Marthe a cessé de s'alimenter progressivement. Elle est tombée plusieurs fois dans le coma. Elle a eu plusieurs attaques de

---

1. On peut avoir un aperçu de sa vie dans le petit livre *Petite vie de Marthe Robin* par Raymond Peyret (Desclée de Brouwer-Peuple livre, 1988). Cet auteur a publié plusieurs ouvrages sur cette mystique chez ce même éditeur.
2. Jean Guitton : *Portrait de Marthe Robin* (Grasset, 1985). L'auteur a bien connu la mystique et dresse d'elle un portrait attachant, tout en portant une réflexion sur les prodiges qu'elle manifestait.

paralysie et a perdu complètement le sommeil. A partir de 1928 et jusqu'à sa mort, elle n'a plus rien absorbé, hormis l'hostie consacrée.

On le comprend : tous les cas de jeûne spectaculaire mentionnés dans les biographies mystiques ne sont pas à considérer de la même façon. Certains critères sont éliminatoires : quand le cas est historiquement trop ancien, mal précisé ; quand les témoignages ne sont pas tirés de témoins oculaires ; quand les détails sont trop tardifs ou à l'évidence ajoutés ultérieurement ; quand les notions sur le jeûne lui-même sont par trop approximatives.

Cela étant dit, reste-t-il des cas où le jeûne des mystiques a été incontestablement établi, tel qu'on puisse le déclarer « absolu » et parler alors d' « inédie » ?

Il en existe au moins deux dont la véracité paraît indiscutable car ils ont fait l'objet d'études médicales approfondies.

Jusqu'à l'impossible

Louise Lateau (1850-1883), la stigmatisée de Bois-d'Haine en Belgique, fut l'objet d'une telle surveillance par les médecins que son cas provoqua controverses et communications contradictoires à l'Académie royale de médecine de Bruxelles[1].

Du jour où elle eut les premiers saignements à l'endroit des stigmates (avril 1868), elle conçut un grand dégoût pour la nourriture. Étant enfant, elle s'alimentait déjà fort peu mais, après sa stigmatisation, elle mangea de moins en moins. Tous les vendredis, jour où le sang coulait, elle ne prenait aucune espèce d'aliment. « Les autres jours, précise Thurston[2], ce qu'elle prenait ne dépassait pas une once ou deux de pain, une demi-pomme ou une cuillère de légumes. Le 30 mars 1871 fut le dernier jour où Louise put manger et digérer une nourriture solide sans douleurs aiguës ; elle faisait de son mieux pour obéir quand sa mère ou son confesseur insistaient pour lui faire prendre quelque aliment mais, si elle se forçait, avec de grandes difficultés, à avaler quelque chose, son estomac le rejetait immédiatement. »

1. Le compte rendu des débats est publié dans le bulletin de l'Académie royale de médecine, de 1876, volume IX.
2. Dans son chapitre « Les mystiques, grévistes de la faim ? », en reprenant les éléments de la biographie établie en Belgique par J. de Launoy.

Un médecin, le docteur Warlomont, examina le lait qu'elle avait rejeté : il n'était pas caillé, preuve que les sécrétions gastriques n'avaient pas fonctionné. (Cet examen donnerait donc à penser que l'estomac ne remplissait plus son rôle.) La pauvre Louise fut soumise à de très nombreuses expériences, tant pour vérifier ses stigmates que pour prouver son jeûne total. On est d'ailleurs horrifié de lire la façon dont les médecins de l'époque soumettaient la pauvre fille à leurs examens !

Jamais aucun docteur n'a pu apporter la moindre preuve de supercherie : Louise est restée sept ans sans aucune nourriture, hormis l'hostie consacrée, et sans la moindre boisson. Alors qu'elle était mourante, le docteur Lefêvre, sur ordre de l'évêque, interrogea la jeune fille :

« Louise, puisque vos forces s'en vont rapidement, puisque vous êtes près de mourir, en présence de Dieu dont le tribunal vous jugera bientôt, dites-moi si vous avez mangé ou bu quoi que ce soit pendant ces sept dernières années. »

Quand on a la foi en Dieu et qu'on va mourir, est-ce le moment de mentir ? Louise répondit sans hésiter :

« En présence de Dieu qui sera mon juge, devant la mort que j'attends, je vous assure que je n'ai ni mangé ni bu depuis sept ans. »

S'il y a au moins une chose qu'on ne puisse mettre en doute, c'est la sincérité de la jeune fille. Même ses détracteurs le reconnaissaient de bonne foi.

Sept ans sans manger ni boire, sept ans stigmatisée, sept ans sans presque dormir : je souligne là une « trilogie » qui se rencontre dans de nombreux cas semblables : jeûne-stigmates-sommeil. Il apparaît certain que ces trois phénomènes sont liés. Un exemple de cette « trilogie », parmi d'autres, est celui d'Anne-Catherine Emmerick (morte en 1824) maltraitée elle aussi par les nombreux médecins qui l'examinèrent. Elle demeura pendant cinq mois sans rien absorber sauf de l'eau, bien que le rapport du docteur Bärhensf mentionne qu'elle prenait quelquefois le jus d'une pomme ou d'une prune cuite que son estomac rejetait sur-le-champ. Anne-Catherine ne dormait quasiment pas et le sang coulait presque continuellement de ses stigmates. La commission médicale nommée en 1819 constata une nouvelle fois qu'elle ne se nourrissait pas et n'avait aucune excrétion. Cette commission était composée de scientifiques très prévenus contre la jeune fille.

Autre cas où il est autorisé de parler de prodige parce que le jeûne fut vraiment absolu : celui de Thérèse Neumann en Bavière. Thurston[1] la présente ainsi : « Nous avons un exemple bien authentifié d'abstention dans le jeûne, ininterrompu depuis cinq ans, de Thérèse Neumann de Konnersreuth : jeûne toujours observé au moment où j'écris (1931). Depuis le jour de Noël 1922, elle n'a, affirme-t-on, rien pris de solide et, depuis 1926, aucun liquide dans un but alimentaire. Pendant un temps, elle a continué à recevoir une gorgée d'eau, chaque jour après la sainte communion, mais, depuis le 30 septembre 1927, elle a renoncé même à cela. On dit par conséquent que, depuis cette dernière date, elle n'a pas rompu le jeûne le plus rigoureux. A l'exception de la sainte Eucharistie elle-même, rien de nutritif ne semble avoir passé ses lèvres. » Thurston précise un détail curieux : c'est seulement quand elle est en extase que Thérèse peut avaler une hostie entière. Sinon, en état normal, elle ne peut même pas en avaler un minuscule fragment.

Thérèse, si elle est stigmatisée, n'est pas à proprement parler paralytique, bien qu'elle ait été pendant plusieurs années clouée au lit, aveugle et sourde, souffrant de contractures musculaires.

Sur ordre de l'évêque de la région, une commission médicale fut nommée pour étudier ce cas, sous la direction d'un médecin réputé, le docteur Seidl. Une surveillance très stricte fut installée. Quatre religieuses, qui s'engageaient sous la foi du serment, se relayaient continuellement pour ne pas quitter la jeune fille des yeux, pendant que des médecins lui prenaient le pouls, la température, le poids... Toutes les excrétions dues aux vomissements, aux écoulements de sang, étaient analysées. Des fouilles minutieuses, une surveillance étroite des relations avec ses parents ou ses visiteurs, étaient prévues afin de démontrer que Thérèse n'était pas une simulatrice

Le docteur Alfred Lechler crut tenir une explication. Il étudiait les phénomènes stigmatiques sous l'angle de l'hypnose et de la suggestion mentale, et, en 1933, il écrivait : « Le fait, à mon avis, indubitable depuis 1927, que Thérèse n'ait absorbé aucune nourriture, même pas une gorgée d'eau, et cela sans perdre de poids ni donner signe de fatigue, sera regardé par les sceptiques comme un phénomène très sensationnel. Ce fait peut-il aussi

---

1. Thurston : *Les Phénomènes physiques du mysticisme*, chapitre « Vivre sans nourriture », page 435.

résulter d'une cause mentale ? Si les stigmates de Thérèse peuvent être expliqués par l'autosuggestion, la conclusion s'impose d'elle-même : son abstinence de nourriture a une origine analogue. » La faille du raisonnement de Lechler est double : d'abord il n'a jamais réussi à démontrer que les stigmates de Thérèse étaient reproductibles par autosuggestion[1], et ensuite, personne n'a jamais pu conditionner quelqu'un à ne pas manger pendant plusieurs années ; personne non plus, et même parmi les malades hystériques, n'a réussi à tenir, fût-ce par autosuggestion, plusieurs années sans aliments ni boisson. Or, de toutes les enquêtes, il est ressorti que Thérèse Neumann est restée quatorze années sans manger ni boire. Scientifiquement, il s'agit bien d'une impossibilité et donc d'un prodige. Ce dernier cas, cependant, ne constitue pas un « record ». On peut en citer d'autres où le jeûne s'est poursuivi également pendant des années.

Catherine de Sienne (née en 1347) cessa de manger peu après son entrée au couvent. Elle resta huit ans sans aucun aliment, se forçant à prendre chaque jour un peu de liquide qu'elle rejetait aussitôt. Catherine de Sienne était d'une grande activité intellectuelle, ambassadrice de Florence auprès du pape, éminente conseillère en politique, grande voyageuse, docteur de l'Église...

Le « record » est porté à douze ans par Angèle de Foligno ; quinze ans par Élisabeth de Reute ; dix-neuf ans par Nicolas de Flue ; vingt ans par Dominique du Paradis ; vingt-huit ans par sainte Ludwine ! (On voit, au passage, que le jeûne ne concerne pas que les femmes, contrairement à ce qui a pu être dit).

Ces cas étant historiquement anciens, je ne les cite que pour montrer que jeûne intense est un phénomène assez fréquemment mentionné dans les biographies (sans mention pour la boisson).

Soulignons que le fait de ne pas manger ne constitue pas, pour l'Église catholique — ni d'ailleurs pour les autres religions — un critère de sainteté. Autrement dit, ce n'est pas parce qu'on est jeûneur absolu qu'on est saint.

L'anorexie mentale

Tous ces éléments physiologiques que nous avons soulignés : vomissements, répugnance à la nourriture, accompagnés fréquem-

---

1. Voir p. 78 pour plus de détails sur ces expériences avec Élisabeth.

ment de paralysies, ayant souvent commencé dans l'enfance par des maladies mal diagnostiquées, font immanquablement penser à une affection bien connue : l'anorexie mentale.

On doit la découverte de cette maladie à Sir William Gull (1868), et le terme d'anorexie hystérique à Charles Lasègue (1873).

Les mystiques seraient-ils simplement des anorexiques ?

L'anorexie mentale se caractérise par une farouche détermination à se sous-alimenter volontairement. Elle touche surtout les femmes et, parmi elles, les adolescentes ou les jeunes filles prépubères. L'anorexique refuse de s'alimenter mais garde une excellente activité physique et intellectuelle. Son poids diminue de façon alarmante mais cela n'entame pas sa vitalité. Autre caractéristique : l'absence de règles et les troubles du sommeil. Quelques heures de repos lui suffisent. D'après les enregistrements électroencéphalographiques du sommeil, il semblerait exister chez l'anorexique une diminution de la phase paradoxale du sommeil, celle où se produit le plus grand nombre des rêves. Des travaux récents ont également montré que l'anorexique est souvent dépressive et que ses ascendants directs le sont aussi (vingt-cinq pour cent des parents anorexiques ou boulimiques, ont présenté des troubles dépressifs). Ces aspects de l'anorexie ont fait l'objet de plusieurs communications médicales aux Ve Journées de Sainte-Anne, en janvier 1988, qui réunissaient à Paris plus de huit cents médecins psychiatres et non psychiatres.

Si les malades anorexiques refusent, pour des raisons en partie psychologiques et en partie endocriniennes, de s'alimenter, ils digèrent toutefois les aliments qu'ils réussissent à avaler. Ce n'est pas le cas des mystiques jeûneurs absolus dont les fonctions digestives paraissent annihilées. L'anorexie mentale, contrairement à ce que l'on a un peu trop vite affirmé, n'est pas une maladie « psychosomatique » où seul le psychique serait en cause. On sait aujourd'hui qu'un dérèglement des fonctions endocriniennes est certainement à la source de cette maladie.

L'ultime stade de l'anorexie est la cachexie, marqué par un amaigrissement impressionnant, la perte de l'élasticité de la peau, la rétractation de l'abdomen, l'asthénie qui oblige à rester alité, pouls et respiration ralentis, température basse...

Jamais aucun mystique jeûneur absolu n'a atteint cette phase de cachexie et n'a montré des signes de consomption, ni même des pertes de poids, pour la plupart.

On ne peut en conséquence assimiler le jeûne mystique total, l'inédie, à l'anorexie. Certes, il existe des éléments qui, à première vue, feraient penser à une ressemblance, mais les différences sont capitales.

Jeûne et psychiatrie

Si les médecins et les psychiatres d'aujourd'hui continuent à se pencher sur l'anorexie, ils ont eu deux prédécesseurs célèbres qui ont observé des malades hystériques anorexiques.

Le professeur Charles Richet (1850-1935), physiologiste, prix Nobel de la paix (1913) avait eu connaissance de nombreux cas d'hystériques qui ingéraient, pendant toute une année, à peine ce qui aurait été nécessaire à un être normal pour deux jours. Il était très intrigué par ce phénomène. A tel point qu'il se livra à des expériences personnelles qu'il juge (ce sont ces propres termes) « tout à fait décisives », regrettant que « ces faits extraordinaires et invraisemblables » fussent passés inaperçus sans critique ni étonnement !

« Une femme était établie chez moi, raconte-t-il, comme institutrice, non mariée, vingt-neuf ans. Son intelligence était parfaitement intacte, nulle paralysie, nulle asthénie, pas de névralgie rebelle. Elle n'était pas suggestible ou à peine. L'appétit était nul et elle avait peur de toute alimentation, car peu de temps après avoir mangé, elle souffrait de douleurs stomacales intolérables... J'ai noté exactement son alimentation, car elle demeurait chez moi et prenait tous ses repas, ou plutôt ce qu'elle appelait ses repas, à la table de famille, et je pesais moi-même ses aliments. Elle ne sortait jamais seule. Il lui était donc impossible d'acheter des aliments au-dehors, et, dans la maison, tous les aliments étaient dans des armoires fermées. Je l'ai surveillée ainsi rigoureusement pendant cinquante-huit jours. » (Richet donne ici un tableau des grammes de toute la nourriture absorbée, concluant qu'elle a avalé, pour les cinquante-huit jours, environ 4 kilos d'aliments.)

« Or, poursuit-il, pendant ce laps de temps, son poids a diminué de 2 kilos. Donc il faut admettre qu'elle a consommé 2 kilos de sa propre substance, soit approximativement par jour 510 calories, c'est-à-dire par kilogramme et par vingt-quatre heures : *12,6 calories.*

« Ce chiffre est prodigieusement faible. Chez les jeûneurs professionnels, la consommation par kilogramme et par vingt-quatre heures a été de 26,4 calories. Chez les paysans italiens les plus mal nourris, le minimum a été de 39,2 calories. Chez les Japonais, les Malais, dont la ration alimentaire est extrêmement faible et qui vivent dans les climats chauds, nous avons trouvé avec Lapicque un minimum de 40 calories par kilogramme. »

Marceline, elle, était surveillante-chef à la Charité. Agée de trente-cinq ans, intelligente et active, elle fut observée à la fois par Richet et par Janet qui purent constater que, durant plusieurs mois, elle s'était nourrie seulement d'une tasse de lait par jour (environ deux cents grammes) en en vomissant une partie.

« Pendant vingt-huit jours, précise Richet, elle a été gardée à vue pendant la journée, et pendant la nuit, enfermée. Son poids a varié à peine. Elle a perdu 600 grammes. » (Richet donne ici tous les détails de l'alimentation en grammes et en calories, pour conclure que Marceline absorbait 7 calories en vingt-quatre heures, alors que les individus normaux à alimentation minimale en absorbent 40, et les biens nourris actifs 55.) « Nul besoin, ajoute Richet, d'insister pour démontrer combien est extraordinaire cette diminution pendant des mois des quatre cinquièmes (et probablement plus encore) de l'alimentation normale. »

Richet poursuit ses observations en portant ses mesures sur la respiration, la consommation d'oxygène et d'acide carbonique. Jamais, ou presque jamais, le quotient respiratoire ne tombe en dessous de 0,65. « Or, dit-il, chez Marceline, au cours de quatre expériences, nous avons trouvé un quotient respiratoire de 0,36, chiffre manifestement inférieur à tous ceux constatés jusqu'à présent, non seulement sur l'homme mais encore sur tous les animaux (sauf les animaux hibernants).

Richet remarque que « cette hypoalimentation n'est pas la cinquième, ou même la dixième partie d'une alimentation normale. Et cependant, la température n'a pas baissé ! Les mouvements musculaires ont put s'opérer comme d'habitude ! L'intelligence est restée à peu près intacte ! La vie a continué sans se ralentir ! Mais le métabolisme s'est étonnamment ralenti ! »

Il y aurait donc des exceptions à cette loi de Lavoisier qui établit que la chaleur animale est le résultat des combustions du carbone et de l'hydrogène des aliments, hypothèse qui ne manque pas de surprendre le professeur Richet : « Tout est incompréhensible chez ces hystériques à jeûne prolongé : l'alimentation diminue des quatre cinquièmes, mais la température ne se modifie pas. Et c'est là, je le répète, un grand mystère. Je n'oserais pas dire qu'il est du ressort de la métapsychique, mais cependant, à certains égards, il s'en approche. »

Métapsychique, disait Richet... On dirait aujourd'hui : pouvoir de l'esprit sur la matière... Ou encore (pourquoi pas ?) : fonction psi, paranormal, ou parapsychologie...

Le professeur Pierre Janet, philosophe et médecin, titulaire de la chaire de psychologie expérimentale au Collège de France, avait observé[1], lui aussi, plusieurs hystériques anorexiques dont l'alimentation était considérablement réduite, en particulier Marceline déjà citée, et surtout Madeleine, qu'il observa au laboratoire de psychologie Claude-Bernard, une malade extatique présentant des sortes de stigmates et atteinte d'un délire religieux.

« Les troubles digestifs, note Janet, ont leurs conséquences mentales. La nécessité d'un régime sévère s'est trouvée en accord avec le penchant de Madeleine à l'ascétisme, et a contribué à cette réduction énorme et surprenante de l'alimentation. Quand on arrive à lui faire avaler dans la journée un litre de lait, un œuf et un petit morceau de pain, c'est fort beau. D'ordinaire, il s'agit de beaucoup moins.

« J'ai d'abord noté méticuleusement l'alimentation de Madeleine pendant plusieurs mois. Si on la laisse libre, elle absorbe uniquement dans les vingt-quatre heures un litre de lait dont elle vomit une partie. Elle est restée des mois avec un litre d'eau et deux cents grammes de lait, car elle ne peut pas prendre à la fois dans la même journée du lait et du pain... »

Janet continue la description précise de ces observations et les rapproche des conclusions de Richet :

« Ce qui est surprenant, c'est qu'avec cette alimentation et ces excrétions si réduites, la malade ne maigrit pas, son poids reste toujours entre 49 et 51 kilogrammes. Madeleine absorbe 0,102 d'oxygène par kilo et par heure, chiffre extrêmement faible : le bilan en calories et en oxygène est le quart de la normale. »

Mêmes conclusions donc que Richet. La respiration, notons-

---

1. L'étude de P. Janet, *De l'angoisse à l'extase, un délire religieux chez une extatique*, est longue (2 vol.), fort détaillée, et je résume ici la seule partie qui concerne la nutrition.

le, présentait des arrêts parfois assez longs, des pauses de 15 secondes pouvant aller jusqu'à 1 mn 20 s. Respiration donc très ralentie tandis que la température restait normale.

Les rapprochements avec les comportements des mystiques jeûneurs sont aisés à faire. Ce qui ne signifie pas, bien entendu, que les mystiques soient des hystériques, mais permet au moins de comprendre que, en effet, le jeûne n'est pas un critère de sainteté. Il est à la fois une ascèse, une discipline pour le corps et surtout une preuve d'un dérèglement du métabolisme. Dans les cas d'hystériques, il n'a jamais été fait mention, soulignons-le, de jeûne absolu, sans nourriture ni boisson. La comparaison entre hystériques et mystiques ne peut donc être tenue, du moins peut-on l'affirmer pour les cas de mystiques sérieusement étudiés par la médecine. D'où l'on peut déduire qu'un certain état d'âme particulier, une certaine qualité de relation au divin, entraînant des modifications métaboliques encore inconnues, permettrait à certains êtres tout à fait exceptionnels de franchir les limites de l'impossible.

Des modifications physiologiques

Plusieurs observations peuvent être faites au niveau des modifications physiologiques consécutives au jeûne absolu :

a) Il ne semble pas que ces jeûneurs présentent une malformation au niveau de l'appareil digestif. Sinon, les nombreux médecins qui ont examiné Louise Lateau et Thérèse Neumann l'auraient signalé. On a parlé pour Marthe Robin (parce qu'elle happait l'hostie sans déglutir) d'une absence d'organe de déglutition, mais cette malformation physiologique aurait été remarquée, et tout ce qu'elle aurait avalé avant d'être jeûneuse aurait emprunté la voie de la trachée-artère au lieu de celle de l'œsophage, ce qui l'aurait immédiatement étouffée.

Imbert-Gourbeyre s'en plaignait déjà à la fin du siècle dernier :

« Ces faits d'abstinence complète sont rarissimes et généralement mal observés ; nous n'en possédons aucune observation rigoureuse, surtout pas d'autopsie pour connaître les lésions et arriver à une genèse. »

Mais l'on peut certainement affirmer que des modifications

des fonctions digestives ont été opérées. Göerres, le premier auteur qui ait recensé de manière systématique les prodiges mystiques, le remarquait déjà au xixe siècle, en parlant de « modifications de l'appareil nutritif », de modifications « du système qui sert à l'assimilation ». Termes évidemment assez vagues dont on ne saurait se contenter... mais la remarque est pertinente.

Jérôme Ribet, lui aussi, développe dans son ouvrage *La Mystique divine* un chapitre sur l'abstinence :

« Les extatiques sont affranchis de la loi de nutrition. Le merveilleux de ces abstinences, en les supposant surnaturelles, s'explique sans peine : c'est une sorte d'incorruptibilité anticipée qui suspend la loi de l'incessante déperdition des organes et dispense par là même de la loi corrélative de la réfection alimentaire. »

Autrement dit, pour Ribet et pour d'autres à sa suite, le jeûne absolu s'explique par une anticipation du corps « glorieux » promis aux chrétiens, à l'image du corps du Christ ressuscité. Pour quelques êtres exceptionnels, l'affranchissement des lois naturelles est déjà commencé.

b) Autre remarque concernant la physiologie, faite par le docteur Imbert-Gourbeyre : il n'y a plus de sécrétions des muqueuses. La muqueuse gastrique, par exemple, ne sécrète plus d'acide chlorhydrique, le chlore et l'hydrogène sont donc retenus. Les règles sont absentes (encore que cette mention ne soit pas fréquente pour les mystiques, mais plutôt pour les anorexiques observées en hôpital). Les stigmatisées saignent cependant abondamment par leurs plaies. Il n'y a pas davantage d'excrétions, ni d'urines (la suppression totale des urines — anurie — est différente de la rétention d'urine — ischurie hystérique — qui nécessite une sonde pour évacuer le liquide qui se forme malgré tout).

c) Chez tous les sujets ou presque, on note un rejet par spasmes, des vomissements de toute nourriture et une absence de sensation de faim. Or, la sensation de faim est produite dans un endroit bien localisé du cerveau, et l'on sait aujourd'hui, de manière plus précise, que certaines entéro-hormones, comme la bombésine, stimulent puissamment le centre de la satiété et inhibe donc l'appétit, et que le contrôle de l'appétit est également lié aux informations livrées à l'hypothalamus par les dépôts graisseux.

Toutes ces découvertes récentes, liées à celles des neurotransmetteurs, ne sont pas encore achevées. Et, on le devine, la
complexité physio-pathologique des mécanismes qui régulent
l'appétit ne permet pas d'analyser très exactement ce qui se passe
ni dans les cas d'anorexie mentale, ni dans les cas de jeûne absolu.

Mais il est évident que le jeûne absolu entraîne toutes sortes
de modifications métaboliques (les taux d'insuline, de glucagon,
d'hormone de croissance, sont modifiés, les taux de noradrénaline
et de catécholamine sont réduits, etc.), et des modifications
hormonales (diminution du taux d'hormone génitale, de testosté-
rone en particulier).

Ce que l'on sait, c'est que certaines insuffisances alimentaires
entraînent des modifications endocrino-métaboliques (arrêt des
règles, instabilité thermique par exemple), cardio-vasculaires
(ralentissement du cœur, hypotension artérielle), des modifications digestives évidemment (paralysie gastrique), hématologiques
aussi — et le rôle du sang, on le verra, est primordial (anémie,
diminution des globules blancs...). Tout cela, désormais, les
spécialistes de la nutrition le savent mais en étudiant des jeûnes
partiels, car les cas de jeûnes absolus sont infiniment rares.

D'air et de lumière

On connaît la fameuse loi de Lavoisier : rien ne se perd, tout
se transforme. Supposons donc que les mystiques jeûneurs absolus
ne perdent rien mais qu'ils transforment tout. Comme ils n'absorbent rien, aucun élément exogène ne pénètre en eux... sauf l'air et
la lumière.

L'air ? Marthe Robin, tout comme Thérèse Neumann, ne
pouvait supporter qu'on ferme la fenêtre. Sinon elle étouffait.
L'organisme métaboliquement modifié des mystiques emprunte-
rait-il les éléments de sa vie à l'oxygène de l'air ? Se trouverait
alors vérifié ce dicton populaire : on ne vit pas de l'air du temps.
Quand on est un être normal, en effet. Mais quand on a dépassé le
stade de l'humain... ?

Mais, hélas ! aucun mystique n'a été soumis à des mesures
scientifiques pour évaluer sa ventilation pulmonaire. Les quelques
mesures de Richet et Janet ne permettent qu'une faible comparaison avec des malades hystériques : respiration très ralentie,

volume d'oxygène absorbé diminué de moitié par rapport à la normale.

Quant à la lumière, je pense à la réponse de Giri Bala, qui serait restée cinquante-six ans sans manger ni boire, à Paramhansa Yogananda :
« Mère, à quoi sert que vous vous soyez singularisée en vivant ainsi sans nourriture ?
— A prouver que l'homme est esprit ; à montrer que, par les progrès vers Dieu, l'homme peut apprendre à vivre de la lumière divine et non de nourriture. »
Et les soufis ne disent rien d'autre...
Peut-on, à partir de ces quelques observations, aboutir à une conclusion ?

S'il est impossible dans une physiologie humaine normale de rester plusieurs années sans boire ni manger, on peut penser, en considérant les cas de jeûneurs absolus attestés, que l'organisme humain peut être sujet, exceptionnellement, à des modifications métaboliques et endrocriniennes importantes, même si, aujourd'hui, il est encore difficile de préciser la nature exacte de ces modifications.
Il devient alors évident qu'à partir du moment où l'on peut admettre que l'organisme humain est modifiable et que les fameuses « lois de la nature » comportent des exceptions, un prodige comme le jeûne absolu est alors passé du domaine de l'impossible au domaine de l'improbable mais possible. Il devient une autre « réalité ».
Les mystiques affirment que le jeûne absolu est dû à une intervention divine. Selon le Christ, en effet, « l'homme ne vit pas seulement de pain mais de toute parole qui sort de la bouche de Dieu ». « Mon corps, a-t-il affirmé, est une vraie nourriture ; celui qui mange le pain que je lui donnerai n'aura plus jamais faim... »
Le message, appliqué au sens strict, permettrait au corps humain d'accéder à un autre état : cette anticipation du corps « glorieux » promis aux chrétiens, que nous avons déjà évoquée.

Devenir lumière

LA LUMINESCENCE

On appelle luminescence ou bioluminescence, la propriété de certains organismes vivants d'émettre un rayonnement lumineux. En biologie, on emploie aussi le mot photogenèse.

De manière exceptionnelle, il arrive que le corps humain devienne rayonnant : des mystiques ont été vus comme enveloppés d'une lumière dont leur tête, ou une autre partie de leur corps, ou leur corps tout entier, paraissait la source.

Pour ce prodige, il est incontestable que les mots employés dans les récits peuvent paraître ambigus : « Son visage rayonnait », ou : « Il était auréolé de lumière »... toutes expressions qui pourraient être prises pour des tournures littéraires. C'est pourquoi la critique des documents et des témoignages devra, pour ce prodige, porter également sur le vocabulaire et la définition exacte des mots. Il ne s'agit pas simplement du rayonnement spirituel d'un mystique, mais du dégagement d'une énergie lumineuse.

— Docteur, venez vite voir une chose extraordinaire !

C'est une religieuse, garde-malade à l'hôpital de Pirano, en Italie, qui vient ainsi de réveiller le directeur, M. Sambo.

— Que se passe-t-il ? Pourquoi cet affolement ?

— C'est que, Mme Anna Monaro, en dormant, dégage des rayons de lumière !

Le docteur Sambo, tandis qu'il se rend en compagnie de la sœur vers la salle de médecine, pense à une hallucination. Mais aussitôt arrivé près du lit où gît la malade plongée dans le sommeil, il doit se rendre à l'évidence : à longs intervalles inégaux, des éclats d'une lumière très vive sortent, en effet, du corps de la femme, en l'éclairant. D'autres sœurs et quelques malades, attirés par ce phénomène, sont groupés dans un coin de la salle, l'air épouvanté.

Le lendemain, le docteur Sambo fait part de cette curieuse découverte aux différents médecins de l'hôpital. Dès ce moment, de nombreuses précautions sont prises pour déjouer toute super-cherie... Mais le fait se reproduit chaque nuit. Quant à Mme Monaro — une femme de pêcheur âgée de quarante-deux ans et mère de six enfants —, elle déclare avec simplicité ignorer le phéno-mène dont elle est l'objet. Après l'avoir soumise à de minutieux examens, entourée d'appareils destinés à contrôler tous ses réflexes, et avoir exercé sur elle une surveillance ininterrompue, les médecins rédigent un premier rapport :

« Mme Anna Monaro n'est pas un médium professionnel ni une simulatrice : lorsqu'elle dort, de temps en temps, un faisceau de lumière aveuglante se dégage de sa poitrine, du côté du cœur, en illuminant, pendant quelques secondes, sa figure plongée dans l'obscurité. A l'instant où le phénomène se produit, la femme émet un faible gémissement. A son réveil, elle est agitée, ses pulsations sont passées de 70 à 140 mais sa température reste normale. Aucune mystification ne paraît possible. Le phénomène demeure inexplicable. »

Cette histoire, connue sous le nom de « La femme lumineuse de Pirano », fit grand bruit en 1934, et le récit en fut publié dans *L'Intransigeant* quelques jours après l'événement[1]. Cependant, Thurston, qui la relate aussi[2], y ajoute quelques détails intéressants : un médecin, le docteur Protti, aurait présenté une analyse de ce cas après en avoir pris connaissance par un film tourné près de la malade (*The Times* l'affirme en tout cas). Ce docteur Protti, convaincu que cette femme souffrait d'une « idée fixe à caractère religieux », pensait qu'il s'agissait en la circonstance de troubles neurovégétatifs évidents (la preuve en serait les accélérations des battements cardiaques pendant la luminescence, les sueurs qui inondaient la malade, etc.). Et comme elle se soumettait à un jeûne très sévère, le médecin supposa que le jeûne avait favorisé la production de composés soufrés dans l'organisme.

« On sait, écrit Thurston, que les sulfures ont la propriété de devenir lumineux quand ils sont excités par des radiations ultraviolettes. Comme le pouvoir radioactif du sang est de la nature des ultraviolets, et comme cette femme possède un pouvoir irradiant très puissant, le docteur Protti croit probable que la radiation ultraviolette du sang puisse exciter les sulfures produits par l'organisme de cette femme et provoquer ainsi la luminosité périodique[3]. »

La luminescence mystique

Le cas de cette malade luminescente est d'autant plus extraordinaire qu'il est rarissime : les hôpitaux n'ont pas souvent

---

1. Le récit en a été reproduit dans la revue *Psychica* n° 6, du 15 juin 1934.
2. Thurston : *Les Phénomènes physiques du mysticisme*, chapitre « Les phénomènes lumineux du mysticisme », page 198 et suiv.
3. Un autre médecin, un Anglais, le docteur Harveu, étudiant la lumière chez les animaux (1920), a remarqué chez l'homme « la présence occasionnelle de bactéries lumineuses dans les blessures ». Ce médecin reconnaît le fait que la peau « peut parfois être une source de lumière, surtout après une transpiration », car dans les substances expulsées par la transpiration il y a des bactéries. On ne peut que rapprocher ces remarques des observations sur la malade de Pirano qui, nous dit-on, transpirait abondamment. La source de sa luminescence ne serait peut-être pas dans les sulfures du sang mais dans les bactéries de sa peau. Hypothèses qui n'ont reçu aucune confirmation.

l'occasion d'observer un tel prodige ! Alors que les cas de luminescence sont, au contraire, fort nombreux dans l'histoire de la mystique, aussi bien chez les catholiques ou les orthodoxes [1] que chez les taoïstes ou les soufis [2].

La crédibilité de ce prodige a été étudiée — du moins en ce qui concerne les catholiques — par Olivier Leroy dans son ouvrage : *La Splendeur corporelle des saints* [3]. L'auteur présente ainsi sa propre étude : « Rechercher si, précisément, les documents hagiographiques offrent des exemples vraiment dignes de foi de cette luminescence des saints. »

S'appuyant sur des documents historiques sérieux et des témoignages irrécusables, Olivier Leroy a choisi les cas offrant une base solide de discussion, ceux qui donnent un minimum de détails topographiques et chronologiques. Sa conclusion est celle-ci : « La part étant faite, comme toujours, aux exagérations et aux légendes, la tradition de luminosité des saints catholiques s'appuie sur une documentation digne de foi. Ce phénomène apparaît, chez eux, comme dû à leur état de sainteté. La foule a vu vrai : les saints sont de vivants lampadaires. »

Un des cas le mieux attesté de ce prodige me semble être celui de Michel Garicoïts, fondateur des prêtres du Sacré-Cœur, à Betharram, dans les Pyrénées [4].

---

1. Le cas le plus célèbre est celui de Séraphim de Sarov (1759-1833), le plus grand saint de Russie, canonisé par Nicolas II en 1903. Il était fréquemment luminescent. Sur ce personnage, on peut lire ses *Entretiens avec Motovilov* (Desclés de Brouwer, 1979), ainsi que l'ouvrage *Les Grands Mystiques russes* de Tomas Spidlik (Éd. Nouvelle Cité, 1979). Motovilov était un jour réprimandé par Séraphim : « Pourquoi ne me regardes-tu pas ? » Il répondit : « Je ne peux pas vous regarder, Père, parce que vos yeux jettent des éclairs, votre visage resplendit plus que le soleil, et cela me fait mal aux yeux. »
2. Personne n'osait regarder en face le soufi Djelal-ud-din Roumi tant ses yeux dardaient, dit-on, des rayons de lumière aveuglante.
3. Parmi ces cas, on peut citer Thérèse d'Avila dont le visage était « tout brillant de lumière » ; Ignace de Loyola qui fut observé par le fils de sa logeuse Juan Pasqual : « Bien des nuits, je le regardais et voyais sa chambre éclatante de lumière, et lui, soulevé de terre, pleurant et soupirant » ; Benoît Labre, le saint mendiant, dont le visage était si resplendissant que des étincelles sortaient de son front et de ses joues jusque sur le parvis de l'église ; le jésuite Bernardino Realino et Rose de Lima qui émettaient de leur corps des étincelles.
4. Je tire les renseignements de la biographie que lui a consacrée Basilide Bourdenne (Tarbes, 1921). Dans cette même région, on peut aussi citer le cas de deux autres prêtres de cette congrégation : Jean-Michel Roy, qui fut observé auréolé de lumière le 8 mai 1923 au retour de sa messe, et le père Auguste Etchécopar, qui était lui aussi sujet à des phénomènes et irradiait, disent les témoins, « une lumière douce, comme tamisée ».

Né le 15 avril 1797 à Ibarre (Pyrénées-Atlantiques), Michel Garicoïts était prêtre. On l'avait surnommé « le voyant de Betharram » car il avait un don exceptionnel de clairvoyance, de discernement des esprits et de « lecture » de l'avenir, mais aussi « l'athlète aux mains nues » car cet homme vigoureux était champion de pelote basque.

Une nuit de Noël 1830, au moment de dire *Incarnatus est*, dans le credo, il fut environné d'une lumière extraordinaire d'une blancheur immaculée, le visage tout illuminé. Des témoins l'aperçurent plusieurs fois de suite, précisant que ces phénomènes se produisaient généralement pendant la messe au moment de l'élévation ou de la consécration. Mais pas toujours. « C'était en 1850, raconte le curé doyen de Sauveterre. Étant allé demander au père Garicoïts de prêcher dans ma paroisse, je vins le voir et lui demandai de me confesser... J'entrai dans sa chambre. Je m'agenouillai. Il pouvait être 10 heures du matin, il y avait un beau soleil, mais les contrevents étaient fermés si bien que la chambre était dans une obscurité presque complète... A partir de sa première parole, nous fûmes enveloppés, lui et moi, d'une lumière très douce et très vive à la fois. Cette lumière dura avec la même intensité tout le temps de son exhortation et elle s'évanouit avec la dernière parole du bon père. En me relevant, je regardai aussitôt du côté de la fenêtre pour voir si la lumière ne venait pas de là. Mais je m'assurai que les contrevents étaient bien fermés. Aussi la pièce était-elle de nouveau dans une obscurité presque entière comme au moment où j'y étais entré... »

A ces phénomènes de luminescence, s'ajoutent des lévitations[1] et des hyperthermies qui sont, elles aussi, bien attestées.

Quand on lui parlait de ces phénomènes physiquement inexplicables, Michel Garicoïts ne s'en inquiétait guère. Lui-même n'en parlait jamais et détestait se faire remarquer. Attitude que l'on retrouve chez tous les vrais mystiques.

Après plusieurs attaques de paralysie, Michel Garicoïts mourut le 14 mai 1863, jour de l'Ascension. Il a été canonisé le 6 juillet 1947.

---

1. S'il est impossible à qui étudie les prodiges du corps et de la mystique d'établir des lois générales, il semble cependant possible d'affirmer que tous les luminescents sont aussi lévitants. On serait donc enclin à conclure que les deux phénomènes sont liés et qu'ils ont une origine commune. Mais l'inverse n'est pas vrai : les lévitants ne présentent pas tous des phénomènes de luminescence.

La transfiguration du Christ

L'épisode de la Transfiguration du Christ est à regarder comme un phénomène de luminescence. L'Évangile de Matthieu relate l'événement en ces termes :
« Jésus prend avec lui Pierre, Jacques et Jean son frère, et les emmène, à l'écart, sur une haute montagne. Et il fut transfiguré devant eux : son visage resplendit comme le soleil et ses vêtements devinrent blancs comme la lumière. »
A la lecture de ce récit, on sent nettement que l'auteur trouve ses mots trop pauvres pour décrire la réalité du phénomène et ne sait pas comment s'exprimer devant un tel prodige tant le dégagement de cette énergie lumineuse fut éblouissant.

Il y a eu, pour le Christ, une véritable métamorphose des cellules du corps, à tel point qu'il est réellement devenu lumineux. Les chrétiens considèrent généralement que cette transfiguration est une image préfigurant le « corps de gloire » dont la chair ne sera plus de nature matérielle mais formée de lumière.

Des mystiques luminescents, on en rencontre dans diverses villes de France si l'on voulait se livrer à une sorte de « tour de France » des prodiges mystiques ! Par exemple, à Béziers, où Jaquette du Bachelier (xvie siècle) se convertit à vingt-cinq ans après avoir mené une vie mondaine. Un jour qu'elle était enfermée par mégarde dans l'église des capucins, le sacristain aperçut l'église toute illuminée. Jaquette était « élevée en l'air, les bras étendus, ravie en extase, environnée de lumière ». Les capucins descendant chanter matines constatèrent ce prodige : elle était « environnée de cette splendeur qui s'était répandue dans l'église ». Plus tard, Jaquette tomba malade et garda le lit : elle devint alors très souvent luminescente.

A Corbie, en Picardie, en se penchant sur la vie de sainte Colette et selon ce que rapporte son procès de canonisation[1], on

---

1. Les détails la concernant figurent dans les *Acta Sanctorum* au 6 mars, date de sa fête.

vit sortir de sa bouche, alors qu'elle montait à l'autel, une lumière resplendissante, tandis que son visage s'embrasait. Une autre sœur a confirmé ce témoignage : comme elle était entrée par mégarde dans l'oratoire où Colette priait, elle la vit « toute blanche, resplendissante d'une lumière qui ne peut être vue sur terre ».

Et en Normandie, à Barfleur, c'est Marie Postel qui a été de nombreuses fois observée « à genoux sans toucher terre, le visage resplendissant d'une lumière céleste ». Une volumineuse biographie recueille les témoignages des divers procès canoniques. Il ne manque pas ici de documents. Ses élèves, plus d'une fois poussées par une curiosité facile à comprendre et à excuser, voulurent jouir de ce ravissant spectacle. L'une d'elles en particulier, Adélaïde Lamare, sa nièce, qui était pensionnaire, se levait la nuit, descendait sur la pointe des pieds et, s'approchant de l'oratoire, regardait à travers les fentes de la porte ou par le trou de la serrure. « Vraiment, répétait-elle, ma tante est une sainte : cette nuit encore, elle était soulevée de terre et agenouillée en l'air, les yeux au ciel et toute transfigurée. »

Après la messe, Marie Postel restait à la chapelle pour son action de grâces. « La sœur qui l'aidait dans le soin de la sacristie la trouvait souvent, en revenant du déjeuner, à genoux en l'air, le visage rayonnant d'une lumière divine... »

Et ne faudrait-il pas encore citer le saint curé d'Ars qui aurait été vu enveloppé d'une auréole lumineuse ; saint André-Hubert Fournet, de Grenoble, sous les pieds duquel jaillissaient des étincelles ; et Marie Paret, de Clermont-Ferrand, dont les extases étaient lumineuses...

On doit, en tout cas, remarquer que la luminescence n'a pas lieu n'importe quand. Elle est déclenchée par une émotion spirituelle intense, quand le mystique est en oraison, après la communion, pendant qu'il est en prière ou en extase. Par ailleurs, il semble que la durée du phénomène soit assez brève.

L'extase taoïste

La lumière tient également une grande place dans le taoïsme. Un certain exercice se termine par un embrasement général de toute la personne du visionnaire porté à l'incandescence. Le méditant taoïste doit faire descendre dans sa personne la lumière solaire. Le soleil doit ruisseler en halo, gagner tout son corps et descendre jusqu'à ses pieds. Ainsi, celui qui s'adonne régulièrement à cette nourriture de lumière, celui qui avale par la bouche, après les avoir visualisées, les efflorescences des astres, acquiert « un visage vermeil », « tout son corps est lumineux et brillant » ou « irradie une lumière extraordinaire ». Le visionnaire se confond alors avec les grands luminaires dont il absorbe l'énergie.

Un autre exercice consiste à se nourrir de la lumière des étoiles de la Grande Ourse, à « se coucher » dans le Boisseau du Nord. La 1re étoile descend dans le cœur, la 2e dans les poumons, la 3e dans le foie, ainsi de suite jusqu'à la 7e dans les yeux. L'exercice terminé, l'adepte taoïste s'enduit le corps de poudre de riz et se couche. « Au bout de 7 ans de pratique, son corps resplendit de l'éclat des 7 joyaux, et de sa tête émane un rayonnement pourpre. »

Isabelle Robinet souligne dans son ouvrage sur la méditation taoïste[1] que le saint est celui qui sait à la fois rayonner de lumière et cacher sa lumière. « Cèle ta lumière » recommande Lao-tseu. Or, disparaître, c'est cacher sa lumière, voiler sa vérité, cacher sa transparence. « Le saint, cependant, par ses exercices, est devenu lumineux. Il est vermeil, resplendit, porte une auréole ; il « répand sa lumière à dix mille li, éclaire par lui-même une pièce obscure ».

Le taoïste est lumière au point que le caractère *king,* « lumière », est souvent employé comme un doublet du mot « corps ». Ainsi Lao-tseu peut « se rendre brillant ou sombre, tantôt disparaître, tantôt être présent ». L'un des pouvoirs constamment promis à l'adepte assidu consiste, selon la phrase consacrée à « assis, être présent ; debout disparaître ». On comprend donc que le pouvoir de devenir lumineux est, dans le taoïsme, associé à celui de devenir invisible.

Dans la même ligne, le grand sinologue Marcel Granet[2] explique comment l'extase taoïste aboutit à une illumination qui permet à l'adepte de transcender ses limites. Cette extase est obtenue par des exercices qui aboutissent à « oublier tout dans l'immobilité » et à se détacher du monde extérieur. « C'est ainsi que Pouo Leang-yi, écrit Granet, au bout de trois jours[3] put

---

1. Isabelle Robinet : *La Méditation taoïste* (Dervy Livres, 1979) ; particulièrement le chapitre concernant les métamorphoses, les tours, les envols mystiques, la nourriture de lumière et la fusion avec les astres.
2. Marcel Granet : *La Religion des Chinois* (Petite Bibliothèque Payot, 1980 ; 1re éd. 1922).
3. Les chiffres sont évidemment symboliques : ils marquent un rythme dans l'évolution individuelle, et non une durée.

rejeter hors de lui le monde extérieur ; au bout de sept jours, il put rejeter hors de lui la notion de toute essence individuelle ; en fin de stage, le neuvième jour, il fut capable de rejeter hors de lui la notion même de l'existence. Il eut alors l'illumination et jouit d'une contemplation directe du Principe, hors du temps, par-delà la vie et la mort, et le devenir. » Dans cet état d'extase, l'adepte a « le sentiment d'un pouvoir infini sur toutes choses, par une *dissolution du corps* et une intégration de la puissance mentale, qui correspondent à la *disparition de toute pesanteur*[1] et qui permettent de chevaucher le vent ».

Marcel Granet fait remarquer que « la vision en Dieu confère, avec la sainteté, une puissance personnelle par laquelle l'individu est supérieur à la mort et à toute limitation ».

La remarque est évidemment valable pour tous les mystiques, quelle que soit leur religion. La vision en Dieu, la mystique au sens propre, fait éclater les limites humaines, tant celles de l'esprit que celles du corps.

Animaux et végétaux lumineux

La bioluminescence, rarissime chez l'être humain, est en revanche assez fréquente dans le règne végétal et dans le règne animal[2]. Il y a des millions d'années que la nature sait produire de la lumière : des bactéries, des champignons, des vers, des mollusques, des insectes, des poissons, bref de très nombreux organismes sont luminescents. Avec un rendement d'ailleurs bien supérieur à nos lampes à incandescence puisque, le plus souvent, chez les animaux, la lumière est froide, c'est-à-dire non accompagnée de déperdition calorique. Les lucioles, par exemple, ont un rendement lumineux de 90 %. Des bactéries lumineuses se développent sur les cadavres de poissons, sur les chairs en décomposition, sur les invertébrés ou même sur d'autres organismes vivants.

Chez les poissons, il y a tant et tant d'espèces lumineuses, qu'on ne peut les citer toutes. Ce qui frappe, c'est la diversité des organes lumineux : elle est prodigieuse. Certains invertébrés,

---

1. C'est moi qui souligne ces mots. Granet admet donc les pouvoirs d'invisibilité et de lévitation chez les taoïstes.
2. Une description assez complète de ces phénomènes est offerte dans l'*Encyclopédia Universalis* à la rubrique « Photogenèse ».

comme les méduses, sécrètent un mucus luminescent, quelques vertébrés ont des formes nageuses émettrices de lumière, quelques-uns ont un semis de minuscules organes photophores sur tout le corps, d'autres de grosses lanternes latérales, parfois près des yeux, parfois au bout des pattes, d'autres encore émettent des nuages de substance lumineuse... Les spécialistes estiment que l'inventaire des appareils à lumière dans le règne animal — essentiellement en mer — est loin d'être achevé. La classification des animaux photogènes selon leur degré de complexité des organes lumineux est un véritable casse-tête. Ce qui est certain, c'est que la luminescence a bien d'autres fonctions que celle d'éclairer l'obscurité. On ne peut donc considérer la capacité d'émettre une lumière comme une étape dans l'évolution. La lumière sert aussi bien à attirer les proies qu'à se cacher, à séduire la femelle qu'à communiquer (certains émettent des signaux à intervalles réguliers), etc.

Il me semble intéressant de souligner le point suivant : dans la plupart des espèces, la luminescence est provoquée par une perturbation ou une excitation (l'eau brassée par un bateau, le poisson plus gros prêt à dévorer...). Sauf pour quelques bactéries ou champignons qui émettent continuellement de la lumière, la majorité ne réagit lumineusement qu'à une excitation externe. Ce « stress » déclencheur m'a évidemment fait penser à l'émotion spirituelle qui semble provoquer l'embrasement ou la luminescence des mystiques... mais voilà bien le seul point que j'ai pu trouver !

Cette lumière de la vie, transmise par des organes si complexes, d'où vient-elle ? Comment est-elle produite ? Il faut ici rappeler en quelques mots les mécanismes biochimiques de la photogenèse. La découverte première est due à Raphaël Dubois, un Lyonnais de la fin du siècle dernier qui s'aperçut que l'oxygène était indispensable à la luminescence (par exemple, les bactéries ont besoin de l'oxygène du sang pour être lumineuses). La réaction lumineuse implique deux produits : l'un, thermostable, la luciférine ; l'autre, la luciférase, une enzyme qui assure l'oxydation de la première. Ce couple luciférine-luciférase est à la base de la plupart des réactions lumineuses connues.

La luciférine se trouve dans les cellules glandulaires des organes photophores. Elle est oxydée par l'enzyme luciférase et devient alors oxyluciférine, laquelle, passant d'un état excité à un état stable, émet un photon.

Mais on a découvert récemment un autre type de réaction qui fait intervenir des molécules appelées photoprotéines. Ces molécules, en modifiant leur structure moléculaire sous l'effet d'un déclencheur, émettent alors un photon.

Ces quelques notions biochimiques n'ont pour but que de montrer la complexité du phénomène de bioluminescence. Et avant de terminer ce bref séjour chez des bêtes-en-habit-de-lumière, encore un point à souligner :

Les lucioles ont permis de découvrir que la réaction lumineuse impliquait notamment la luciférine, la luciférase, l'oxygène (comme on l'a dit), mais aussi de l'ATP (Adénosine, Trisphosphate) en présence d'ions magnésium. Découverte qui eut un grand retentissement car on s'apercevait en même temps que l'ATP jouait un rôle énergétique fondamental dans maints processus vitaux et notamment dans la contraction musculaire. L'ATP n'est pas la source de la luminescence. Mais, sans lui, la réaction biochimique luciférine-luciférase-oxygène n'aurait pas lieu. S'il n'y avait pas de contraction musculaire, il n'y aurait donc pas non plus de lumière ? Ces trois lettres m'ont immédiatement évoqué la lévitation... puisqu'il n'y a pas de luminescence sans lévitation. Voilà un rapprochement bien osé mais tout de même bien tentant, et ce sont peut-être de tels rapprochements qui permettront, un jour, de trouver la clé du mystère...

L'hypothèse de la photosynthèse

Si le corps humain est capable de devenir lumineux sous le coup d'une émotion spirituelle intense ou grâce à un entraînement ascétique particulier, ce n'est sans doute pas grâce à un organe spécifique. L'anatomie a depuis des siècles répertorié les organes et leurs fonctions et, à moins de postuler l'existence de fonctions « endormies » (comme pour la glande pinéale), on ne voit pas quel organe humain serait prédisposé à devenir photophore.

Il faut donc plutôt chercher la cause de la luminescence dans une réaction biochimique. On peut alors envisager cette autre hypothèse...

L'être humain pourrait opérer la photosynthèse, à l'image d'autres êtres vivants qui transforment l'énergie du soleil en énergie biochimique. On sait que les systèmes vivants ont deux moyens principaux de créer l'énergie : ils peuvent « détourner » l'énergie des rayons lumineux en créant de l'oxygène, ou bien ils peuvent « brûler » l'oxygène de l'air.

Les trois prix Nobel de chimie 1988, Robert Huber, Michel Harmut et Johan Deisenhofer, tous trois allemands, ont été récompensés pour leur découverte sur « la détermination de la structure d'un centre réactionnel de la photosynthèse » qui permet de mieux comprendre comment l'énergie lumineuse est convertie en énergie biochimique. Ils ont d'ailleurs travaillé sur des bactéries photosynthétiques, dites pourpres. Ces organismes-là se servent du soleil, et les cellules de leurs membranes contiennent des molécules extrêmement bien structurées sensibles aux photons. Ces cellules sont comparables à de petites piles. Quand le photon les frappe, la charge négative se sépare de la charge positive, créant ainsi une énergie dispensée à des systèmes biochimiques. Mais, pour le moment, cette découverte clé de la photosynthèse puise ses exemples chez les végétaux ou les bactéries. On est loin encore des organismes évolués.

A moins que les mystiques (on n'est pas à une hypothèse près, aussi hardie soit-elle), ne soient pas des êtres surévolués mais, au contraire, régressent dans l'échelle de l'évolution. Les taoïstes, dans leur contrôle de la respiration, ont le projet d'aboutir à la respiration embryonnaire, de revenir à l'état d'embryon et non de franchir un pas vers le surhomme. Et quand on lit les exercices des taoïstes qui « avalent » la lumière solaire, on peut se demander s'il n'y a pas dans ce langage des mots à décoder, si cet « avalement » n'est pas une autre façon de dire « photo-synthèse »...

Mais peut-être est-ce le mystique Ruysbroec l'Admirable (1293-1381) qui détient la clé du secret lorsqu'il écrit : « L'intimité grandissante entre l'âme et Dieu se traduit souvent en termes de " lumière " et de " chaleur ". L'homme pleinement unifié est illuminé. La clarté et la chaleur sont si intenses et si démesurées que tout esprit se montre inapte à poursuivre ses opérations, qu'il fond et s'évanouit dans l'amour qu'il ressent en son unité. »

La chair marquée

Les stigmates sont des plaies, identiques à celles du Christ en croix, qui marquent la chair de certaines personnes. Ces plaies stigmatiques, dont on doit évidemment pouvoir affirmer qu'elles n'ont pas une origine naturelle, présentent des caractères inexplicables médicalement (par exemple l'absence de suppuration).

La question a été posée de savoir si ces stigmates ne sont « donnés » qu'aux seuls mystiques catholiques : on trouvera ici les éléments répondant à cette question.

A la fin du siècle dernier (1894), le docteur Imbert-Gourbeyre, spécialiste de ce sujet, comptait environ 361 cas de stigmatisation depuis saint François d'Assise, le premier stigmatisé de l'histoire (xiiie siècle).

Aujourd'hui, M. Joachim Bouflet, historien de la spiritualité, président de la Société d'Études et de Recherches sur Anne-Catherine Emmerick, estime à une centaine le nombre de stigmatisés actuellement vivants. Ces quelques chiffres donnent une idée de l'ampleur du dossier stigmatisation : presque 500 cas. Il ne saurait être question de les mentionner tous.

Catherine, Louise, Thérèse et Francesco : on croirait le titre d'un film... Ce sont les prénoms de quatre grands stigmatisés qui ont fait l'objet, en leur temps, d'une étude médicale approfondie [1].

Catherine Emmerick vivait dans un petit village d'Allemagne, Dülmen, religieuse au couvent des Augustiniennes. Elle naquit en 1774. Elle reçut les stigmates dans ce couvent, événement qu'elle tint caché autant qu'elle put mais, en 1813, son cas commença à être connu du public (elle avait donc trente-neuf ans). On parlait beaucoup de cette religieuse sujette à de nombreux prodiges : elle avait des visions (les premières furent précoces, dès l'âge de six ans), elle lisait dans les pensées, elle ne mangeait rien, parfois elle rayonnait d'une étrange lumière et elle faisait des révélations d'événements du passé que des historiens pouvaient confirmer. Et tout cela, sans bouger de son lit.

Le sang de ses stigmates coulait presque continuellement, en petite quantité, aux mains, aux pieds et au front ; à grands flots parfois, du côté. Elle portait sur la poitrine, au niveau du cœur, la marque d'une croix, d'abord simple puis double.

Toutes les précautions possibles furent prises pour s'assurer de la réalité de ce prodige. Selon ce que raconte l'abbé Manesse, prêtre français émigré en Allemagne, le grand vicaire de Münster (qui deviendra plus tard l'évêque de Cologne) soumit Anne-Catherine à une grande surveillance pendant cinq mois pour déjouer une supercherie. « Il envoya lui-même à Dülmen, raconte

---

1. Les deux ouvrages du docteur Imbert-Gourbeyre : *Les Stigmatisées* et *La Stigmatisation*, parus en 1873 et 1894 (trois gros volumes accessibles en bibliothèque), constituent un recueil assez complet des cas de stigmatisation, sauf, bien entendu, ceux du XXe siècle. On pourrait toutefois lui reprocher un manque de sens critique. Sur la stigmatisation en général, on lira donc aussi les chapitres de Thurston dans *Les Phénomènes physiques du mysticisme* (p. 198) et d'Aimé Michel dans *Metanoïa* (p. 139).

l'abbé, tous les jeudis de chaque semaine, des députés accompagnés d'un ou deux médecins pour constater l'état des plaies et l'écoulement du sang qui se produisait tous les vendredis matin de 7 heures à midi. Ils dressaient chaque fois procès-verbal et j'ai été témoin de ces visites pendant tout le temps que j'ai passé dans le pays. »

Puis c'est le préfet de Münster, le comte Garnier, et un lieutenant de police, qui se rendent sur place. Ce préfet envoie huit ou dix médecins et chirurgiens de l'armée. Aucun ne parvient à cicatriser les plaies. Et cela en surveillant la stigmatisée sans interruption pendant dix jours. Certains rageaient de ne pouvoir la convaincre d'imposture.

Un autre médecin allemand, le docteur Bährens, convaincu du caractère tout à fait naturel des faits (et non miraculeux), fit faire, en 1816, une autre enquête par plusieurs médecins qui observèrent les faits suivants : la double croix coulait le mercredi régulièrement ; les autres plaies le vendredi ; le front plus souvent ; le sang suintait comme une sueur ; les plaies, même quand elles étaient bandées pendant plusieurs jours, ne suppuraient jamais. Ces médecins constatèrent aussi le jeûne total de Catherine depuis cinq mois.

Conclusions de l'un d'entre eux : « Les phénomènes observés sont d'un caractère si exceptionnel qu'aucune loi connue de la nature ne saurait en donner une explication plausible. »

Deux ans après ces enquêtes, en 1818, Clemens Maria Brentano, écrivain romantique, s'installa dans le village et devint alors le biographe (passionné) de la visionnaire dont il retranscrivit toutes les révélations.

Une nouvelle commission médicale fut nommée en 1819 : la jeune fille fut gardée au secret dans une autre maison, puis transférée à l'hôpital de Münster pour examens : personne dans sa famille n'avait le droit de l'approcher. Et les médecins, qui n'étaient pas favorablement disposés à son égard, ne purent qu'observer les mêmes prodiges : les plaies saignaient toujours et sans suppuration. Malgré ces observations, Catherine dut subir encore de nombreux contre-examens qu'elle n'hésita pas à qualifier « d'ignobles ».

Aucune fraude ne fut jamais décelée : on enregistra les faits dans plusieurs rapports tous concordants — on n'aboutit à rien après tous ces examens médicaux, partisans et détracteurs se querellant sans arrêt.

La stigmatisée la mieux observée du XIXᵉ siècle mourut en 1824, après douze ans de souffrances.

Née en 1850 dans le village de Bois-d'Haine, dans le Hainaut, Louise Lateau[1] subit dans son enfance plusieurs maladies indéterminées dont elle guérit comme par miracle. En 1860, elle commenca à avoir des extases puis elle remarqua que son côté gauche saignait, puis ses pieds, ses mains et, quelques semaines plus tard, son front. Elle avait alors dix-huit ans. Il semble que ces stigmates soient apparus sans qu'une vision préalable lui ait demandé son accord comme c'est généralement le cas.

C'est le docteur Lefebvre, professeur de pathologie à la faculté de médecine de Louvain, qui fera les premières observations des stigmates : description des plaies fermées, formes, dimensions, examens de l'épiderme, symptômes annonciateurs des saignements, etc. Il se formait à la surface des mains et des pieds une ampoule qui crevait (qui ne concernait que l'épiderme, le derme n'était pas atteint) en laissant s'écouler d'abord une sérosité puis du sang. Au côté, pas d'ampoule, le sang sourdait par trois points disposés en trépied ; sur le front, par une quinzaine de points en couronne. Lefèbvre mesura aussi la quantité de sang perdu en une nuit : environ un litre. Il examina ce sang : ni rouge comme le sang artériel, ni noir comme le sang veineux, mais plutôt violacé comme le sang des capillaires, et de consistance normale.

Avec deux de ses collègues, le professeur Hairion, chargé du cours d'hygiène et de dermatologie à l'université de Louvain, et M. Van Kempen, professeur d'anatomie générale, ils constatèrent les phénomènes suivants : le plasma est incolore, transparent, donc ne contient pas d'hématine. Les globules rouges ont leur forme normale, les blancs sont en quantité normale aussi. Puis quand la stigmatisation est terminée, le samedi, le sang sèche ; les plaies ne suppurent pas.

Après les observations du docteur Lefèbvre, nombreux seront les médecins de tous les pays européens à continuer les examens. Le docteur Warlomont, par exemple, fit une communication à l'Académie royale de médecine belge, le 13 février 1873, qui eut un grand retentissement. Ses manières de faire n'étaient pas

---

1. Aimé Michel donne des nombreux détails sur ce cas, précisant que « les documents scientifiques de première main abondent sur cette mystique qui fut examinée à fond et à maintes reprises ».

douces : il excisa les morceaux de chair, appliqua de l'ammonia-
que sur les ampoules, déchira l'épiderme (selon son propre récit),
et enferma une des mains, la droite parce qu'elle saignait le moins,
dans une sorte de bocal étanche pendant huit jours, pour déjouer
une éventuelle supercherie. Mais rien n'empêcha les stigmates de
saigner, ainsi que lui-même et le docteur Crocq, professeur à la
faculté de médecine de Bruxelles, purent l'observer. Pourtant,
quand Louise Lateau, épuisée par de tels traitements, refusa de
« tout reprendre à zéro » et de se soumettre à de nouveaux
contrôles, il y eut de beaux esprits pour conclure : refus des
contrôles, donc imposture.

Louise Lateau mourut en 1883.

Était-on présence d'un réel prodige ou d'un phénomène
naturel ? Toutes les hypothèses furent envisagées. Outre les
brûlures volontaires (mais évoquées par les ignorants, jamais par
les médecins), ou causées par des agents chimiques ou médica-
menteux, les principaux médecins observateurs se rallièrent à la
thèse de l'autosuggestion (« stigmates imitatifs ») ou à celle de
l'hystérie (« névropathie hystérique »). Cependant, ces mots
savants ne donnent en vérité aucune explication. La grande vogue
à cette époque de la suggestion et de l'hystérie permettait de croire
définis par ces mots des phénomènes impossibles à expliquer
autrement.

Les querelles ne furent pas de moindre vigueur pour Thérèse
Neumann, qui naquit le 9 avril 1898. On raconte que la sage-
femme vit d'ailleurs un mauvais présage dans le fait de naître un
vendredi saint... Elle aussi, comme Catherine Emmerick, était
allemande, du village de Konnersreuth. Thérèse passa sa vie au
domicile familial. Elle était l'aînée de onze enfants [1].

Plusieurs maladies curieuses se déclarèrent dans sa jeunesse.
Une nuit, faisant la chaîne avec des seaux pour éteindre l'incendie
d'une grange, elle fit une mauvaise chute : elle resta paralysée
deux ans durant, perdit la vue et ressentit de violents maux de tête
jusqu'au jour où elle guérit par miracle en priant sainte Thérèse de
Lisieux. Le jour de la béatification de celle-ci, elle recouvrit la
vue ; plus tard, sa jambe atrophiée, qui devait être amputée, guérit
aussi grâce à cette sainte.

---

1. Entre autres ouvrages, on peut lire *Thérèse Neumann, un signe pour notre temps*, par
Anni Spiegl (édité à Konnersreuth) qui était l'amie de la stigmatisée et raconte ses
souvenirs.

Elle reçut les stigmates en 1926 (elle avait vingt-huit ans) à la suite d'une méditation-visualisation du Christ en agonie au jardin des Oliviers. Les cinq endroits classiques furent marqués (la plaie au thorax du côté gauche). Ces plaies saignaient uniquement le vendredi. Au moment de la crucifixion, Thérèse était prise d'une crise d'étouffement et souffrait atrocement de la soif. Vers 13 heures, elle s'effondrait sur son oreiller, comme morte (état de mort apparente avec respiration ralentie). Elle devenait étrangère à tout ce qui se passait autour d'elle, ne retrouvant son état normal que vers le soir.

Thérèse cessa de s'alimenter en dehors de l'Eucharistie. Ce point fut si contesté — et en premier par l'Église — qu'elle dut subir plusieurs contrôles médicaux.

Durant les trente-six années que dura sa stigmatisation, ses plaies d'où coulait le sang n'ont jamais été observées en état d'inflammation ou de suppuration. Quand les extases de la passion étaient terminées, sa mère nettoyait le sang avec de l'eau et les plaies se recouvraient d'une peau fine.

Des enquêtes très nombreuses eurent lieu à son domicile (son père refusa qu'elle soit emmenée en clinique, mais autorisa chez lui tous les contrôles demandés). L'évêque de Ratisbonne, en 1927, admit que ces examens à domicile « n'auraient pas été mieux faits dans une clinique ».

Plusieurs médecins (le docteur Reismann par exemple), ou le professeur Pabstmann, membre de la commission scientifique qui l'examina plusieurs fois) attestèrent l'avoir vue pleurer des larmes de sang (des photos de ce phénomène existent).

Le docteur Ewald, professeur de psychiatrie à l'université d'Erlanger, qui assistait à l'enquête de la commission épiscopale en 1927, examina l'état psychique de Thérèse et ne trouva en elle « aucune déviation des nerfs ». Il reconnut que les stigmates n'avaient pu être provoqués par une méthode artificielle.

Évêques, théologiens, diplomates et personnalités diverses, médecins, vinrent visiter la jeune femme pour juger de leurs propres yeux. Ce cas suscita en effet un très vif intérêt et provoqua une non moins vive polémique. Car Thérèse Neumann, si elle eut de nombreux défenseurs, eut aussi des détracteurs acharnés. Certains, comme le docteur Deutsch par exemple, publièrent un jugement très négatif sans jamais avoir rendu visite à la stigmatisée. D'autres, comme le professeur Lhermitte, émirent un jugement plus nuancé : tous les symptômes étaient nés, à l'évidence, d'une grande hystérie, ce qui n'empêchait nullement la vertu ni la sainteté. Pour lui, les « accidents pathologiques » de l'enfance (mutisme, cécité, paralysies, convulsions...) étaient liés à l'hystérie, de même que les visions, locutions, hallucinations. On a même parlé pour le cas de Thérèse, dont la voix changeait quand elle traduisait des paroles entendues intérieurement, d'un dédoublement de la personnalité. « Les preuves de l'hystérie chez Thérèse, écrit Lhermitte [1], sont accablantes, et, comme l'a montré de la manière la plus lumineuse le docteur de Poray Madeyski, la névrose suffit amplement pour rendre compte de tous les phénomènes ».

Parmi les scientifiques qui ont affirmé le contraire, on peut citer les docteurs Radlo et Hynek, de Prague, ainsi que le professeur Seitz, de Munich, et bien d'autres encore.

Conclusions : aucune commission scientifique n'a apporté de preuves démontrant le caractère surnaturel des stigmates (dans le domaine du surnaturel, quel genre de preuve pourrait apporter la science qui n'étudie précisément que le « naturel » ?) mais aucune supercherie n'a pu être décelée. Quant à l'hystérie, elle n'est pas non plus démontrée, et les arguments du professeur Lhermitte ne suffisent pas à tout expliquer.

Thérèse Neumann est morte à cinquante-six ans, après trente-six ans de stigmatisation, le 18 septembre 1962.

Quant à Francesco, on ne le connaît guère par son prénom.. mais tout le monde a entendu parler du célèbre padre Pio.

Né le 25 mai 1887 dans un village d'Italie du Sud, Pietrelcina, le padre Pio appartenait à l'ordre des Capucins où il était entré à l'âge de quinze ans et demi. De son vivant, sa renommée de sainteté attirait les foules de tous les pays du monde. Il présentait presque toute la gamme des phénomènes mystiques : clairvoyance, bilocation, guérisons miraculeuses, parfums, prophéties, hyperthermie, jeûne, visions, assauts diaboliques, etc.

Il reçut les stigmates de façon apparente le 20 septembre 1918 (premier cas de prêtre stigmatisé dans l'Église catholique), mais dans une lettre écrite par obéissance à son supérieur, il a révélé que les stigmates lui avaient été imposés de manière invisible dès 1910, à vingt-trois ans, lorsqu'il fut ordonné prêtre. Il portait une stigmatisation complète : les cinq plaies : mains, pieds et côté,

---

1. Professeur Jean Lhermitte : *Mystiques et faux mystiques* (Bloud, 1952).

plus les marques de la flagellation dans le dos et la marque sur l'épaule. Le stigmate du thorax, situé à gauche, blessure profonde et « terrible » selon le docteur Sala qui le soignait, avait la forme d'un Y (de nombreux mystiques visionnaires de la crucifixion ont affirmé avoir vu la croix du Christ en forme de Y et non de T).

Des milliers de personnes ont pu apercevoir les stigmates de ses mains quand il ôtait, par respect, les mitaines qu'il portait en permanence pour célébrer la messe.

On estime qu'il perdait chaque jour l'équivalent d'une tasse de sang par ses plaies qui suintaient constamment (sauf vers la fin de sa vie où les plaies exsudaient seulement du sérum) ; durant les cinquante années de sa stigmatisation, on estime qu'il perdit en sang douze à quinze fois le poids de son corps.

La stigmatisation lui fut donnée au cours d'une vision. Sur ordre de son supérieur et pour les besoins des examens nombreux auxquels il fut soumis, il la raconta dans une lettre :

« Tout se produisit en un éclair... je vis devant moi un mystérieux personnage, ... ses mains, ses pieds et sa poitrine ruisselaient de sang. Sa vue m'épouvanta et ce que je ressentis à cet instant je ne saurais vous le dire. Je me sentais mourir... Ce personnage disparut de ma vie et je m'aperçus que mes mains, mes pieds, ma poitrine étaient percés et ruisselaient de sang... La blessure du cœur saigne constamment surtout du jeudi au samedi. »

Le capucin fut examiné dès les premiers signes par trois médecins : le professeur Romanelli, désigné par la curie provinciale des capucins de Foggia ; le professeur Bignami, professeur de pathologie générale à l'université de Rome ; le docteur Festa, médecin-chef et chirurgien de la maison mère des Capucins de Rome. Ces deux derniers furent désignés par la curie générale de Rome afin de soumettre à une observation médicale rigoureuse les phénomènes physiques du padre Pio. Ces rapports médicaux sont, comme on peut le supposer, longs et fort détaillés [1].

Le professeur Bignami avait été choisi par la curie romaine, justement parce qu'il était connu pour ses positions « matérialistes ». Ce pathologiste réputé ne pouvait se permettre de porter un jugement à la légère. Cependant, il faut savoir qu'il n'a

---

1. On peut en lire les meilleurs extraits dans l'ouvrage d'Ennemond Boniface : *Padre Pio, le crucifié* (Nouvelles Éditions Latines, 1971).

examiné le capucin qu'une seule et unique fois, alors que les autres médecins l'ont observé à plusieurs reprises. Le professeur Bignami a tout d'abord reconnu que le padre Pio ne souffrait d'aucun symptôme d'hystérie (tous les médecins sont d'ailleurs unanimes à noter sa « bonne santé » mentale) ; il a noté qu'il souffrait d'une « hyperesthésie cutanée diffuse » c'est-à-dire d'une extrême sensibilité de l'épiderme : il a parlé d'un dermographisme évident sur le thorax et le dos. Le mot « dermographisme » est ici utilisé par ce médecin pour éviter l'emploi du mot « stigmate » à connotation trop religieuse. Bien embarrassé de se prononcer, le professeur Bignami écrit dans son rapport que « les lésions cutanées qui s'observent sur le dos et la paume des mains, sur le dos et la plante des pieds, et sur le côté gauche, méritent un examen attentif ». Il a cependant donné dans ce rapport une description détaillée des divers stigmates sans se prononcer sur la conclusion.

Les stigmates du capucin furent enduits d'un onguent et recouverts d'épais pansements sur lesquels on apposa des scellés pour empêcher tout contact extérieur et éviter qu'ils ne soient ôtés : aucune fraude ne fut décelée. Quand ils furent enlevés officiellement, les pansements étaient inondés de sang et les plaies identiques à ce qu'elles étaient avant l'expérience.

Le padre Pio mourut le 22 septembre 1968. Un parfum de fleur d'oranger se dégagea dans sa chambre ainsi que l'attestèrent les prêtres et le médecin qui assistèrent à son dernier soupir.

Ainsi les stigmatisés offrent-ils des plaies aux mêmes endroits que le Christ : aux mains, aux pieds, au côté. Ces endroits sont dits « d'élection » et forment les cinq plaies traditionnelles.

Sur les mains, on observe parfois un trou dans la paume, un trou sur le dessus de la main, ou seulement une marque en forme de croix au niveau du poignet intérieur. Parfois, ces deux trous semblent se rejoindre.

Parfois encore, les stigmates des mains ont l'apparence d'une crête de chair. Ils sont alors décrits comme des « têtes de clous ». On le dit pour saint François d'Assise, et pour Domenica Lazzari, par exemple, qui fut examinée en 1834 par le docteur Dei Cloche de l'hôpital de Trente (Italie) :

« A peu près au centre de l'extérieur des mains, c'est-à-dire entre le métacarpe du majeur et le quatrième doigt, s'élevait un bouton noir ressemblant à la tête d'un gros clou, dont le diamètre était de neuf lignes (un peu plus de 2,5 cm) et de forme parfaitement ronde. Il était plus élevé au centre et s'abaissait sur le bord ; observé avec attention, il avait l'apparence du sang coagulé et séché... »

Le même « clou » s'observait sur le cou-de-pied droit tandis que celui de gauche n'était pas observable puisque la jeune femme tenait fortement serrés ses deux pieds l'un par-dessus l'autre. (Ce détail est d'ailleurs mentionné pour plusieurs autres mystiques.)

Ce dernier stigmate se trouve situé, en général, au centre du cou-de-pied, lequel semble traversé de part en part puisqu'on retrouve la blessure sous la voûte plantaire[1]. La plaie sur le côté évoque celle du Christ en croix, blessé par une lance de soldat. Selon les récits, cette blessure se fit sur le côté droit. Plusieurs stigmatisés la portent au contraire au côté gauche. Encore une fois, le cas du padre Pio constitue un des meilleurs exemples. Le professeur Romanelli, médecin-chef de l'hôpital de Barletta, qui effectua cinq examens du padre Pio entre juin 1919 et novembre 1920, donne ainsi son témoignage :

« Lorsque je visitai, pour la première fois, P. Pio, la blessure du thorax ne présentait pas du tout la forme d'une croix : elle avait la forme nette d'une coupure, parallèle aux côtes, longue, si je me souviens bien, de 7 à 8 centimètres, une entaille dans les parties molles d'une profondeur difficilement appréciable et qui saignait abondamment. Le sang avait les particularités du sang artériel, et les bords de la blessure montraient clairement qu'elle n'était pas superficielle... Les lésions des mains étaient recouvertes d'une membrane enflée de couleur rouge-brun... J'eus la conviction et la certitude que ces blessures n'étaient pas superficielles parce que, en exerçant une certaine pression avec mes doigts, j'eus une sensation de vide... »

Le professeur Romanelli avoue ne pas avoir eu le courage de passer une sonde dans ces « trous » et il en explique les raisons : il aurait dû perforer la membrane qui recouvrait les lésions, ou bien ôter les croûtes qui les recouvraient. Mais il a cependant passé la sonde dans la blessure du côté :

« J'y mis la sonde, mais je n'osai m'aventurer trop loin dans la

---

1. La description du stigmate des pieds est peu fréquente et peu détaillée. Par exemple dans la biographie d'une ursuline de Die (Drôme), Catherine du Chastelard (morte en 1652), on lit simplement qu'elle portait un stigmate au pied droit « qu'on aurait jugé estre fait par un gros clou... »

région du cœur. Je ne crus pas devoir mentionner le fait de cette expérience incomplète dans le rapport, parce que l'observation visuelle m'avait permis de déterminer avec certitude les caractéristiques d'une blessure à entaille nette, avec coupure dans les parties molles et saignant abondamment. »

Le professeur Bignami observe, quant à lui, que la blessure du thorax a bien la forme d'une croix mais que le derme n'est pas lésé (donc la blessure est moins profonde).

Quant au professeur Festa, médecin-chef et chirurgien de la maison mère des Capucins de Rome, il est d'accord sur l'hypersensibilité de la peau autour des stigmates et sur la forme de croix de la blessure du côté, blessure superficielle qui n'intéresse, note-t-il, que l'épiderme et la couche extérieure du derme.

« Sa couleur est brun-rouge. Une très fine croûte en recouvre la partie centrale et les tissus alentours n'offrent aucune trace d'enflure, d'infiltration ou d'œdème. »

Et le docteur Festa ajoute :

« Sous mes yeux en jaillissent des gouttes de sang en quantité beaucoup plus remarquable qu'ailleurs. Lorsque je l'examinai pour la première fois, vers neuf heures du soir, j'ôtai un pansement de la grandeur d'un mouchoir : il était tout imprégné, imbibé d'un sérum sanguin. Je le changeai et le retrouvai, le lendemain matin, ainsi qu'un autre pansement ajouté au cours de la nuit par P. Pio, complètement noyé par cette même sécrétion hémorragique. »

Il ne faut pas s'étonner de la divergence de l'observation concernant la forme de la blessure au côté : les stigmates, l'histoire le montre souvent, ne sont pas statiques et « imprimés » une fois pour toutes : ils évoluent, changent parfois de forme ou d'aspect. Il ne faut pas oublier non plus que les stigmatisés ont porté ces marques pendant des années, jusqu'à vingt-cinq, trente ou même quarante ans... Le corps change, le stigmate aussi...

A ces cinq endroits de prédilection, s'en ajoutent quelquefois trois autres : l'épaule, le dos et le front[1].

Sur l'épaule se forme le stigmate évoquant la croix très lourde

---

1. On dit alors que la stigmatisation est complète. Tous les stigmatisés ne le furent pas. L'une des mystiques les plus « complètes » fut Catherine de Ricci : chaque semaine, du jeudi à midi au vendredi à 16 heures, elle souffrait des cinq plaies et de la couronne, de l'épaule et du dos. Et cela durant douze années consécutives.

portée par le Christ lors de sa montée au calvaire ; Louise Lateau avait ce stigmate qui gênait d'ailleurs l'usage de son bras droit.

Le dos porte les traces de la flagellation : des photographies des chemises du padre Pio attestent ce stigmate.

Le front, lui, évoque la couronne d'épines du Christ. Selon les cas, il est marqué de traces de piqûres ou, au contraire, garde une peau lisse mais qui ruisselle de sueur de sang. Sœur Louise de Jésus, par exemple (née à Paris en 1569 et morte à Dôle en 1628), fut stigmatisée de la couronne [1]. Elle fut atteinte pendant les six derniers mois qui précédèrent sa mort d'une céphalée intense... les douleurs qu'elle ressentait la firent plusieurs fois tomber en défaillance. Il lui semblait, disait-elle, « qu'on lui ouvrait les os de la tête, d'autres fois une main invisible paraissait la serrer avec des épines très piquantes ». Celle de ses sœurs chargée de la vêtir, aperçut autour de sa tête, en forme de couronne et jusque sur le front, des raies et des cavités rougeâtres.

Autre exemple, deux siècles plus tard : celui de Jeanne Boisseau [2], originaire de Vendée, au village de la Barillère, près de Clisson.

Jeanne eut de curieuses maladies dans son enfance (morsure de chien enragé, mal caduc, paralysie des jambes, chute sur le crâne, morsure de vipère...) dont elle guérit comme par miracle. Sa stigmatisation commença au carême 1862. Le vendredi de la première semaine, elle éprouva de grand matin des douleurs terribles au front et au côté. Le soir, elle dit à une amie : « Oh ! que j'ai souffert ce matin ! Ne voyez-vous pas de trous à ma tête ? Il m'a semblé qu'on me l'ouvrait avec des épines qui me traversaient le front. » Les jours suivants les souffrances s'accrurent. Les personnes qui l'assistaient aperçurent tout à coup, vers le haut du front, une goutte de sang de la grosseur d'une noisette. Quelques moments après, une autre voisine entra et, en apercevant le sang au front, demanda si Jeanne ne s'était pas blessée. On commença à en parler dans le bourg puis dans les villages voisins... Il y eut bientôt foule le vendredi pour voir le sang couler. Après trois heures de l'après-midi, Jeanne retrouvait un état normal et, voyant la foule autour d'elle, les conviait à réciter le chapelet... Le

---

1. On lit cette mention dans la *Chronique de l'ordre des Carmélites de France*.
2. Les détails de sa vie figurent dans Imbert-Gourbeyre : *La Stigmatisation*, tome I, chapitre XXXIII. L'auteur précise qu'il tient ses informations d'une lettre écrite par un certain abbé Roussel, à la demande de l'évêque de Nantes, Mgr Fournier.

sang coulait de son front, de ses mains et de ses pieds ainsi que du côté gauche. Un médecin le constata en présence de M. le curé et de M. le maire... et cela surtout le vendredi. Finalement, Jeanne se retira chez sa sœur pour échapper à la foule curieuse, mais la stigmatisation continua jusqu'à la fin de sa vie (à soixante et onze ans, en 1871). Jeanne avait des visions et des extases.

Le cœur peut lui aussi être « marqué » par les stigmates mais seule l'autopsie peut le révéler[1].

Quant à l'annulaire stigmatisé, il symbolise l'union mystique avec le Christ. Il fut particulièrement bien observé dans le cas de Célestine Fenouil, née à Manosque dans les Alpes-de-Haute-Provence en 1849. Plusieurs témoins virent à son doigt une ligne circulaire d'un rouge très vif sur laquelle s'imprimait une série de petites croix. Le chaton de cet anneau représentait, dit-on, un cœur percé de trois glaives. L'anneau était beaucoup plus marqué le dimanche où il devenait rayonnant. Le stigmate ne présentait pas de croûtes sanguines, mais plutôt une simple rougeur avec un épaississement du derme. Le rapport des témoins fut adressé au docteur Imbert-Gourbeyre en 1876 et, par ailleurs, un médecin qui avait vu la jeune femme, le docteur Dauvergne, en fit un rapport aux Annales de dermatologie, soulignant d'ailleurs que la mère s'opposait aux contrôles médicaux.

L'anneau stigmatique, que Thurston appelle « gage d'épousailles » dans son chapitre sur ce sujet, fut aussi observé sur Véronique Giulani (deux témoignages très précis), sur Catherine de Ricci (plusieurs témoignages également précis), et sur d'autres encore[2]. Cet anneau émettait le plus souvent un rayonnement lumineux, si bien qu'on ne peut dire avec certitude si les témoins le voyaient réellement ou si le sujet était le seul à le percevoir...

Selon les dires des mystiques eux-mêmes, la stigmatisation s'opère le plus souvent par des rayons lumineux qui sortent d'une

---

1. Ce fut le cas pour le frère mineur de Perpignan, Ange de Pas. Les actes de son procès de canonisation mentionnent que cette blessure au cœur fut découverte après sa mort. De même pour la tertiaire de Perne, près d'Avignon ; dans le traité *De Stigmatismo sacro et profano*, daté de 1637, l'auteur qui raconte la vie de cette mystique mentionne que des médecins et des chirurgiens ont attesté le stigmate du cœur ainsi que des cinq plaies.
Une plaie au cœur peut d'ailleurs être observée sur des non-stigmatisés, comme pour la sœur lévitante de Pau, Marie de Jésus Crucifié : comme le Carmel de Pau désirait, après la mort de cette sœur, conserver son cœur, on procéda à l'ouverture de la dépouille mortelle : le cœur fut trouvé percé de blessures inexplicables.
2. Par exemple sur Marie Julie Jahenny, observée par le docteur Imbert-Gourbeyre.

image, d'une représentation ou d'une apparition du Christ en croix : de ses cinq plaies sort un rayon tantôt brûlant et sanglant[1], tantôt lumineux.

Voici le récit de Marie-Julie Jehanny interrogée par le docteur Imbert-Gourbeyre, le 4 octobre 1891, sur son mode de stigmatisation :

« Lorsque je reçus les stigmates, Notre-Seigneur m'apparut avec ses cinq plaies rayonnantes. Il y avait comme un soleil autour d'elles. Il partit de chaque plaie un rayon lumineux qui vint frapper mes mains, mes pieds et mon côté. Il y avait au bout de chaque rayon une goutte de sang vermeil. La douleur fut très vive mais dura à peine une seconde[1]. »

Ce rayon de lumière a-t-il été vu par des témoins ou seulement par le sujet ? Sauf exceptions, comme c'est d'ailleurs le cas pour les visions, les témoins ne voient rien, seul le sujet aperçoit quelque chose. Le padre Pio, par exemple, était seul quand il reçut les stigmates (contrairement à ce que quelques auteurs imaginatifs ont écrit).

Les plaies stigmatiques présentent un écoulement sanguin différent selon les mystiques. Certains perdent une grande quantité de sang, d'autres beaucoup moins, mais de façon plus continue. La périodicité de ce saignement est variable. En général c'est à jour fixe. Le plus souvent le vendredi, jour traditionnellement réservé à la méditation sur la Passion du Christ qui lui-même fut mis en croix un vendredi vers 15 heures (le samedi, sabbat chez les juifs, n'autorisait pas les mises à mort).

Ce fut le cas, par exemple pour Bertine Bouquillon, religieuse de l'hôpital Saint-Louis à Saint-Omer (Pas-de-Calais) qui reçut les stigmates en 1822. La stigmatisation était complète tous les vendredis et les jours de grandes fêtes religieuses, et cela jusqu'à sa mort en 1850. Lors de l'apparition de ses stigmates, l'évêque d'Arras, Mgr de La Tour d'Auvergne, nomma une commission de théologiens et de médecins pour une information exacte. Elle fut unanime à se prononcer en faveur du prodige. L'évêque reconnut donc le caractère surnaturel des stigmates.

---

1. Rayons sanglants également pour Catherine de Sienne, Marie-Madeleine de Pazzi, Véronique Guliani, etc. Si ce n'est un rayon, la « blessure d'amour » s'effectue, aux dires des mystiques, quelquefois par un dard (Thérèse d'Avila), des flèches (Philippe d'Aix), ou un clou (Charles de Serre, clou retrouvé à l'autopsie).
1. Imbert-Gourbeyre : *La Stigmatisation*, tome II.

La stigmatisation peut avoir lieu tout particulièrement pendant la semaine sainte précédant Pâques, et l'on comprend aisément pourquoi. C'était le cas pour Marguerite Parigot, née à Beaune (Saône-et-Loire) dont les stigmates devinrent visibles pour la première fois en 1632. Chaque année à cette date, Marguerite Parigot, grande extatique, participait aux douleurs de la Passion « en en représentant sur son corps, nous dit-on, toutes les scènes avec les souffrances extérieures visibles ». Elle revivait la scène du jardin des Oliviers (où le Christ souffrit l'agonie) :

« Ses bras semblaient ligotés quand elle revivait la flagellation, ses mains étaient excessivement enflées, ses pieds noirs et meurtris. Ses doigts étaient si serrés qu'aucune sœur ne pouvait les ouvrir. Ses yeux aussi paraissaient enflés. Quand elle revivait le chemin de Croix, elle tombait (comme le Christ qui tomba trois fois) : les sœurs essayaient de la relever mais la posture en laquelle elle était ne pouvait être changée. »

La stigmatisation peut aussi avoir lieu pendant les grandes fêtes. Ainsi en était-il pour une stigmatisée du Var, Mme Miollis [1], qui naquit à Marseille en 1806, et vécut à Villecroze près de Draguignan, mariée à un menuisier et réputée pour sa piété, sa charité et son humilité (morte en 1877). Le docteur Reverdit fut l'historien et le témoin de sa stigmatisation qui commença à l'âge de trente ans, alors qu'elle était en extase. Les cinq plaies s'ouvrirent alors spontanément et le sang coula puis, l'extase finie, tout disparut. Les stigmates étaient temporaires et surtout au moment des fêtes de Saint-François-d'Assise et de Saint-André (mort sur une croix).

Un rapport direct avec la Passion

Comme on peut le constater, les stigmates ont un rapport direct avec la Passion du Christ. Aussi peut-on penser *a priori* que seuls les chrétiens sont sujets à ce phénomène. Or, parmi ces chrétiens, il semble qu'il n'y ait pas, ou très peu, de cas chez les protestants, et pas du tout chez les orthodoxes.

Le protestantisme ne favorise pas les prodiges mystiques, Luther ayant condamné toute forme d'ascèse individuelle ou collective (ascèse rigoureuse s'entend). L'orthodoxie oriente plu-

---

1. Son principal historien est l'abbé Nicolas. Le docteur Reverdit publia plusieurs mises au point sur les observations qu'il avait faites de cette stigmatisée.

tôt sa méditation sur la résurrection du Christ et non sur sa passion qui n'est qu'une étape douloureuse, non achevée. S'arrêter à la Passion serait méconnaître la Gloire.

Cependant, ces affirmations comporteraient peut-être des exceptions. Ainsi, une Néerlandaise protestante, Mme Hélène Swart, aurait vu apparaître sur ses mains et ses pieds des taches rouge sang en méditant sur la Passion. Mais des taches ne sont pas des stigmates... J'ai vu plusieurs fois mentionnés (notamment chez des auteurs allemands) des cas de stigmatisation en Islam. Les musulmans méditant alors, non sur la Passion du Christ, mais sur les blessures reçues par le Prophète au cours de ses batailles. Il s'agit pour eux d'imiter en tous points le comportement de Mahomet. Cependant, ni Louis Massignon ni Émile Dermenghen, deux grands islamisants, ne jugent opportun d'utiliser le mot stigmate pour ces cas-là (très rares d'ailleurs).

Aimé Michel, de son côté, pense qu'il y a eu des stigmatisés antérieurs au christianisme. Épiménide de Cnossos (vers 538 av. J.-C.) portait des « signes » sur la peau. Sa chair était marquée [1].

On mesure ici la nécessité de bien s'entendre sur la définition du mot « stigmates » : ce ne sont pas des marques sur la peau mais des plaies profondes, identiques à celles du Christ puisque placées aux mêmes endroits. Les marques dermiques trouvent une explication naturelle. Les « stigmates » de l'Islam tendraient à montrer que ceux-ci trouvent leur origine dans le mimétisme, conscient ou inconscient, tandis que les stigmates catholiques, dont l'origine n'est ni naturelle ni mimétique, posent le problème d'une intervention divine.

Les signes annonciateurs

La stigmatisation n'a généralement pas lieu sans que quelques signes avant-coureurs n'aient en quelque sorte « annoncé » celle-ci. Imbert-Gourbeyre va même jusqu'à dire : « Il faudrait peut-être se défier d'un cas de stigmatisme qui n'offrirait aucun de ces préliminaires. » Parmi ceux-ci :

— une précocité insolite de l'intelligence et des vertus ;
— un goût pour les grandes austérités ;
— un désir de participer aux souffrances du Christ.

1. Aimé Michel, p. 139, faisant référence, entre autres, à l'ouvrage de Dodds : *The Greeks and The Unrational* (Berkeley, 1959).

Autrement dit, le stigmatisé est toujours consentant. Il a le désir d'union mystique par la souffrance, et souvent il en exprime la demande en prières. Charlotte de la Mère de Dieu (de Mâcon) demanda à recevoir une vision qui lui procurerait les stigmates ; Marie-Julie Jahenny fut interrogée dans sa vision par la Vierge pour savoir si elle acceptait de recevoir les cinq plaies.

— Des maladies plus ou moins extraordinaires guéries miraculeusement ;
— des visions, des apparitions et des révélations.

Il est intéressant de noter que presque tous les stigmatisés ont été sujets à une ou plusieurs visions du Christ ou de la Vierge. (Ce qui ne signifie pas que tous les visionnaires soient des stigmatisés ; Bernadette de Lourdes par exemple, visionnaire, n'était pas stigmatisée.)

— Des extases ;
— des « assauts diaboliques ».

De nombreuses stigmatisées ont raconté avoir subi des attaques du diable. Jeanne Brunel par exemple (de Cervières dans la Loire). Entrée très jeune chez les ursulines de Clermont, elle fut renvoyée pour « état extatique ». Les sœurs craignant, nous dit-on, « une sorte d'épilepsie qui la rendait ainsi stupide » délibérèrent et, à l'unanimité, la renvoyèrent chez son père. Mais, rentrée chez elle, il lui arriva un étrange accident : quand son père lui tendit un livre qu'une personne rencontrée par hasard lui avait remis pour elle, elle fut prise « dans des tentations diaboliques, frémissant d'horreur, environnée de flammes ». Elle demanda à ce que le livre soit brûlé, lequel brûla « en faisant entendre des hurlements et en dégageant une puanteur ». Mais Jeanne fut délivrée du diable. Elle fut admise au couvent de Thiers et bien reçue à cause de ses grandes vertus. Elle fut alors stigmatisée, « anéantie en elle-mesme, abysmée dans la douleur... », peut-on lire dans sa biographie.

Certains mystiques ont eux-mêmes annoncé avec précision les moments où les stigmates leur seraient donnés. C'est ainsi que Marie-Julie Jahenny annonçait devant témoins, plusieurs jours à l'avance, le jour et l'heure de sa prochaine stigmatisation[1].

---

1. Imbert-Goubeyre écrit : « Chose plus remarquable encore, ces souffrances étaient, non seulement annoncées dans les extases, mais décrites et pour ainsi dire commentées pendant l'extase par la stigmatisée elle-même. » Marie-Julie sut par révélation extatique que, deux jours plus tard, elle perdrait la vue, la parole et l'ouïe. Ce qui advint en effet.

Les prodiges de la stigmatisation

Les stigmates dégagent quelquefois une odeur merveilleuse. Ce prodige a été attesté chez plusieurs mystiques. Par exemple chez Jeanne de la Croix : on apposait des scellés sur ses plaies, on les retrouvait huit jours plus tard, sans aucun signe de suppuration ni d'infection, et elles exhalaient une odeur agréable[1].

Les stigmates sont parfois luminescents, c'est-à-dire qu'ils émettent un rayonnement lumineux. Comme ils auraient été eux-mêmes produits par des rayons de lumière, on serait tenté de penser que c'est parce qu'ils ont gardé une partie de cette énergie lumineuse qu'ils retransmettent. Ce phénomène est attesté, par exemple, pour Jeanne-Marie Bonomo (1670)[2] : des rayons de lumière sortaient parfois de ses stigmates.

Autre prodige observé : le sang stigmatique ne coule pas toujours dans le sens normal imposé par la gravitation (c'est-à-dire vers le bas) mais parfois dans le sens inverse. Le curé Naber, confesseur de Thérèse Neumann, le fit remarquer à plusieurs reprises pendant qu'elle revivait en extase le moment de la crucifixion : le sang s'échappait des plaies des pieds en coulant le long des orteils, non pas vers les talons, comme il eut été normal puisque Thérèse était allongée, mais vers le bout de l'orteil comme si elle avait été debout, dressée sur une croix[3].

Parmi les phénomènes pour le moins surprenants, il faut encore citer celui du gonflement d'une partie du corps. Par exemple, le gonflement de la langue, suivi d'une enflure des lèvres (cas de Marie-Julie Jahenny, de Blain[4], gonflement aussi des yeux

---

1. Pour ce cas, on dispose des textes des nombreuses enquêtes qui lui ont été infligées : quatre médecins ont attesté l'authenticité du prodige. Une nouvelle enquête a été exigée par l'évêque de Vénouse. Le procès-verbal date de 1497. A ce cas ancien, on peut ajouter celui du padre Pio, parfaitement constaté.
2. Sa biographie la plus récente est due à Dom du Bourg (Perrin, 1910). Imbert-Gourbeyre cite fréquemment le cas d'une Jeanne-Marie Bonomi, faute de typographie manifeste qui a été reprise par plusieurs auteurs après lui.
3. Le même phénomène de sang coulant en sens inverse de celui imposé par la gravitation a été observé pour Catherine Emmerick (le sang coulait en remontant de la paume de la main vers l'avant-bras), pour Dominique Lazzari et pour Marie-Julie Jahenny.
4. Le récit que donne Imbert-Gourbeyre des déformations du corps de la pauvre femme est terrifiant (in *La Stigmatisation*, t. II, p. 131). On est même gêné de penser que le Christ ait pu lui demander — du moins d'après ce qu'elle affirmait — autant de souffrances spectaculaires : « Je te réduirai, tes membres seront rétrécis... tu souffriras à toutes tes jointures... ta langue sera enflée... » Programme atroce qui se réalisait sous les yeux du médecin.

(cas de Marguerite Parigot, de Beaune). Les mains et les pieds gonflent aussi d'une manière excessive (cas de Germaine Thiercelin, stigmatisée de Pontoise, xviiᵉ siècle, et également de Marie-Madeleine de Pazzi qui était obligée de se déplacer à quatre pattes !). Ce gonflement des membres, et même de tout le corps, est signalé pour le mystique soufi Al-Allaj qui était réputé pour sa capacité de gonfler son corps au point d'emplir entièrement la grande salle de Basra. L'élasticité du corps, d'une manière générale, est l'un des prodiges mystiques les plus surprenants[1].

Les mains et les pieds sont, pour certains mystiques, si serrés, si contractés, que personne ne parvient à les séparer. Dans le rapport médical du docteur Dittmar sur la stigmatisée de Moselle, Catherine Filljung[2], on lit ce détail : « Les mains sont mises en croix, les paumes fortement serrées l'une contre l'autre. La plante d'un pied est solidement appuyée sur le dos de l'autre. Si l'on écarte par force les mains ou les pieds, ils reviennent, soit aussitôt, soit après être restés pendant un court temps dans la position nouvelle, en état cataleptique, comme mus par un ressort, dans la première position décrite. »

Les mains sont parfois paralysées (cas de Mme Acarie, de Paris, qui ne pouvait faire le signe de la croix ; de Catherine Emmerick dont les doigts ne pouvaient bouger). D'une manière générale, les membres sont fréquemment paralysés, surtout les jambes : de nombreux stigmatisés ont une jambe recroquevillée sous le corps (cas de Marthe Robin). Ce qui explique que la plupart des stigmatisés vivent alités (sauf le padre Pio)[3]. Les

1. In Thurston, chapitre « L'élongation corporelle ». Ce prodige est cependant peu fréquent. Thurston raconte aussi que le médium D. Home y était sujet et dit que, pour lui, les preuves sont « assez satisfaisantes ». Home grandissait (d'environ 15 cm) et rapetissait à volonté. De nombreux témoins auraient constaté ce phénomène.
2. Des extraits de ce rapport sont publiés dans *La Revue Métapsychique* (1936). Catherine Filljung naquit en 1848 à Biding, en Moselle, et mourut en 1915. La revue *Atlantis* (nᵒ 358, été 1989) publie sur cette stigmatisée un intéressant article de M. Henri Durrenbach qui rappelle que Catherine était aussi grande jeûneuse (jeûne absolu pendant 7 ans), hormis l'eucharistie, et qu'elle connut un état de mort clinique, mort apparente constatée, dont elle « revint ».
3. Comme le fait justement remarquer Aimé Michel, parmi les troubles de l'hystérie, on note des dystrophies musculaires (atrophie de Charcot-Marie, qui débute par les muscles des pieds puis gagne les jambes avant de provoquer une dégénérescence totale des muscles) ; et les myopathies distales où l'on voit les membres inférieurs s'atrophier, les pieds se retourner et la jambe se replier sur elle-même. Cette myopathie serait due à des lésions de la moelle épinière qui, elles-mêmes, seraient une preuve de dysfonctionnement

stigmatisés se nourrissent très peu, certains étant même grands jeûneurs (Louise Lateau, Thérèse Neumann, Marthe Robin) ; ils dorment également très peu la nuit (1 à 3 heures).

Les stigmatisés, en général, ne sont pas lévitants ni luminescents (l'inverse étant vrai : les lévitants et les hyperthermiques n'étant pas, sauf exception, stigmatisés). En revanche, il est constant qu'ils soient visionnaires avec extases.

Les sueurs de sang

Les biographies mentionnent un autre phénomène lié, semble-t-il, à la stigmatisation : le visage ou le front deviennent ensanglantés par une sorte de sueur sans qu'apparaisse aucune plaie. (Et parfois aussi on parle de larmes de sang.) Le fait est cité par Imbert-Gourbeyre, par exemple, pour une pauvre couturière de Bretagne, Magdeleine Morice, née à Néant en 1736, qui, après une guérison inexpliquée à Rennes, des miracles à Saint-Malo et à Porcarno, reçut les stigmates de rayons lumineux. Un témoin atteste avoir vu plusieurs vendredis de suite son visage couvert d'une sueur de sang.

Pour Mme Miollis, à Villecroze, dans le Var, les sueurs se présentaient dans le dos, évoquant la flagellation du Christ. Après l'extase, aucune cicatrice n'était apparente sur la peau (il ne s'agit donc pas à proprement parler d'une plaie stigmatique).

En dehors de l'explication religieuse, on a cherché bien entendu une explication physiologique, sans mal d'ailleurs puisqu'il existe une affection dûment identifiée : l'hématidrose qui se caractérise par des effusions sanglantes des muqueuses ou des téguments. C'est le professeur Jean Lhermitte qui donne de cette maladie le meilleur résumé, soulignant qu'elle s'associe souvent à un état névropathique ou hystérique. Il fait référence à un certain Parrot qui a observé une femme, très émotive, ayant présenté des écoulements sanguins dès l'enfance et sujette à des crises névrotiques : « Un point circonscrit du cuir chevelu étant devenu douloureux, j'y vis sourdre du sang qui se dessécha aussitôt. Le fait s'étant reproduit, je vis le sang s'échapper de la peau du front

---

endocrinien (selon le neurologue Rimbaud). A l'évidence, ce dysfonctionnement endocrinien ne suffit pas à expliquer les stigmates, mais il pourrait être en cause dans les paralysies qui accompagnent fréquemment la stigmatisation.

et former une couronne dans les cheveux. Dans le pli des paupières inférieures, le sang coula en quantité suffisante pour qu'on pût le recueillir.» D'autres médecins observèrent des hémorragies autour de la racine des cheveux, sans la moindre excoriation cutanée ; l'un d'eux analysa le sang et ne trouva que des hématies sans globules blancs (cette observation date de 1857) ; un autre constata que les épanchements sanguins pouvaient apparaître sur le bord des paupières, au creux des aisselles, enfin sur les muqueuses. Les vomissements sanguins, fréquemment mentionnés aussi, seraient de même nature. « Régulièrement, écrit Lhermitte, les sueurs et les pleurs de sang correspondaient chronologiquement avec des troubles cérébraux : somnolence plus ou moins profonde, délire avec violente agitation, hémiplégie gauche accompagnée de convulsions.» Mais la source de cet épanchement sanguin est fort difficile à localiser car on a beau inspecter minutieusement la peau, on n'y trouve aucune altération. L'explication serait donc à chercher dans un déséquilibre vasculo-sanguin.

La conclusion du professeur Lhermitte est que ces manifestations, sueurs et larmes de sang, sont vraisemblablement d'origine névrotique, mais que les stigmates, eux, posent un problème plus complexe auquel cette explication-là ne correspond pas.

Les possibilités d'une origine naturelle

Parmi les arguments de ceux qui tentent d'expliquer les stigmates par d'autres voies que le surnaturel, on peut en relever six : la simulation volontaire, le dédoublement de personnalité, les maladies dermiques, la suggestion et l'hypnose, le dermographisme, l'hystérie.

1. La simulation volontaire

Simuler un stigmate revient à se l'infliger à soi-même. C'est-à-dire à se faire volontairement des plaies dont on affirmera le caractère surnaturel. Des simulateurs, l'histoire en connaît. Il y eut des cas de supercherie proprement dit où les faux stigmatisés s'infligeaient leurs blessures à l'aide de poignards, de morceaux de verre ou d'objets piquants. Ils ne furent pas longs à être découverts. Mais d'autres cas sont plus complexes. On fit appel pour prouver la supercherie au diable, ce qui ne nous paraît pas une meilleure preuve. Ainsi, Magdeleine de la Croix[1], de Cordoue, fut condamnée par l'Inquisition en 1546 pour « sa prétention hypocrite de sainteté » et, entre autres méfaits, parce qu'elle simulait les stigmates. Il en fut de même pour sa consœur Maria de la Visitation (Portugaise de Lisbonne) qui fut démasquée et dont les stigmates étaient artificiels. Ces deux nonnes jouissaient cependant d'une si grande renommée que les nobles de leurs pays respectifs venaient les consulter avant les naissances des dauphins, avant d'entreprendre une bataille, etc.

Thurston raconte en détail l'histoire de ces « impostures » (pour lesquelles cependant les preuves définitives manquent, car les rétractations devant un tribunal d'Inquisition ne sont pas convaincantes) auxquelles furent mêlées d'éminentes personnalités comme Philippe II d'Espagne. « Certains visionnaires, dit Thurston, ont des extases authentiques, des stigmates réels mais ils ne sont pas des saints pour autant. »

Magdeleine de la Croix admit qu'elle avait passé un pacte de sang avec le diable. Le père Mortier, qui étudia particulièrement le cas de Maria de la Visitation, révéla que les stigmates furent lavés au cours du procès et que toute trace disparut... Cette fraude fut-elle consciente, volontaire ou inconsciente ? Il est difficile de répondre catégoriquement à cette question, tant nous ne pouvons rien affirmer sur l'origine de leur apparition ou de leur disparition.

De même l'affaire Rose Tamisier[2] fit-elle à l'époque (vers 1850) grand bruit. Rose avait les stigmates et, dans son village du Vaucluse, un tableau suintait des gouttes de sang... Rose fut doublement accusée, d'abord par un tribunal civil pour offense à la religion et vol d'hosties, puis par un tribunal ecclésiastique. L'évêque d'Avignon interdit à Rose la confession et la communion tant qu'elle ne se rétracterait pas. Celle-ci le supplia de nombreuses fois mais ne revint jamais sur l'affirmation surnaturelle de ses stigmates.

---

1. Maurice Garçon a consacré à cette « abbesse diabolique » une biographie passionnante (Éd. Fernand Sorlot, 1939).
2. *Rose ou « Rosette Tamisier »*, par Maurice Garçon (Cahiers de la quinzaine, 1929). L'intérêt de cette biographie réside essentiellement dans les documents auxquels l'auteur a eu accès. L'évêque d'Avignon lui a en effet ouvert les archives et, parallèlement, le procureur du tribunal de Nîmes lui a permis d'accéder aux pièces du greffe. Ce rapprochement des deux enquêtes, l'ecclésiastique et la judiciaire, a donné des éléments historiques incontestables qui, cependant, n'autorisent pas à se prononcer pour la supercherie.

On pourrait également raconter l'histoire d'Anne-Madeleine Rémusat, née à Marseille en 1696, mais qui est cependant toute différente puisqu'elle s'est volontairement infligée des « plaies d'imitation » : avec un fer rouge, elle grava sur sa poitrine le nom de Dieu et, sur son bras gauche, un cœur traversé de deux flèches, obéissant, disait-elle, à une inspiration divine. Mais les plaies s'envenimèrent (ce qui n'est jamais le cas dans la stigmatisation authentique) et on l'obligea à en parler à un médecin ; du coup, elle guérit et les plaies ne laissèrent aucune cicatrice. Cependant, après sa mort, on constata que le nom gravé sur la poitrine restait d'une belle couleur rouge... Il ne s'agit pas là d'une supercherie puisque la mystique ne proclama jamais avoir les stigmates mais un désir de participer véritablement aux souffrances de son Seigneur. Ces « stigmates »-là n'en sont donc point.

2. *Le dédoublement de personnalité*

C'est un argument qui a été avancé en particulier pour Thérèse Neumann. Lorsqu'elle était en état de « repos exalté », une voix parlant par ses lèvres répondait aux questions, et cette même voix donnait des prédictions sur l'avenir. Les prophéties de Thérèse Neumann n'étaient pas prononcées avec sa voix habituelle mais avec des voix aux intonations différentes. D'aucun, dont Thurston [1], ont alors émis l'hypothèse qu'il s'agissait d'un cas de personnalités multiples. Thurston — qui publie dans les années 30, donc en pleine affaire Neumann et Lechler (voir ci-après) — écrit :

« Je ne vois pas de raison de supposer que les mots prononcés par Thérèse en état de repos exalté viennent de quelque autre source que d'une personnalité dissociée de Thérèse elle-même. On pourrait être enclin à douter, s'il n'était parfaitement clair qu'une seconde personnalité dissociée entre en jeu dans l'état qualifié d' " état d'absorption " : quand Thérèse parle comme un enfant de cinq ans, quand elle ne peut comprendre le sens du mot " pape ", quand, au lieu de dire qu'elle voit six personnes, elle dit : " une et une et une ", six fois. »

Pour Thurston donc, Thérèse Neumann, tout en présentant des qualités évidentes de piété, et tout en étant une grande

---

1. Thurston : *Les Phénomènes physiques du mysticisme,* page 159. L'auteur pose des questions essentielles qui pourraient mettre en doute le caractère surnaturel des stigmates en général, et ceux du cas Neumann en particulier, sans toutefois se prononcer.

jeûneuse avérée, est cependant à classer dans les cas pathologiques. Ses stigmates auraient donc pu être produits par la suggestion d'une des multiples personnalités coexistant en elle.

3. Les maladies dermiques

On peut voir dans les stigmates des plaies ordinaires qui seraient causées par des maladies de la peau, du derme ou de l'épiderme, parfaitement répertoriées par les spécialistes. Or, toute plaie ordinaire suppure si elle n'est pas soignée, ou cicatrise quand elle est correctement soignée. Les plaies stigmatiques, elles, ne suppurent jamais, et aucun onguent ni pansement ne les a jamais fait cicatriser. De plus, une hémorragie qui aurait lieu à jour fixe et parfois abondante, ne se rencontre pas dans les cas ordinaires. Le docteur Imbert-Gourbeyre fait justement remarquer que la médecine a décrit un zona de côté, un mal perforant du pied, un psoriasis palmaire ou autre mal des pieds, des mains et du côté, mais qu'il n'existe pas de maladies des cinq plaies à la fois.

4. La suggestion et l'hypnose

Les stigmates pourraient être produits par suggestion d'une personne sur le stigmatisé (ou encore par simple autosuggestion). La stigmatisation, bien qu'ayant fait l'objet de nombreuses expériences, n'est pas aisément démontrée et elle reste difficile à prouver.

Les expériences de suggestion ne sont pas récentes [1] : en 1888, Focachon applique, sous hypnose, des timbres-poste sur l'épaule d'une hystérique, en lui suggérant que des vésicules vont se développer. Vingt-quatre heures plus tard, ceux-ci se dessinent en effet sur sa peau. Ce n'est qu'un exemple parmi tant d'autres car la suggestion sous hypnose a bel et bien un effet dermique observable. Mais reste à savoir si ce qui est produit est identique à un stigmate... La suggestion a été étudiée par Beaunis, Janet, Binet, Voisin, Mabille et d'autres. Kraft-Ebing a montré sur Louis Vivé qu'on pouvait obtenir un V sanguinolent sur son bras parfaitement réussi. Sous l'influence de la suggestion hypnotique, des suffusions sanguines, des ecchymoses, des phlyctènes, des vésicules se produisent. Les publications médicales sur les hémorragies cutanées par autosuggestion ou par hypnose abondent dans des revues comme *Le Progrès médical* ou *La Revue de l'hypnotisme*. Les

---

1. Je n'en cite que quelques-unes. Le professeur Lhermitte en raconte de plus nombreuses.

expériences ont montré que les sujets concernés étaient en général des hystériques ou des personnes à la peau délicate, souffrant d'hémopathie ou d'une extrême dilatation du réseau capillaire.

« Il ne viendrait pas à l'esprit, écrit le professeur Lhermitte[1], lui-même très sceptique sur l'origine des stigmates, de contester le grand intérêt de toutes ces expériences, mais en vérité que nous apprennent-elles? Que les émotions et les suggestions sous hypnose se montrent capables d'entraîner la production de lésions cutanées : ecchymoses, sueurs et pleurs de sang, phlyctènes, chez les sujets prédisposés à la névrose et entachés le plus souvent d'un déséquilibre vasculo-sanguin. Nous sommes encore très loin de la réalisation des plaies stigmatiques. »

En 1932 et 1933 il y eut cependant une expérience, celle du docteur Alfred Lechler[2], qui relança le mystère des stigmates. Sur une jeune paysanne (qu'il nomme Élisabeth), il tenta l'expérience suivante : Comme la jeune fille était allée voir un film sur la Passion du Christ, qu'elle en était revenue si émue qu'elle disait ressentir des douleurs aux mains, aux pieds et au côté, et comme, par ailleurs, à cette époque-là, on parlait beaucoup de Thérèse Neumann (stigmatisée depuis 1926), Lechler hypnotisa Élisabeth et lui suggéra que ces douleurs étaient les mêmes que celles du Christ. Le résultat ne se fit pas attendre : après chaque séance d'hypnose, la jeune fille souffrait davantage et les premiers stigmates apparurent. On crut donc que l'on tenait enfin la preuve que la suggestion (par autrui ou par soi-même) était à l'origine des stigmates. Mais à regarder ces stigmates de près, on s'aperçut qu'ils n'avaient que de lointains rapports avec les plaies stigmatiques.

« En réalité, écrit le professeur Lhermitte[3], cette fille, éminemment suggestible comme le sont les simples d'esprit, soumise à des suggestions multipliées et très prolongées, a fait apparaître des gonflements et des rougeurs dans les régions où devaient se révéler les stigmates. Mais quels pauvres stigmates : quelques fissures épidermiques, de microscopiques suffusions des

---

1. In Lhermitte, *Mystiques et faux mystiques*, p. 116.
2. Lechler : *Das Raetsel von Konnersreuth im Lichte einer neuen Falles von stigmatisation* (Eberfeld, 1933). Traduction : *Le Mystère de Konnersreuth à la lumière d'un nouveau cas de stigmatisation*.
3. In Lhermitte, *Mystiques et faux mystiques*, p. 119. Lhermitte précise qu'il n'est pas permis de rapprocher les « stigmates » d'Élisabeth de ceux que l'Église reconnaît pour authentiques. Il les qualifie « d'artefacts ».

paupières qui cessaient aussitôt après la fin de la suggestion. »
Il est vrai que les « stigmates » d'Élisabeth disparaissaient
quarante-huit heures après les séances. Les stigmates des mystiques sont, eux, durables. Par ailleurs, l'expérience de Lechler n'a
pas été conduite avec une rigueur irréprochable, notamment en ce
qui concerne la surveillance de la jeune fille. De là à dire que
Lechler ait été victime d'une mystification [1]...

5. Le dermographisme

Il s'agit d'une « écriture sur la peau » : le tracé d'un trait
d'ongle, d'un stylet, ou d'une pointe émoussée, dessine sur
l'épiderme une ligne rouge de vaso-dilatation capillaire qui, chez
certains sujets prédisposés et particulièrement sensibles, devient
œdémateuse et prend un certain relief. En excitant mécaniquement et du dehors l'épiderme, on obtient des inscriptions cutanées, des dessins, des lignes et même des mots. Ce phénomène
semble constant chez les neuropsychopathes, tandis que chez les
personnes saines il ne dure pas plus de deux minutes et demie. Or,
l'inscription stigmatique dure des mois, voire des années...
Mais en dehors de ce dermographisme produit de l'extérieur,
il existe incontestablement un dermographisme psychosomatique :
l'inscription a lieu simplement parce que le sujet en formule une
image mentale, une représentation intérieure, de façon consciente
ou subconsciente.
S'agissait-il d'un dermographisme chez la stigmatisée Marie-
Julie Jahenny, observée par le docteur Imbert-Gourbeyre ? On
peut se poser la question : Marie-Julie annonçait à l'avance ses
stigmates, on l'a dit. En 1875, elle annonça plus d'un mois à
l'avance qu'elle aurait bientôt une nouvelle stigmatisation : une
croix et une fleur avec l'inscription O Crux Ave sur la poitrine. Le
jour prévu était le 7 décembre ; la veille, elle se laissa examiner :
aucune inscription. Le jour même, elle proposa spontanément
qu'on l'examine mais le docteur Gourbeyre refusa par respect :
« Elle avait, écrit-il, le droit d'être crue sur parole. » Ce respect
honore le médecin mais n'autorise pas un contrôle rigoureux... A
la fin de l'extase, chacun put lire sur sa poitrine les mots prédits. Et

---

1. Néanmoins, quand on lit l'ouvrage de Hippolyte Bernheim, De la suggestion, paru en
1916, on apprend qu'il a obtenu par suggestion des paralysies, des catalepsies, des
contractures musculaires, des hallucinations, des anesthésies des sens, et même des
marques sur la peau.

l'inscription resta indélébile selon le témoignage du docteur Imbert-Gourbeyre. Il ne s'agirait donc pas d'un dermographisme à caractère passager ; on est cependant en droit de regretter les conditions de cette observation.

Il semble qu'il existe aussi un dermographisme dû à l'hystérie : l'ursuline de Loudun, Jeanne des Anges, portait gravés sur la main gauche les noms de Jésus, Marie, Joseph. Jusqu'en 1661, ses stigmates persistèrent mais, par un effort d'autosuggestion hystérique, elle parvint à s'en débarrasser. Les études de M. Michel de Certeau sur cette « affaire de Loudun » ont montré que cette religieuse était atteinte d'hystérie majeure [1].

6. *L'hystérie*

A vrai dire, ce ne sont pas seulement les stigmates qu'on a été tenté d'expliquer par l'hystérie, mais la plupart des phénomènes qui accompagnent le mysticisme [2].

En effet, dans l'hystérie telle qu'elle a été décrite par Charcot et l'école de la Salpêtrière, on retrouve plusieurs symptômes communs avec la mystique. Chacun sait que la thèse de l'hystérie de Thérèse d'Avila a fait l'objet de plusieurs publications. Elle a été soutenue, entre autres, par un jésuite belge, le père Hann, dans un mémoire de 1883 [3]. L'idée développée par le père Hann a pourtant été reprise plus tard, tant par certains historiens de la mystique que par des médecins : le mystique peut être à la fois extatique et hystérique. Car celui-ci a une double expérience des deux groupes de phénomènes, les naturels et les surnaturels. Le docteur Goix, dans les Annales de philosophie chrétienne de juin 1896, a au contraire démontré que Thérèse d'Avila ne présentait pas les signes diagnostiques de l'hystérique : chez elle, pas de convulsions, de boule hystérique, de zones hystérogènes, de rétrécissement du champ visuel... En revanche, il décelait les symptômes du paludisme : fièvres intermittentes, état cachectique, fréquent en Espagne au XVIIᵉ siècle.

On dit souvent que les stigmatisés sont en majorité du sexe

---

1. Sœur Jeanne des Anges : *Autobiographie* (rééditée par Jérôme Millon, 1985, avec une introduction de Michel de Certeau). On peut aussi raconter que lorsque le cardinal Alphonse de Richelieu, le frère du ministre, proposa d'effacer ces « stigmates » avec des ciseaux ou un rasoir, la sœur s'y opposa de toutes ses forces.
2. Janet désignait par le mot « psychasténie » les délires de l'union à Dieu.
3. Ce mémoire, publié dans la Revue scientifique de Bruxelles sous le titre *Phénomènes hystériques et révélations*, fut mis à l'index.

féminin. Les hystériques aussi. Mais majorité ne veut pas dire totalité. Il y a en effet plusieurs cas de stigmatisés hommes (de François d'Assise à padre Pio) et de nombreux cas aussi d'hystériques hommes (Charcot, dans ses *Leçons du mardi à la Salpêtrière,* en donne plusieurs exemples). Cependant, il semble bien que la nature féminine ait une sensibilité nerveuse plus aiguë que la masculine. Un certain Alfred Maury a même développé la thèse (jugée « absurde » par le docteur Imbert-Gourbeyre) que la stigmatisation chez les femmes s'expliquait par la « déviation des fonctions périodiques »... autrement dit que l'absence de règles (fréquemment rencontrée aussi chez les hystériques femmes) se compense dans les stigmates.

Mais la plus célèbre des observations de stigmates hystériques reste celle du professeur Pierre Janet[1] sur Madeleine, à la Salpêtrière, en 1896 (elle avait quarante-deux ans). Madeleine était atteinte de délire religieux, présentait des stigmates aux pieds et aux mains, éprouvait des crises d'angoisse et des extases. Ces stigmates apparaissaient une ou plusieurs fois dans l'année, selon les années, puis disparaissaient provisoirement. Janet l'examina pendant plus de six ans puis, quand Madeleine rentra chez elle, continua à avoir de ses nouvelles par les lettres qu'elle lui adressa pendant vingt-deux ans. Elle avait été remarquée à l'hospice de la Salpêtrière par sa démarche extrêmement curieuse : elle ne se déplaçait que sur la pointe des pieds — plus exactement sur la pointe du gros orteil. Elle souffrait de contractures dans les jambes que l'on ne pouvait ni plier ni écarter l'une de l'autre. Dans ses extases, elle adoptait l'attitude de la crucifixion, ressentait une jouissance des sens et un sentiment d'union à Dieu. Bref, à lire les deux énormes volumes que le professeur Janet consacre à ce cas passionnant, on devrait pouvoir affirmer que mysticisme et hystérie sont sœurs jumelles. Or, il n'en est rien. Janet lui-même, après ses longues années d'observation de cette malade, pense qu'il aurait dû l'étudier d'une manière plus organique, car tous ces troubles névropathiques trouvaient peut-être leur origine dans des lésions de la moelle épinière (notamment les difficultés de la marche).

---

1. Pierre Janet : *De l'angoisse à l'extase* (publié par la Société Pierre Janet, 2 vol., 1975). Le sous-titre est éloquent : « Un délire religieux, la croyance. » C'est surtout le premier volume qui s'attache à décrire le cas de Madeleine, le second présentant les théories du sentiment établies par Janet.

L'hystérie ne suffit pas à tout expliquer. Il y a une imbrication évidente entre le psychique et l'organique, entre le mental et le physique. Les stigmates, eux aussi, peuvent peut-être trouver leur origine non pas dans des troubles mentaux mais dans des lésions organiques... l'un n'empêchant pas l'autre comme les observations le prouvent.

Janet écrit[1] : « Il faut, pour que l'on parle de stigmate mystique véritable et non simulé, que ces lésions apparaissent sans action externe locale, sans traumatisme évident. C'est précisément à cause de l'absence de l'explication usuelle par le traumatisme que l'on trouve dans ces lésions un aspect religieux et miraculeux. La lésion est produite soit directement par l'action de Dieu qui se plaît à rendre le sujet semblable à lui-même, soit indirectement par l'imagination du sujet qui se représente les plaies du Christ, mais qui reçoit du ciel une force spéciale surajoutée à son imagination pour la rendre efficace. »

L'étude des stigmates oblige donc d'abord à vérifier qu'il n'y a pas eu lésion par traumatisme.

« Si les précautions, poursuit Janet, pour rendre impossible le traumatisme ont été bien prises, et que l'on constate que le stigmate n'apparaît plus, il sera facile de conclure que ce n'est pas un vrai stigmate mystique, que cette plaie dépend d'une action externe locale... Si, au contraire, les précautions ayant été bien prises, tout traumatisme étant considéré comme impossible, le stigmate continue à apparaître, on pourra aborder l'étude des miracles... »

Le professeur Janet fit poser sur les endroits « stigmatisables » de Madeleine des bandages occlusifs, sorte de pansements ouatés pour empêcher tout contact et fermés par des cachets de cire. Il fit aussi construire un petit appareil qui enserrait le pied et permettait, par un petit verre de montre, de voir le stigmate sans qu'il puisse être touché par la malade. Et Janet d'écrire lui-même : « Quel a donc été le résultat de ces tentatives de surveillance ? En général, il a été nul » (aussi nul d'ailleurs dans ses conclusions que les mêmes expériences sur les « vrais » mystiques). Le stigmate se produisait à des endroits non surveillés. Le professeur Janet n'a jamais pu savoir si Madeleine se blessait elle-même, déjouant la surveillance, ou si le stigmate naissait uniquement parce qu'elle le

1. Pierre Janet : *De l'angoisse à l'extase*, p. 339 et suiv.

désirait. Il n'a jamais réussi non plus à faire naître un stigmate par suggestion.

Il a cependant noté quelques observations surprenantes : presque toujours, les stigmates ont apparu dans les journées qui précédaient le commencement des règles. Souvent, ils survenaient après des émotions violentes qui avaient bouleversé la malade. Il est donc probable que, ces jours-là, elle souffrait de troubles circulatoires et vraisemblablement aussi d'une « susceptibilité spéciale de la peau ». Mais l'observation de Janet ne permet pas de conclure pour ce qui concerne l'origine des stigmates. Hormis les quelques simulateurs ou les hystériques, on constate que la majorité des cas de stigmatisation ne répond pas aux explications prétendument « naturelles ».

L'explication « surnaturelle » est celle qu'avancent les croyants catholiques : les stigmates sont donnés par le Christ lui-même (avec consentement du mystique) pour qu'il participe aux souffrances de sa passion avec une idée redemptrice, c'est-à-dire de rachat.

Mais, à mon avis, le mot « participation » est mal choisi. Les stigmatisés font beaucoup plus que « participer à ». Ils sont la part souffrante du corps invisible du Christ. Ils actualisent la Passion. Ils la prolongent en la vivant de génération en génération. On dirait, en utilisant un autre vocabulaire, ils « somatisent », c'est-à-dire impriment dans leur corps une réalité désormais invisible mais toujours actuelle.

Les corps brûlants

L'HYPERTHERMIE

La température normale du corps humain, on le sait, est de 37° C. Il semble que pour le maintien de la vie, la température ne puisse excéder 43° C. L'extrême limite enregistrée au cours d'agonies a été de 44° C. Au-delà, si le sujet atteint plus de 44° C et ne meurt pas, on est en présence d'un prodige et celui-ci accompagne fréquemment les mystiques qui semblent capables de franchir le seuil mortel de 44° C.

L'hyperthermie dont il sera question ici se définit comme une production interne de chaleur si intense que l'être se sent véritablement brûler et que son corps semble émettre une chaleur extraordinaire.

La mystique chrétienne définit cette technique par les mots *incendium amoris :* feu d'amour, feu intérieur produit par un transport d'amour divin.

La mystique tibétaine pratique volontairement une autre forme d'hyperthermie par la technique du *tumo.*

Entre 3 000 et 4 000 mètres, en Himalaya, l'hiver, il fait froid, très froid. Or, des ermites et des ascètes tibétains sont capables, non seulement de résister à des températures très basses, mais de stimuler la production de chaleur interne de leur corps. Ce procédé, le *tumo* (mot qui signifie chaleur) est connu[1], mais seuls quelques grands lamas le pratiquent.

La communauté des tibétains réfugiés en France comporte, certes, plusieurs grands maîtres, mais impossible d'aller les trouver et de leur demander de but en blanc une démonstration de cette technique ! Heureusement, l'un de mes amis, le docteur Raphaël Bastiani, qui soigne bénévolement depuis douze ans les enfants réfugiés à Dharamsala, en Inde, a bien voulu entamer pour moi les démarches nécessaires, sur place, pour rencontrer un lama pratiquant le tumo, et c'est avec la recommandation du dalaï-lama lui-même, et après avoir envoyé de nombreux messages par des moines, que cette rencontre, tout à fait exceptionnelle, a pu avoir lieu. Ce témoignage a le mérite d'être apporté par un médecin également compétent sur le plan religieux. Aussi prend-il une réelle valeur.

Rencontre avec un expert en tumo

« J'ai rencontré à environ 3 000 mètres d'altitudes, sur les chaînes de l'Himalaya, un moine bouddhiste qui pratique le tumo. Ce moine a environ cinquante ans, et ne parle que le tibétain. Deux jeunes moines bouddhistes m'accompagnaient pour assurer

---

1. Dans son ouvrage *Mystiques et magiciens du Tibet* (Plon, 1929), Alexandra David-Neel évoque ce fameux tumo dont la technique, tenue secrète, ne peut être reçue que d'un maître expert en tumo.

la traduction du tibétain en anglais ou en italien, car l'un d'eux parlait correctement l'italien. Nous avons eu de grandes difficultés à trouver ce moine. Il demeurait dans une sorte de cabane en pierre, construite sous une dalle de granit, à l'intérieur d'une grotte où il vivait dans l'isolement constant, et presque toujours en méditation. Il avait été initié au tumo par un maître, mort depuis.

Pour pratiquer le tumo, le sujet doit être très solide aux niveaux physiologique, neurologique, psychologique. Avant de le pratiquer, une longue préparation psychophysiologique est indispensable. Il faut vivre dans un ascétisme authentique, se détacher de tout. Et effectivement, ce moine vivait dans un dépouillement total. A notre demande, et en notre présence, il a bien voulu effectuer une expérience de tumo : il a pris mon mouchoir qu'un jeune moine avait trempé dans l'eau et essoré, et l'a disposé sur sa nuque. Après quinze minutes, le mouchoir était presque sec. Or, la température extérieure était de 5° C. Durant cette expérience, j'ai contrôlé la pression artérielle et les pulsations du cœur qui demeuraient normales. A ma surprise, le corps ne s'est pas transformé en radiateur, du moins les parties du corps que je pouvais contrôler : la tête, les bras, le haut du buste. Le corps a conservé durant l'expérience une température qui oscillait autour de 37°. Je contrôlais constamment cette température qui, jamais, ne s'est modifiée.

Je lui ai demandé de m'expliquer comment, sans foyer de chaleur, il parvenait à sécher ainsi un mouchoir. Il m'a répondu qu'il ne le savait pas, mais que, vraisemblablement, cela était dû à des modifications thermiques de son corps.

Le lama m'a alors expliqué comment il procédait :

Il entre en méditation et concentre toute son énergie sur un point au-dessous de l'estomac dans la région abdominale, autour du nombril. Là, il parvient à " allumer " une lumière, qui devient toujours plus intense en s'agrandissant à mesure qu'augmente la concentration. Cette lumière intérieure est la source de cette aptitude à sécher tout ce qui est mouillé, à faire fondre la neige, la glace... (Le moine se met donc, à mon avis, par la concentration-méditation, dans un état d'autohypnose.) Cette pratique du tumo lui permet, durant l'hiver, de n'avoir jamais froid, alors que dans l'Himalaya, la température à 3 000 mètres peut atteindre la nuit − 20°. Le moine m'a précisé que le tumo lui apportait parfois une extase, une sorte " d'orgasme spirituel " (ce sont ses propres mots). Je lui ai alors posé d'autres questions, en particulier s'il avait le souci de préparer des moines à cette technique, mais il m'a répondu qu'il n'avait pas encore trouvé un seul disciple acceptant de mener une telle vie d'ascèse... Je lui ai également demandé le sens de cette pratique : pour lui, la pratique du tumo a un but précis : découvrir dans les profondeurs de son être, la nature de Bouddha et, si possible, devenir un Bodhisattva (un illuminé, un saint). Le tumo est donc une voie rapide pour devenir saint... Cependant, il ne consacre à cette pratique que quelques heures par jour, le reste de son temps étant employé (en dehors de la préparation des repas, du nettoyage de sa grotte et d'un peu de lavage) à la méditation, la récitation de mantras et la lecture de textes bouddhiques. Il dort environ six heures par jour. »

Très intrigué par cette technique, le docteur Bastiani a profité de chacune de ses rencontres avec des maîtres tibétains pour les interroger :

« J'ai demandé à trois maîtres du bouddhisme tibétain quels étaient les enseignements sur le tumo. Voici leurs réponses :

Yeshi Tobdhen (Geshé), ermite, vit isolé à 3 000 mètres d'altitude dans l'Himalaya. Il est conseiller spirituel du dalaï-lama.

« L'homme qui pratique le tumo, dit-il, doit avoir la compassion, l'amour porté aux autres, pour les aider à surmonter leurs problèmes et leur donner la joie de vivre. Il faut, en premier lieu, devenir capable de vivre dans la vacuité, c'est-à-dire reconnaître que tout est illusion, que les phénomènes existent mais ne durent pas... Le tumo, dans le contexte du bouddhisme tibétain, est surtout une méditation qui doit permettre de sortir du cycle des renaissances. »

Danma Lochoe (Rimpoché, abbé de Nangyal Monastery MacLeod-Gang) explique :

« J'ai lu les enseignements de Bouddha concernant le tumo. Le tumo, qui fait partie intégrante de cet enseignement, ne doit pas produire de chaleur extérieure, ce ne serait pas conforme à cet enseignement. S'il y a peu de disciples pour suivre les maîtres du tumo, c'est que cette réalisation exige de multiples renoncements. Le tumo est une réalisation spirituelle. Il y faut une préparation spécifique non seulement dans le présent mais aussi par les vies antérieures. En fait, de nombreux moines tibétains pratiquent le tumo mais secrètement. Il y en a sûrement dans ce monastère mais je ne les connais pas. Par crainte d'être envahis par les requêtes du peuple. La réalisation spirituelle qu'est le tumo doit demeurer secrète. »

Le docteur Bastiani, se souvenant que le premier moine rencontré avait employé les mots « orgasme spirituel », a posé la même question à cet abbé : quelles sont les conséquences du tumo ? Réponse : « D'abord une joie intense intérieure. Le tumo doit conduire à devenir un saint. Il conduit à contrôler les pulsions sexuelles avec aisance, à les sublimer pour mieux les réinvestir, c'est bien une sorte d'orgasme spirituel. Celui qui maîtrise totalement les mécanismes de sa sexualité peut devenir un Bodhisattva. C'est pour cette raison qu'il est pratiqué en secret. »

L'abbé a alors insisté sur la nécessité d'une solide préparation, le tumo étant dangereux à pratiquer sans initiation.

Pour Sonam Rinchen (Geshé), maître en enseignement supérieur, la pratique du tumo exige une longue préparation intellectuelle et psychologique.

« Il faut, explique-t-il, connaître un maître qui accepte de vous initier. Le but premier consiste à amener les flux nerveux qui circulent dans les canaux périphériques jusqu'au canal central. On obtient alors une conscience subtile qui se manifeste surtout par une forme d'extase. Le tumo aide à stopper les réincarnations. Il permet surtout d'affronter la mort au niveau subtil et à reconnaître la réalité. »

Le tumo n'est donc pas un simple procédé qui permettrait de s'autoréchauffer l'hiver, mais une technique de libération spirituelle. C'est en cela qu'il me paraît appartenir aux prodiges mystiques.

L'union au divin engendre ou réveille le feu intérieur.

Le lama Anagarinka Govinda[1], anglais converti au bouddhisme dans les années 1950, a essayé de comprendre les mécanismes qui déclenchent ce feu intérieur. Il s'agit d'un yoga, le « yoga du feu intérieur »[2]. Dans son ouvrage *Les Fondements de la mystique tibétaine*, il définit le *g-Tumo* comme le « feu de l'intégration spirituelle », puissance flamboyante. dévorante, irrésistible ardeur intérieure.

---

1. *Anagarinka* signifie « celui qui est sans foyer ». *Le Chemin des nuages blancs* et *Les Fondements de la mystique tibétaine* sont tous deux réédités chez Albin Michel dans la collection Spiritualités Vivantes.
2. Le « yoga du feu intérieur » fait l'objet principal des exercices de méditation donnés par Milarépa, le grand saint et poète tibétain (1052-1135 apr. J.-C.), quatrième patriarche de l'école des Kagyupa (bonnets rouges).

Ce qui déclenche le feu, c'est l'intégration de deux syllabes-germes (appelées aussi mots-semence) : le « A » et le « Ham ». Quand le méditant éveille la syllabe-germe « A », jusqu'à ce qu'elle devienne un feu ardent, il attise cette flamme à chacun de ses mouvements respiratoires et celle-ci grossit de la taille d'une perle de feu jusqu'à celle d'une flamme volumineuse, laquelle atteint finalement le centre au sommet de la tête d'où, par la syllabe-germe « Ham », de couleur blanche, véritable nectar de vie, elle redescend pour pénétrer le corps entier.

L'extrême chaleur du « A » flamboyant met en fusion le « Ham », élixir de la conscience d'illumination. Tous les centres psychiques du corps sont alors échauffés et illuminés. Ainsi, le contrôle conjoint de la respiration et de l'identification à ces syllabes permet-il de « ranimer le feu intérieur » à la manière d'un soufflet. Le feu monte alors dans les « veines » qui ne doivent pas être considérées comme des veines véritables contenant du sang, mais comme un « réseau » de courants de force et d'énergie. L'esprit du mystique est à ce moment-là entièrement concentré sur la vision du feu et la sensation de chaleur, à l'exclusion de toute autre image mentale.

« Le procédé, écrit Alexandra David-Neel, est toujours la combinaison d'une rétention prolongée du souffle et de l'objectivation d'un feu imaginaire, ce qui revient à une pratique d'auto-suggestion[1]. »

On ne manquera pas de noter que les tibétains n'ont pas attendu le XXᵉ siècle pour s'élever aux « états altérés de conscience » définis par nos contemporains.

Lama Govinda insiste à plusieurs reprises : « La figure de la flamme n'est pas seulement une métaphore psychophysique dans laquelle sont présentes toutes les propriétés du feu : chaleur, échauffement, combustion, purification, fusion, exaltation, rayonnement, pénétration, illumination, transfiguration. C'est une réalité. C'est un phénomène qui a objectivement lieu. »

Par ailleurs, on remarque que le centre du cœur est toujours associé à l'élément feu. Détail important dont on pourra se

---

1. J'ai résumé ici cette technique de méditation complexe décrite également par Alexandra David-Neel. Elle n'est pas simple et l'on comprend pourquoi les adeptes du tumo sont rarissimes.

souvenir quand on lira les propos des mystiques chrétiens qui disaient « avoir le cœur en feu ». Certaines expressions ne doivent plus être prises comme des métaphores mais comme des réalités.

Retenons pour l'instant que, selon la mystique tibétaine, les phénomènes de luminescence et d'hyperthermie (qui vont ensemble) sont liés au cœur et au système vasculaire.

Cependant, ni Alexandre David-Neel ni Lama Govinda ne donnent évidemment d'indications très précises sur la température atteinte dans le corps des mystiques par la pratique du tumo. Seule, Alexandra donne quelques détails intéressants : des draps plongés dans l'eau glacée, tout raidis, sont enroulés autour de l'adepte assis en méditation. Le drap doit dégeler et ressortir sec ! Impossible ? « Il n'y a pas de doute que des " respas " sèchent vraiment sur eux plusieurs pièces d'étoffe de la dimension d'un grand châle, j'ai pu constater le fait *de visu*. » (Signalons que lama Govinda, lui, reconnaît au contraire n'avoir jamais observé un lama pratiquant le tumo). Ce phénomène d'accroissement de chaleur ne dure que tant que l'exercice est pratiqué. Le froid reprend ses droits dès que la respiration et la concentration cessent.

Maîtrise totale de la sensibilité au froid et au chaud ? N'est-ce pas le cas des célèbres Yamabuschi, guerriers des montagnes japonais, dont deux des exercices habituels consistent à endurer le jet d'un torrent glacé sur la tête et le corps et à marcher sur les braises ? Maîtrise totale de la sensibilité au froid et au chaud. Le français Sylvain Guintard, initié au Japon, maître ès arts martiaux est capable, si l'on en croit le reportage de Caroline Laurent dans VSD, photos à l'appui, de rester deux heures dans un lac glacé d'altitude, de l'eau jusqu'à la taille, et de s'enfouir le corps dans la neige pendant trente minutes. « Cela n'a pourtant rien de surnaturel, explique Sylvain Guintard. On ne le fait pas sans un entraînement préalable, sans ce travail, justement sur soi, de pensée, de motivation. Si nous arrivons à ce que d'autres considèrent comme des prouesses, c'est parce que nous maîtrisons notre fonctionnement physiologique. Il n'y a aucun mystère, aucun miracle, mais une connaissance parfaite de notre corps. »

L'insensibilité au froid

Le grand maître de la confrérie derviche[1], Djelal-ud-din-Roumi a fait preuve plusieurs fois d'une extraordinaire chaleur interne qui se traduisait par une insensibilité au froid.

« Notre maître, au cours d'un violent hiver où les jeunes gens, quoique vêtus d'une lourde pelisse, sentaient le froid même à côté d'un four ou d'une cheminée, montait sur la terrasse du collège, y pratiquait ses dévotions nocturnes jusqu'au matin. Après être descendu de la terrasse une fois la prière du matin achevée, je lui tirais la tige de sa botte : les crevasses de son talon dégouttaient de sang et ses compagnons en pleuraient. Une nuit, au milieu d'un hiver froid, le maître était occupé à une prière d'insomnie. Il avait posé son visage sur les dalles du sol et versait tant de larmes qu'on en aurait rempli des outres. Par suite du froid, sa moustache et sa barbe avaient gelé et s'étaient collées aux dalles. Au matin, les compagnons versèrent de l'eau chaude sur son visage pour faire fondre la glace. »

De même qu'une insensibilité au froid a été observée, une insensibilité au chaud est également fréquente : que l'on se remémore les fameux marcheurs sur le feu[2].

A l'un de ses disciples qui le mettait en garde contre les dangers du froid (le roumi était depuis trois jours et trois nuits sous une gouttière qui gelait), il répliqua : « C'est bon pour les hommes froids d'attraper froid, non pour les véritables hommes. » L'homme véritable, pour un soufi, est celui qui vit dans l'union au divin. Il semble que cet homme-là ne soit pas « froid » mais très « chaud »...

---

1. Tous les prodiges concernant les soufis sont détaillés dans l'ouvrage *Les Saints des derviches tourneurs*, écrit par Aflâki et traduit du persan par Clément Huart (Éd. Orientales, 1984). Ce livre, qui offre la biographie de neuf personnages éminents de la confrérie des Derviches Maulâwi, a été commencé en 1318 (718 de l'hégire) et terminé en 1353. Il a été rédigé, précise Aflâki « d'après des renseignements oraux provenant de personnages notables composant la confrérie ». Djelal-ud-din-Roumi est le plus célèbre d'entre eux.
2. Voir le chapitre VII : « Vaincre la douleur. »

Le corps en feu

Chez les mystiques chrétiens, les exemples d'hyperthermie sont fort nombreux[1]. Ils éprouvent une sensation de brûlure interne insoutenable.

Philippe de Néri, par exemple, éprouvait « une telle chaleur dans la région du cœur qu'elle s'étendait parfois à tout son corps et, malgré son âge, sa maigreur et son régime frugal, dans les jours les plus froids de l'hiver, il fallait, même au milieu de la nuit, ouvrir les fenêtres, rafraîchir le lit, l'éventer quand il était couché, et de diverses manières modérer sa grande chaleur. Parfois, cela lui brûlait la gorge... Lorsqu'on lui prenait la main, elle brûlait... Même en hiver, il avait presque toujours ses vêtements ouverts du cou à la ceinture, et quand quelqu'un lui disait de les fermer, de crainte qu'il ne prit mal, il avait coutume de répondre qu'il ne pouvait vraiment pas à cause de la chaleur excessive qu'il ressentait. Parfois, en disant son office, ou après la messe, ou dans quelque autre exercice spirituel, des étincelles, comme si c'était du feu, dardaient de ses yeux et de son visage. Ce feu interne était tel qu'il en défaillait, une syncope le forçait à se jeter sur son lit; il y restait étendu, à l'occasion une journée entière, sans autre maladie que celle de l'Amour divin. Une fois, sa gorge en fut si brûlée qu'il en fut malade plusieurs jours[2]. »

Toute sa vie, le saint avait souffert de palpitations cardiaques, ce qui laisserait à penser que cette chaleur interne extraordinaire était liée à une affection du cœur. Un jour, relate son biographe, « il fut soudain surpris d'une telle ardeur d'amour que, incapable de la supporter, il se jeta de tout son long sur le sol et, comme quelqu'un qui essaye de se rafraîchir, découvrit sa poitrine, pour modérer quelque peu la flamme qu'il éprouvait ».

Il est important de signaler qu'à l'autopsie de son corps on

---

1. C'est Thurston, dans son ouvrage *Les Phénomènes physiques du mysticisme,* qui en donne le meilleur résumé. Pour plusieurs cas au moins — Philippe de Neri, Stanislas Kostka, Catherine de Gênes et Marie-Madeleine de Pazzi —, les témoignages sont incontestables.

2. Selon P. Bacci : *Life of St. Philippe Neri* (1902). Philippe Néri vivait au XVIIe siècle. Thurston précise que le compte rendu intégral de l'autopsie figure dans *La Vie de saint Philippe,* due à Gallonia, ami intime du saint. Les *Acta Sanctorum* mentionnent le fait dans le volume VI, mai, page 510. Goerres en parle longuement dans *La Mystique* (Livre III, chapitre I).

découvrit une grosseur sous le sein gauche provoquée par deux côtes écartées vers l'extérieur[1].

Stanislas Kostka[2], lui, était obligé d'appliquer sur sa poitrine des linges trempés dans l'eau froide. Un jour, son supérieur le trouva en plein hiver dans le jardin où soufflait un vent glacial : « Je brûle, lui dit Stanislas, je brûle ! » Sensation qui était ressentie à la hauteur du cœur.

Le cas le mieux connu est celui de Catherine de Gênes dont la « Vita »[3] abonde en récits d'hyperthermie. Catherine, qui était une grande jeûneuse, ne mangeait ni ne buvait pendant les jeûnes du carême, sauf une boisson terriblement vinaigrée. « Quand elle avalait cette mixture, relate sa biographie, il semblait que le liquide tombait sur une dalle chauffée au rouge et qu'il était tout de suite séché par le grand feu qui brûlait en elle. Aucun estomac, si robuste soit-il, n'aurait pu supporter une boisson de ce genre... » Mais elle, lui trouvait un goût rafraîchissant ! Maintes fois, dans les années 1510, elle fut sujette à des sensations de brûlure intense, et obligée de s'aliter tellement la douleur était insupportable. Les récits précisent d'ailleurs que son corps tremblait tellement que son épaule droite semblait déboîtée, « détachée du tronc comme si une de ses côtes était forcée, hors de sa place »... ce qui fut vérifié lors de l'examen de son corps, quelques heures après sa mort. Un jour, alors qu'elle était une nouvelle fois la proie des « flammes », des témoins notèrent que ses lèvres et sa langue étaient parcheminées, comme rôties. Elle était incapable de parler ni de bouger, mais elle hurlait de souffrance. Nul, dans ces moments-là, ne pouvait lui apporter quelque soulagement car elle ne supportait pas le moindre contact (hyperesthésie de la peau). Ajoutons, au besoin, que Catherine de Gênes ne se donnait pas en public, il ne s'agit donc pas ici d'une crise hystérique : jamais la sainte n'a voulu s'expliquer sur cet étrange prodige, attendant avec humilité qu'il cesse.

Enfin, il est fait mention que le sang que perdait Catherine

---

1. Thurston note d'ailleurs qu'un déplacement des côtes induisant une sensation de chaleur intense au niveau du cœur a été mentionné pour d'autres mystiques, Paul de la Croix, Véronique Giulani et Gemma Galgani par exemple, ainsi que pour Marie-Françoise des Cinq Plaies qui avait des palpitations si violentes qu'elle en eut deux côtes brisées.
2. Les détails sur Stanislas Kostka figurent dans « Les Annales » des Bollandistes.
3. La « Vita » de Catherine de Gênes a été publiée pour la première fois en 1551. Ce livre offre de nombreuses références sur l'état physique extraordinaire de cette mystique. C'est surtout vers 1510 qu'elle fut maintes fois sujette à des sensations de brûlure intense.

par ses stigmates était brûlant. Quand il était recueilli dans un vase, il devenait intouchable. Il chauffait les vases ; il brûlait aussi sa chair qui en restait marquée. Cela est si étonnant que Thurston s'interroge : « La relation de ces détails est-elle exacte ? Si ces choses se sont produites, elles étaient dignes d'être enregistrées, et si je suis d'accord que le témoignage pris en soi n'est pas concluant, nous ne pouvons ignorer que des déclarations d'une similitude étonnante ont été faites par des témoins oculaires dans le cas d'autres mystiques [1]. »

Même description des symptômes pour Marie-Madeleine de Pazzi. On trouve dans la vie de cette mystique tant de prodiges qu'elle devient un personnage fascinant... Fascination qu'a éprouvée Aimé Michel qui lui a consacré dans son ouvrage, *Métanoia* l'un des plus beaux chapitres que l'on puisse lire sur la phénoménologie mystique [2].

Dans son état normal, la jeune nonne était, nous dit-on, calme, silencieuse, obéissante et humble, bref présentait toutes les qualités requises chez une novice. Mais il y avait ces moments imprévisibles où elle se mettait à crier « parce qu'elle brûlait ». Parce qu'elle était embrasée d'amour. Une formidable chaleur transformait la région de son cœur en une sorte de centrale thermique... Alors, sans pouvoir éteindre cette chaleur, elle courait au jardin, déchirait ses vêtements et se précipitait vers la fontaine pour boire d'énormes quantités d'eau froide, trempant aussi sa figure et ses bras, se versant de l'eau sur la poitrine. »

Les faits rapportés ici font songer à ceux décrits par le pape Benoît XIV, auteur d'un traité de canonisation fixant les critères de la sainteté, et dont l'Église s'est servie depuis des siècles pour établir les procès des saints (Benoît XIV savait de quoi il parlait

---

1. Pour Catherine de Ricci par exemple. Sa biographie rapporte que « son corps se couvrait d'ampoules remplies d'humeurs visiblement en ébullition, sous l'action du feu intérieur qui pénétrait sa chair et embrasait tous ses membres. Cet embrasement était tel que sa langue paraissait comme un fer rouge, et que son corps produisait dans sa cellule l'effet d'un poêle ardent... En vain les sœurs s'épuisaient-elles en efforts pour lui procurer quelque soulagement... Dans ces moments terribles, l'intensité des flammes invisibles qui consumaient la patiente était telle qu'elle en perdait la parole et le mouvement pendant près de douze minutes et que les sœurs ne pouvaient la toucher sans se brûler les doigts. »
2. Aimé Michel : *Metanoia, phénomènes physiques du mysticisme* (Albin Michel, coll. Spiritualités Vivantes). Pour la petite histoire, je ne résiste pas au plaisir de dire ici tout ce que je dois à Aimé Michel : j'ai travaillé avec lui et mis en pages son manuscrit, en 1973, lors de la première édition de son livre aux Éditions Retz, dans la collection dont j'avais la charge : Bibliothèque de l'Irrationnel.

puisque, avant d'être pape, il avait été « promoteur de la foi », c'est-à-dire « avocat du diable » dans tous les procès de canonisation de son époque, son rôle ayant été de recueillir toutes les dépositions défavorables à la cause introduite, toutes les réfutations, les erreurs, les témoignages non valables, etc.) Benoît XIV, donc, affirme que le bienheureux Nicolas Factor (xvie siècle) courait se jeter dans les fontaines pour éteindre le feu de son corps et que l'on voyait bouillir l'eau de celle-ci. N'oublions pas que, lorsqu'un fait prodigieux est mentionné officiellement par l'Église, c'est que toutes les enquêtes exigeantes ont abouti à admettre sa réalité.

Il existe par ailleurs des témoignages troublants, comme celui des chirurgiens qui pratiquèrent l'autopsie de Marie Villani, neuf heures après sa mort : il leur fut impossible d'en extraire le cœur tellement il était brûlant. Il leur fallut attendre plusieurs heures. Leurs dépositions sur ce point sont irréfutables[1].

On hésite à comprendre : le corps devient-il si chaud qu'il brûle véritablement, qu'il peut enflammer des vêtements ? C'est ce que laisse entendre le docteur Imbert-Gourbeyre à propos de Palma d'Oria, auprès de laquelle, en 1871, il passa quatre jours à l'étudier sans relâche. « Je l'ai vue brûler, raconte le médecin, deux fois, dans sa chemise, constatant sur son corps de véritables brûlures semblables à celles causées par un liquide bouillant. J'ai vu aussi des linges appliqués sur son cœur pendant cet incendie en être retirés avec des impressions extraordinaires. » Imbert-Gourbeyre reproduit dans son livre *La Stigmatisation* des dessins de ces impressions en forme de cœurs et de flèches qui laissent, il faut l'avouer, perplexe... Palma était stigmatisée et inédique, mais l'Église, très réticente à considérer les prodiges car elle ne les tient pas pour un critère de sainteté, s'est méfiée de cette jeune mystique du siècle dernier. Plusieurs témoins ont cependant attesté avoir vu des linges posés sur sa poitrine brûlés en plusieurs points. On dit également que lorsqu'elle buvait deux carafes à la suite, à cause du feu qui la dévorait, elle vomissait alors de l'eau bouillante.

Remarquons cependant qu'une intense *sensation* de chaleur

---

1. Marie Villani est morte en 1670, à 86 ans. Sa « Vita » écrite par Marchese fut publiée à Naples quatre ans seulement après l'autopsie. Ce qui étonna le plus les témoins assistant à cette autopsie, ce fut « la fumée et la chaleur qui s'exhalèrent du cœur ». Le procès-verbal en fut établi par les chirurgiens présents.

n'équivaut pas à une intense *production* de chaleur. La première est subjective, la seconde objective. Une sensation ne suffit pas à démontrer une hyperthermie.

Un cas contemporain cependant a été vérifié médicalement. Il nous offre des indications précises. Il concerne le padre Pio, capucin italien. Quand des médecins prirent sa température, les thermomètres médicaux habituels éclatèrent (thermomètres gradués jusqu'à 42° C), tant l'ascension du mercure dans la colonne de verre avait été violente. Un médecin eut un jour l'idée d'utiliser un thermomètre de bain qui enregistra jusqu'à 48°5 C ! En son état normal, le padre Pio avait une température de 36°2 et 36°5 C. Avec le même thermomètre on enregistra des maxima de 48° C au cours de crises d'hyperthermie qui pouvaient durer jusqu'à deux jours.

Il est évident qu'entre les témoignages sur des cas mystiques anciens, sans mesures précises, et les observations médicales sérieusement menées sur le padre Pio, le moins que l'on puisse admettre c'est que le prodige existe, même si la cause en demeure encore mystérieuse...

Hors limites

Pour essayer de percevoir ces causes, il faut d'abord se remémorer les quelques données suivantes : Si la température du corps humain ne peut excéder, nous l'avons dit, 44° C, le sang, lui, peut sans dommages subir une température supérieure. Lecomte de Nouy [1] a démontré *in vitro* sur des sérums animaux qu'un chauffage prolongé une heure à 50° C ne provoque pas de phénomènes irréversibles, mais que se produisent des fluctuations de la viscosité brusques et de grande amplitude entre 40 et 50°.

Quand le sérum atteint 50° C, ou plus, ne s'agit-il pas d'une véritable « explosion » du sang ? On est tenté d'établir une comparaison avec une autre sorte d'explosion, celle de l'atome... toutes proportions gardées évidemment. Une explosion atomique c'est la transformation quasi instantanée d'une quantité de matière

---

1. Lecomte de Nouy : *La Température critique du sérum* (1936). Ces recherches sont fort bien résumées par le docteur Hubert Larcher dans la *Revue Métapsychique*, vol. IV, n° 1, mars 1961 : « Parapsychochimie de la divination », et n° 15, septembre 1969. Elles démontrent que le sang atteint un état irréversible à 56° C.

très faible en un énorme dégagement de chaleur et de lumière qui se manifeste par une boule de feu. On retrouve là une image qu'emploient les mystiques. Évidemment, dans l'explosion atomique, il s'agit de millions de degrés, alors que l'hyperthermie reste dans des températures plus modestes. Mais le phénomène d'explosion pourrait bien être similaire...

« L'hyperthermie, écrit Hubert Larcher, détruit notamment certaines enzymes présentes dans les cellules nerveuses, de telle sorte que, brûlés par l'*incendium amoris,* les hyperthermes survivent à une véritable distillation fractionnée *in vivo,* avec accélération importante des métabolismes, au terme de laquelle on peut considérer que leur biochimie a été modifiée. »

Une soif inextinguible

Que la biochimie du cerveau soit modifiée, on est en droit de le croire si l'on réfléchit par exemple à ce détail fréquemment rapporté dans les biographies des hyperthermes : la soif inextinguible. Catherine de Gênes criait : « Toute l'eau qui existe au monde ne pourrait me procurer le plus petit rafraîchissement ! » Et je remarque que, parmi les visionnaires et les stigmatisés contemporains, il est parfois fait mention de ce phénomène de la soif : on dit qu'Anathalie, l'une des voyantes de Kibeho au Rwanda (apparitions de 1981) et les autres visionnaires boivent de l'eau « en quantités extraordinaires » (mention soulignée par les témoins), ressentant une grande soif. Cela n'aurait rien de surprenant en Afrique si ce détail n'était mentionné pour d'autres cas. Par exemple, Antonio Ruffini, (stigmatisé en 1951) raconte qu'il a été assailli par une soif inexplicable alors qu'il roulait sur la voie Appia. Et bien d'autres cas encore.

Aujourd'hui, on sait que la soif est due à la libération d'une hormone peptidique appelée angiotensine. Elle est fabriquée par le foie et les reins pour lutter contre une diminution brutale du volume sanguin (lors d'une hémorragie par exemple). Elle a pour effet de contracter les vaisseaux.

Or, la température du corps est augmentée sous l'effet de la vaso-dilatation. Cette soif insoutenable s'expliquerait donc par la nécessité physique d'empêcher une trop forte dilatation des vaisseaux.

Les pouvoirs de la méditation

Quittons un instant les mystiques pour nous demander si quelqu'un comme vous et moi parviendrait à modifier volontairement sa température. Imaginez, par exemple, que vous pratiquiez le cinquième exercice du fameux Training Autogène de Schultz[1]. En état de méditation, répétez la formule : « Mon plexus solaire est chaud. » Qu'observera-t-on ? D'après les nombreuses expériences qui ont été menées sur cet exercice, on observera une élévation de température non négligeable. La principale étude a été menée par Polzien, de l'université de Wurzburg : il a démontré que *l'élévation de la température au niveau de la peau était plus prononcée chez le sujet en concentration que chez un sujet normal*. La température rectale, elle aussi, subit des modifications notoires. Selon les sujets, et la durée de la concentration passive[2], les élévations de température de la peau variaient entre 0,2° et 3,5° C. Ces observations sont en accord avec les résultats trouvés par deux autres chercheurs, Siebenthal et Muller-Hegemann, qui ont noté une réelle augmentation du poids des deux bras pendant une concentration passive sur les muscles. Cette augmentation de poids mesurée peut être attribuée en partie à la relaxation des muscles et en partie à l'augmentation de la circulation sanguine dans les bras. Marchand a démontré, quant à lui, que cette concentration passive sur le foie entraîne des modifications du taux de sucre dans le sang.

De même, les formules centrées sur la respiration entraînent une modification du sucre sanguin.

D'autres observations méritent d'être signalées : toujours dans cet état de concentration passive, sont modifiés : le nombre de globules blancs, qui baisse rapidement pendant les quatre premiers exercices (le sang modifie donc sa composition) mais qui s'élève quand la méditation se porte sur le foie et le plexus ;

---

1. J. H. Schultz, psychiatre et neurologiste au Berlin Institute. La première édition de *Autogenic Training* date de 1932. Le « *training autogène* » repose sur l'idée suivante : le sujet peut de lui-même modifier certaines combinaisons psychologiques et physiologiques en pratiquant les « Standard Exercices » et les « Meditative Exercices ». Les premiers sont orientés sur le physique : répétition de formules centrées sur la lourdeur des muscles ou la chaleur du cœur ; les seconds sont orientés sur les fonctions mentales.
2. Concentration passive appelée ainsi parce qu'il s'agit d'une répétition mentale, par opposition à la concentration active qui oblige le sujet à fixer volontairement son attention.

l'électroencéphalogramme ; la respiration ; le fonctionnement de la thyroïde ; la pression sanguine ; l'activité cardiaque, et enfin certains processus métaboliques [1].

L'essentiel est de retenir qu'une forme (ou une autre) d'auto-suggestion mentale entraîne des modifications effectives et observables sur la température et le poids notamment. On comprend alors qu'une certaine disposition mentale propre aux mystiques puisse modifier leur chaleur interne et leur poids, que ce soit dans le sens d'une plus grande lourdeur ou — pourquoi pas ? (nous le verrons dans le chapitre sur la lévitation) dans le sens d'un allégement.

La répétition mentale d'une formule définie influence donc les fonctions du corps, en tout cas celles qui sont dépendantes du cortex, du système réticulé, de l'hypothalamus, de l'hypophyse, etc. Ces modifications ne sont pas restreintes au niveau du physique et du mental, mais elles touchent aussi les fonctions métaboliques et, vraisemblablement, neurochimiques du cerveau.

Le contrôle de la respiration

L'une des principales techniques de l'ascèse mystique repose sur le contrôle de la respiration par la répétition de formules. Les chrétiens récitent le chapelet ou le rosaire qui consiste à répéter des dizaines de fois la prière à la Vierge Marie ; les orthodoxes pratiquent l'hésychasme, répétition infinie de la prière de Jésus, tout en régulant leur respiration ; et l'écrivain Olivier Clément, philosophe orthodoxe, me l'a confirmé, « le premier résultat sensible de cette prière est que le cœur prend feu ».

Les yogis pratiquent le *pranayama*, ralentissement progressif du souffle pour que l'inspiration, la rétention et l'expiration soient harmonisés en trois temps égaux ; les soufis pratiquent le *dhikr* qui consiste lui aussi à réciter une formule en maîtrisant son souffle. Il est évident que ces récitations de formules et ces modifications respiratoires modifient considérablement d'autres paramètres physiologiques, dont la température et la chaleur interne du corps. Görres, au XIXe siècle, avait donc raison de rattacher les phéno-mènes d'hyperthermie aux exercices d'ascèse de la fonction

---

1. Tous ces résultats figurent dans l'ouvrage *Altered States of Conciousness* (États altérés de la conscience). L'édition américaine a été établie par Charles Tart (Doubleday, 1969).

respiratoire. Mais il semble évident que la respiration n'est pas seule en jeu. D'autres modifications ont lieu et tout particulièrement dans le cerveau.

L'hypothalamus

Rappelons quelques notions concernant l'homéostasie, c'est-à-dire la constance du milieu intérieur du corps humain par rapport aux conditions extérieures. Chaque fois que l'extérieur varie, l'organisme rétablit son équilibre interne. Ainsi les principales activités des organes, la vie des cellules, les échanges nécessaires à la vie, etc., continuent-elles à fonctionner grâce à cette grande stabilité interne.

Or, c'est l'hypothalamus qui est directement sensible aux modifications intérieures, pression, volume, température, composition chimique, grâce à la présence de récepteurs spécifiques. L'hypothalamus est une sorte de petit entonnoir situé à la base du cerveau où tout est régulé, équilibré, rectifié...

« Dans l'hypothalamus, explique le professeur Jean-Didier Vincent[1], professeur de neurophysiologie à l'université de Bordeaux, sont rassemblées toutes les régulations viscérales qui participent à l'homéostasie du corps ; en bref, l'hypothalamus est le cerveau du milieu intérieur. »

L'hypothalamus est une voie de passage, ouvert sur le milieu intérieur mais aussi sur tout le cerveau ; il capte, grâce à ses récepteurs, les différences variables de l'organisme : la température, la pression sanguine, le taux d'hormones...

De nombreux neurophysiologistes ont démontré le rôle important de l'hypothalamus dans la vie des émotions et du système endocrinien. Il apparaît comme le point de jonction entre les impulsions nerveuses d'origine émotionnelle et l'activité neuro-endocrinienne.

Quant à Hans Selye, ses découvertes sur les effets du stress ont apporté des éclaircissements sur les relations entre les émotions et les réponses physiologiques de l'organisme. Le rôle des surrénales, en particulier, dans les réactions de défense à l'occasion d'un traumatisme ou d'un danger (stress) a été mis en

---

1. Jean-Didier Vincent : *Biologie des passions*, chapitre X : « La faim et la soif », p. 215 (Éd. Odile Jacob, 1986).

lumière ; on a également montré l'effet des sécrétions surréna-
liennes sur l'hypothalamus et le système réticulé. On ne cite ici que
quelques-unes des toutes récentes découvertes neuro-endocrinolo-
giques qui autorisent à affirmer que toute émotion — et l'émotion
spirituelle, mystique, religieuse n'est pas des moindres — génère
une réaction au niveau de l'hypothalamus.

Il est donc évident, pour en revenir à l'hyperthermie qui nous
occupe ici, qu'un déséquilibre de la température, bien au-delà de
la norme humaine, est dû aussi à l'hypothalamus... C'est en tout
cas une première constatation que l'on peut avancer, d'autant que
cette région du cerveau est concernée, nous le verrons, par
d'autres prodiges mystiques.

L'élément génétique

Reste à savoir si le cerveau est seul en jeu dans ces
modifications de la chaleur interne. Si le code génétique, l'ADN,
n'est pas lui aussi concerné. Un élément génétique expliquerait en
effet la résistance au froid ou au chaud. Une sorte de « gène
antigel », ou antibrûlure. Mais cette hypothèse est-elle concevable ?

Combien de plantes et d'animaux nous surprennent de façon
incroyable et remettent en question ce que l'on croyait définitivement savoir ?... Le biologiste Rémy Chauvin, dans son ouvrage
Dieu des étoiles, Dieu des fourmis [1], évoque ainsi des bactéries bien
curieuses, des bactéries « ultra-thermophiles » c'est-à-dire raffo-
lant de températures extrêmes. Certaines peuvent vivre en milieu
sous-marin dans des eaux à 105° C (près des volcans), mais on
vient d'en découvrir d'autres dans les abysses des Galapagos qui
pulvérisent ce record :

« Il leur faut pour leur confort, écrit Chauvin, une pression de
265 atmosphères et une température de 250° C. Pour survivre dans
de telles conditions il faut bien que ces organismes surdoués
possèdent les défenses appropriées. »

Mais ces défenses, quelles sont-elles ? Comment la vie n'est-
elle pas détruite à de telles températures ?

« Les fortes températures sont incompatibles avec la vie, on le
sait, poursuit Chauvin, du moins croyait-on le savoir... Ainsi la

---

1. Rémy Chauvin : *Dieu des étoiles, Dieu des fourmis* (Ed. Le Pré aux Clercs, 1989).

chaleur casse les liaisons de la double hélice ADN, et notamment celles du couple guanine-cytosine ; mais nos bactéries sont d'autant plus résistantes à la chaleur que leur ADN contient davantage de ces couples. Cette solution a été adoptée par la bactérie *Methanogenum.* D'autres bactéries ultra-thermophiles comme le *Thermoplasma* s'en sortent grâce à une protéine spéciale, riche en ions positifs qui se fixe sur l'ADN et le protège. »

Chauvin remarque que cette protéine est pourtant détruite à 120° C. Comment pourrait-elle alors résister à 250° C ? Mystère...

« Tout ce que l'on sait de nos bactéries des abysses, c'est que leurs protéines contiennent plus de 25 % d'acides aminés d'un type inhabituel, mais on ignore en quoi ces substances protègent effectivement les bactéries. »

Et maintenant que nous avons entr'aperçu des bactéries résistantes au très chaud, sachez qu'il existe par exemple des insectes qui, eux, sont résistants au très froid ! C'est toujours Rémy Chauvin qui nous fait partager son étonnement :

« Il existe des insectes qui vivent dans la glace ; et, par vivre, j'entends manger et se déplacer. Le *Grylloblatta,* une sorte de sauterelles, creuse les galeries de son gîte dans les neiges des hauts sommets. A + 10° C, il meurt d'un coup de chaleur. Bien sûr, il est armé contre le froid : son sang est bourré d'antigel, c'est-à-dire de glycérol.

Et Chauvin de citer encore les *Diamesa,* petites mouches qui vivent sans problèmes à 5 000 mètres sur le glacier de Yala en Himalaya et restent parfaitement actives à − 16° C.

Ce ne sont là que quelques exemples qui montrent que la vie s'accommode parfaitement des températures extrêmes et que les limites que l'on croit impossibles à dépasser le sont toujours... Au Canada, on est parvenu à introduire dans les chromosomes des saumons un gène capable de fabriquer un antigel biologique. Il a suffi d'isoler dans le sang des protéines qui leur permettent de résister à de basses températures en bloquant la formation des cristaux de glace dans le sang. Puis on est parvenu à identifier le gène responsable de la production de cet antigel. On peut alors l'introduire dans d'autres poissons afin que ceux-ci ne se sentent pas bloqués dans leur production d'œufs quand l'eau est très froide...

Des alevins résistant au grand froid ? Un antigel génétique ? On croirait de la science-fiction et pourtant, les expériences sont là.

Évidemment, en proposant cette « excursion » dans le monde animal, je n'établis aucune comparaison avec l'être humain, mais je tente simplement d'ouvrir des pistes de réflexion. Une chose est sûre : nous sommes encore très loin de la connaissance parfaite et totale des mécanismes des êtres vivants...

Une conclusion s'impose cependant : l'être humain peut, lui aussi, s'affranchir des normes que l'on considère habituellement comme limites grâce à la modification de son « état d'âme ».

S'élever
au-dessus du sol

Le mot « lévitation » a sans doute été employé pour la première fois par les spirites anglais à la fin du XIXe siècle. Avant 1875, on ne le trouve en effet nulle part dans les textes originaux des publications mystiques. On recourait alors à des mots comme : suspension, ascension, vol extatique, extase ascensionnelle, ravissement corporel, etc. (en latin, on dit *elevatus est, levabatur*).

A priori, quand on parle de lévitation, chacun croit savoir de quoi il s'agit : une élévation au-dessus du sol, contraire aux lois de la pesanteur. Mais la définition du prodige est en réalité plus complexe, et des phénomènes similaires — agilité extrême, déplacement à toute vitesse, hyperpesanteur (le prodige inverse) — font également partie de cette étude.

Si les spirites employèrent le mot, c'est qu'il y eut quelques cas de lévitation chez des médiums. Mais ce sont les ascètes mystiques de toutes les religions, catholiques, orthodoxes, soufis, tibétains, yogis, etc., qui ont donné à ce prodige son caractère le plus spectaculaire.

De tous les prodiges mystiques, la lévitation est le moins fréquent (Olivier Leroy compte 60 lévitants pour 14 000 saints — en n'ayant lu que les dix premiers mois des *Acta Sanctorum*, ce qui ferait à peine 0,6 %).

La lévitation n'est pas un prodige propre aux femmes. Elle est, au contraire, plus fréquente chez les hommes. L'âge ne semble pas avoir d'importance (Alphonse de Liguori eut une lévitation à quatre-vingt-onze ans, peu avant sa mort), non plus que l'état de santé (elle touche les malades comme les bien portants) ni le niveau intellectuel (Gérard Majella était ignorant alors qu'Alphonse de Liguori était un éminent penseur).

Oui ou non, Daniel Dunglas Home [1] est-il passé par la fenêtre en paraissant voler en lévitation?

On affirme en tout cas que, des centaines de fois, il flotta dans l'air [2]. Et devant des témoins fiables. C'est ainsi qu'en 1857, devant Mme Ducos, veuve du ministre de la Marine, et devant le comte et la comtesse de Beaumont, il s'éleva jusqu'au plafond du grand salon d'un château près de Bordeaux.

Trois ans plus tard, le journaliste Robert Bell, le docteur Gully, médecin réputé, et l'éditeur Robert Chambers le voient s'élever de son fauteuil : « Nous vîmes sa silhouette passer d'un côté de la fenêtre à l'autre, les pieds en premier, allongée à l'horizontale dans l'air. » Ou bien ces trois témoins sont des menteurs, voire des comparses, ou bien ils racontent réellement ce qu'ils ont vu.

Quelques mois après, ce fut un avocat de Liverpool qui passa sa main sous les pieds du médium en lévitation, et sept autres personnes témoins ont confirmé le fait : « Home a traversé la table au-dessus de la tête des personnes assises autour. » Une autre fois, il s'est soulevé jusqu'à la hauteur d'une porte et s'est mis à flotter en avant, à l'horizontale.

En 1866, dans le salon de M. Hall, il s'élève, le visage transfiguré, jusqu'au plafond, une première fois, puis une seconde fois en ayant pris soin d'emporter un crayon pour faire une marque à l'endroit où il s'élevait.

En décembre 1868, devant Lord Adare, Lord Lindsay, le

---

1. Daniel Dunglas Home, célèbre médium, naquit en 1833 dans un village près d'Edimbourg. Ses dons attirèrent à lui les foules. Il donna plusieurs démonstrations de ses talents devant Napoléon III et l'impératrice Eugénie.
2. Le *Quaterly Journal of Science* de 1874 répertorie une centaine de lévitations. Ce journal était favorable à Home puisque le rédacteur en chef en était, à cette époque, Sir William Crookes.

capitaine Wynne et Mr. Smith Barry, le médium sort en flottant de la chambre à coucher, entre par la fenêtre du petit salon, et sort dans la rue (on était au troisième étage !), toujours en flottant... La relation de cet événement a été laissée par les témoins. Lord Adare fait remarquer que la fenêtre n'était qu'à demi ouverte. Home décide tout simplement de lui faire une petite démonstration : « Il me dit, raconte Lord Adare, de me tenir à une certaine distance. Il passa alors par l'ouverture, tête la première, le corps presque horizontal et apparemment rigide. Il rentra les pieds devant. »

Comme on peut s'en douter, les dires des témoins ont été scrupuleusement vérifiés et, naturellement, on y a trouvé quelques contradictions : l'un disait que, ce soir-là, il y avait pleine lune alors que le calendrier démontre le contraire ; l'autre, que les témoins devaient tourner le dos au médium et n'ont donc vu que son ombre sur le mur... Les contre-arguments n'ont pas manqué car la polémique a été vive.

Le physicien William Crookes [1] relate dans ses *Recherches sur le spiritualisme* les séances de lévitation auxquelles il a assisté. « En trois circonstances, écrit-il, je l'ai vu s'élever complètement au-dessus du plancher de la chambre. La première fois, il était assis sur une chaise longue ; la seconde, il était à genoux sur sa chaise, et la troisième, il était debout. A chaque occasion, j'eus toute latitude possible pour observer le fait au moment où il se produisait. »

Les séances avaient lieu chez Crookes qui invitait pour l'occasion des personnalités. Elles se passaient généralement dans une semi-obscurité (ce détail est, bien entendu, à souligner). Certains ont affirmé que Home lévitait en pleine lumière. Lui-même écrit dans ses Mémoires : « Une seule fois mon ascension se fit en plein jour. » Home aurait eu également le pouvoir d'entraîner d'autres personnes dans ses lévitations et de soulever avec lui tables et guéridons. Tolstoï lui-même en fut témoin : « Home fut enlevé de sa chaise, écrit-il à sa femme le 17 juin 1866, et je lui pris les pieds pendant qu'il flottait au-dessus de nos têtes. »

Le médium ne fut d'ailleurs pas avare de détails sur son

---

1. William Crookes (1870-1874) a mené des recherches sur les phénomènes spirites. Il était membre de la Royal Society et fut décoré pour ses travaux en chimie et en physique. Malheureusement, dans ses expériences de « matérialisation » d'esprits défunts, on n'a jamais pu prouver s'il avait été, ou non, abusé par les médiums avec lesquels il travaillait.

étrange comportement[1]. Il était surtout frappé par la rigidité de ses membres : « Je suis généralement soulevé perpendiculairement, mes bras raides et relevés au-dessus de ma tête[2] comme s'ils voulaient saisir l'être invisible qui me lève doucement du sol. Quand j'atteins le plafond, mes pieds sont amenés au niveau de ma tête[3] et je me trouve dans une position de repos. Je suis resté très souvent ainsi, suspendu pendant quatre ou cinq minutes. »

Il était quelquefois atteint de tremblements, non par peur (il l'a lui-même affirmé) mais par un phénomène purement physiologique.

Thurston, qui a étudié en profondeur le phénomène de lévitation chez les mystiques, n'a pas manqué d'étudier aussi le cas du prodigieux Home. Qu'en pense-t-il ? Guère de bien : « Il ne semble pas douteux, écrit-il, d'après tous les comptes rendus qui nous sont parvenus, que l'annonce par Home de ce qu'il avait l'intention de faire, avait amené les trois spectateurs (ceux de la fameuse soirée où le médium était sorti en flottant dans l'air par la fenêtre) au comble de la surexcitation nerveuse. »

D'une manière générale, Thurston ne penche pas pour trouver du surnaturel là où il n'y en a pas : « Je n'éprouve aucune difficulté à expliquer l'ensemble des faits de lévitation enregistrés, que ce soit ceux de Home, Eusapia Palladino ou Moses[4], comme de simples exemples de supercherie assez grossière dans lesquels les données sensorielles ont joué un rôle très minime. Toutes les conditions favorables sont présentes : une lumière atténuée, une suggestion subtile de la part du médium et un haut degré d'exaltation émotive. »

Il me semble que Thurston règle la difficulté un peu vite (il était prêtre, ce qui ne le prédispose pas à admettre le spiritisme,

---

1. Dans son livre *Incidents in my Life,* traduit en français en 1864 sous le titre *Révélations sur ma vie surnaturelle.*
2. Home dit « perpendiculairement », alors que la majorité des témoins précisent « horizontalement ». Il dit également que ses bras sont raides, ce qui est en contradiction avec la séance où il écrivait au plafond avec un crayon.
3. Cela laisse donc entendre que, soulevé droit, il s'allonge peu à peu quand il atteint le plafond. Ce détail non plus n'est pas mentionné dans la majorité des témoignages.
4. Eusapia Palladino, médium célèbre d'origine italienne, née en 1854, morte en 1918. Elle a été soumise à de nombreuses séances de vérifications (sans doute trop nombreuses puisqu'elle avoua être obligée de tricher quelquefois). Le professeur Chiaia de Naples écrit : « Cette femme s'élève dans les airs quels que soient les liens qui la retiennent à terre. Elle semble allongée sur l'air comme sur un divan, défiant toutes les lois de la gravitation. » Stainton Moses, né en 1839, fut pasteur avant de devenir médium et de communiquer avec les esprits.

malgré toute son objectivité intellectuelle) car si l'on ne peut pas affirmer qu'il n'y a pas eu fraude, on peut au moins s'assurer que toutes les conditions des expériences étaient minutieusement vérifiées et que la possibilité de fraude consciente était exclue. Ce que Thomas Mann, témoin des lévitations de Willy Schneider à Vienne, admettait : « Même pour celui qui a vu de ses yeux, la pensée d'une supercherie s'impose toujours à nouveau ; surtout rétrospectivement ; et toujours à nouveau, elle est réfutée et exclue par le témoignage de nos sens, et par la conscience même de son impossibilité totale. » Thomas Mann ne croyait évidemment pas qu'un esprit invisible puisse élever le médium, mais il admettait que l'organisation de l'énergie humaine puisse se faire à l'extérieur de l'organisme et passagèrement.

Fraude ? Supercherie ? Illusion collective par hypnose ? Tout est possible...

Si Daniel Dunglas Home reste le personnage dominant de l'histoire de la lévitation médiumnique, c'est un « moine volant », saint Joseph de Copertino, qui domine celle de la lévitation mystique.

Les prodiges du moine volant

Le bon moine Joseph n'était certes pas un intellectuel, mais il était sans aucun doute un saint homme. Né en 1603 dans le sud de l'Italie, à Lecce, il eut très jeune un goût pour la vie religieuse et des extases. Quand il entra chez les capucins, à l'âge de dix-sept ans, il était si souvent en extase qu'il n'était bon à rien... Incapable d'accomplir les tâches qu'on lui confiait, il faisait le désespoir de ses frères en religion. Mais sa foi était fervente et il finit par revêtir l'habit de novice, puis de prêtre, chez les franciscains.

Il suffisait que le moine pose son regard sur une statue de la Vierge, qu'il soit émerveillé par une fleur ou une musique, pour qu'il se mette soudain à pousser un grand cri et, saisi par l'extase, à s'élever dans les airs [1].

Il serait impossible de relater en détail tous les récits de lévitation de Joseph de Copertino, il y en a plus d'une centaine (car il semble qu'elles aient été au moins quotidiennes). Mais

---

1. Il semble qu'un vif mouvement de ferveur soit le déclencheur de l'extase et de la lévitation. En termes contemporains, on verrait là un rétrécissement du champ de conscience qui « mobilise » les facultés sensorielles et intellectuelles, aboutissant à un état de conscience modifié.

quelques histoires sont restées célèbres et sont incontestablement fondées sur des témoignages vérifiés.

En 1645, la femme de l'ambassadeur d'Espagne à la cour papale demanda à son mari de lui faire rencontrer le moine. Ce dernier séjournait à ce moment-là à Assise. Le supérieur du couvent lui ordonna donc de converser avec Leurs Excellences. A peine était-il entré dans l'église qu'il vit, dressée au-dessus de l'autel, une statue de Marie Immaculée : il s'éleva à l'instant d'une douzaine de pieds au-dessus de la tête des personnes présentes jusqu'au bas de la statue. Il resta un moment en contemplation devant elle, puis, poussant comme toujours un grand cri, il vola en arrière et retourna ainsi dans sa cellule.

Une autre fois, à Osimo, il s'éleva pour embrasser la statue de l'Enfant Jésus dressée à huit pieds au-dessus du sol ; il la prit dans ses bras et plana avec elle pendant un long moment. Il n'hésitait d'ailleurs pas, si l'occasion se présentait, à emporter avec lui dans ses vols un autre moine, le fait a été attesté plusieurs fois.

Lors de sa dernière messe, en 1663, il eut un ravissement extatique beaucoup plus long que d'habitude et il fut élevé en l'air devant de nombreux témoins.

Naturellement, ces « excentricités » n'étaient pas du goût de ses supérieurs qui étaient impuissants cependant à l'empêcher de voler.

Si Joseph de Copertino est le plus célèbre et le plus spectaculaire des lévitants, il n'est pas, loin de là, le seul, ainsi qu'on va le voir...

Les extases lévitantes de Mme du Bourg

« Pour elle, dit Thurston, les faits de lévitation s'appuient sur les dépositions de nombre de ses sœurs qui furent témoins oculaires. »

Mme du Bourg s'appelait en religion mère Marie de Jésus. Elle avait fondé, au xixᵉ siècle, un ordre de religieuses.

C'était presque toujours à la fin de l'extase qu'elle était subitement enlevée de terre. Elle essayait de résister[1] mais une

1. Thérèse d'Avila décrit la même situation : « Parfois, j'étais capable d'opposer, au prix de grands efforts, une légère résistance, mais ensuite, j'étais brisée comme une personne qui a lutté contre un puissant géant ; d'autres fois, tous mes efforts étaient vains, mon âme était emportée et, presque toujours, ma tête avec elle. Je n'avais pas de pouvoir là-dessus et, quelquefois, tout mon corps aussi, en sorte qu'il était soulevé de terre. »

force surhumaine l'emportait. Alors, impuissante, elle s'abandonnait à « l'attraction surnaturelle ». Le docteur Imbert-Gourbeyre
connaissait personnellement cette femme : « L'extase ne se termi-
nait jamais, écrit-il, sans que Mme du Bourg fût élevée de terre
subitement, en s'écriant : " Ô Charité ! Ô Amour sacré ! " Alors
elle cherchait à se défendre de l'attraction divine. Après avoir
tenté vainement de s'accrocher à sa chaise ou à son prie-Dieu, elle
croisait les bras sur sa poitrine, ou les étendait, légèrement tournés
vers le ciel, et s'abandonnait à la force qui la soulevait rapidement.
Elle conservait invariablement la posture dans laquelle l'avait
surprise l'extase, et restait, en s'élevant, à genoux, assise ou
debout. »

Ces extases se produisaient avec régularité : « Chaque soir à
la prière de la communauté, la mère ne pouvait entendre réciter
l'acte d'amour de Dieu sans être immédiatement ravie. Elle
s'élevait alors en l'air à la hauteur de sa chaise puis retombait
brusquement sur son prie-Dieu. »

Un jour, le 7 avril 1856, elle fut soulevée de terre avec une
force telle qu'elle s'accrocha à son prie-Dieu qui fut lui aussi
soulevé. En retombant, la chute fut si violente que le socle de ce
prie-Dieu massif en fut brisé. (Il est conservé à la maison de la
Congrégation, à La Souterraine dans la Creuse.)

La lévitation et la guérison

Chez les orthodoxes, le cas le plus célèbre, à la fois de
lévitation et de luminescence, est celui de Séraphim de Sarov, ce
grand saint russe du XIXᵉ siècle, proclamé saint par Nicolas II en
1903 : « Saint Séraphim, pendant sa prière, était soulevé de terre
comme si la loi de la pesanteur n'existait plus pour lui. On apporta
dans sa cellule, couché sur un lit, un malade paralysé des bras et
des jambes. Le saint l'exhorta à concentrer toutes ses pensées en
une fervente prière de guérison, sans se tourner de son côté ni
lever les yeux, et il s'agenouilla en oraison devant l'image de la
Vierge. Obéissant à l'ordre du saint, le malade resta quelque
temps sans tourner les yeux de son côté, mais une curiosité le prit
et il se retourna : il vit saint Séraphim soulevé dans les airs dans
l'attitude de la prière, et il ne put retenir une exclamation. D'une
voix sévère, le saint lui dit : « Ne crois pas que Séraphim soit un
saint et, jusqu'à ma mort, n'ose dire à personne ce que tu as vu. »
Le malade tint parole et guérit.

Dans les arbres

Quand il s'élève au-dessus du sol, le lévitant est, dans la majorité des cas, en position verticale[1].

Il n'a jamais besoin de prendre appui pour s'élever. Il semble plutôt tiré vers le haut. Des témoins racontent que Philippe de Néri semblait être empoigné par quelqu'un de façon étrange, comme soulevé par force très haut au-dessus du sol.

La hauteur de cette élévation n'est pas celle que l'on s'imagine communément. Monter aux branches d'un arbre et s'asseoir à la cime n'est mentionné que pour deux cas : Joseph de Copertino (plus de vingt-cinq mètres !) et la jeune Arabe carmélite à Pau, Marie de Jésus Crucifié (xixᵉ siècle), béatifiée par Jean-Paul II le 13 novembre 1983, qui, dans ses ravissements fréquents, était vue « souvent élevée de terre jusqu'à la cime des arbres ». Quant à Marie-Madeleine de Pazzi, elle pouvait atteindre une corniche de huit à neuf mètres de haut, et Pierre d'Alcantara, le toit d'une église.

Mais, en général, l'élévation est plus modeste : entre vingt-cinq centimètres et un mètre (quelle que soit la hauteur de l'élévation, le prodige est le même, il est simplement un peu moins spectaculaire).

Il arrive même que certains mystiques s'élèvent seulement de la hauteur de leurs pieds, gardant un contact avec le sol du bout du gros orteil, (comme Douceline, la béguine de Provence[2], ou Victoire de Coux[3], ou encore Michel Garicoïts[4].

Parfois, l'élévation se fait dans un mouvement brusque et

---

1. L'élévation à l'horizontale, en position couchée, n'est mentionnée qu'occasionnellement pour Joseph de Copertino et également pour Jean Joseph (xviiiᵉ siècle) qui vola au-dessus de la foule à Naples.
2. Sœur de Hugues de Digne, provinciale des franciscains de Provence. Sujette à de fréquentes extases, elle a été vue par le chevalier Jacques Vivaud « suspendue sans s'appuyer à rien, sans toucher nulle part » (Vie de sainte Douceline).
3. Victoire vivait à Coux en Ardèche. Elle est morte en 1833. Un témoin de ses lévitations raconte : « Je la vis avec un profond étonnement rester les yeux fixes, s'élever peu à peu au-dessus de la chaise où elle était assise, étendre les bras en avant, ayant le corps penché dans cette même direction, et demeurer ainsi suspendue, sa jambe droite repliée sous elle, l'autre ne touchant à terre que par l'orteil. »
4. Le saint de Betharram, Michel Garicoïts, a été observé, pendant qu'il disait sa messe, « tantôt ne touchant le sol que de la pointe des pieds, dans une posture naturellement non tenable, tantôt soulevé de terre de deux ou trois empans (c'est-à-dire l'intervalle entre le pouce et le petit doigt, soit vingt-deux centimètres environ).

impétueux (notamment pour les extases de translation). La redescente, en revanche, est souvent progressive. Exceptions pour Mme du Bourg, on l'a vu, et pour Joseph de Copertino qui, alors qu'il était perché en haut d'un arbre, sortit de l'extase, et, ne sachant plus redescendre, demanda une échelle ! Dominique de Jésus Marie (xviie siècle) fut un jour élevé en état d'extase tandis qu'il était observé par un témoin sceptique qui tenait ses lévitations pour une supercherie. Celui-ci fut enlevé par le pieux carmélite et retomba à terre brutalement, fut grièvement blessé, alors que le lévitant, lui, redescendait doucement sans dommage.

En lévitation, le corps reste dans la position qu'il avait au moment où il était enlevé : assis, debout, couché, à genoux, etc. L'extase n'étant pas toujours, contrairement ce que l'on croit, immobile, les extatiques gardent la possibilité du mouvement.

Les objets participent parfois à l'élévation, et les témoins ont souvent noté que les vêtements, eux, restaient en bon ordre et bien disposés. La « zone d'influence » du prodige est donc étendue parfois aux objets, et quelquefois aux personnes que le lévitant touche.

Quant à la durée du prodige, elle est variable, mais, dans les cas les mieux attestés, assez brève : cinq minutes pour Alphonse de Liguori, grand lévitant ; dix à douze minutes pour André-Hubert Fournet[1]. Évidemment, plusieurs heures (deux à quatre) pour ce phénomène humain que fut Joseph de Copertino !

La lévitation peut se produire n'importe où : en cellule, à l'église, au jardin, seul ou parmi la foule, qu'il fasse jour ou nuit.

Les lévitants sont souvent entourés d'une lumière décrite par les témoins comme non naturelle, et leur corps irradie parfois cette lumière plus ou moins vive[2]. Pour Bernardino Realino, jésuite mort en 1616, des témoins — et non des moindres — ont déposé ce fait sous serment.

La lévitation se rencontre fréquemment chez les mystiques hyperthermiques ou luminescents. Presque jamais chez les stigmatisés qui sont le plus souvent atteints de paralysie des membres inférieurs et grands jeûneurs.

La lévitation induit une sorte d'allègement du corps, si bien

---

1. Saint André-Hubert Fournet eut des lévitations à la fin de sa vie, vers l'âge de soixante-huit ans, à Issy-les-Moulineaux. Tandis qu'il célébrait la messe, une sœur le vit élevé du sol. Ce prodige fut observé pendant huit jours de suite (déposition au procès de béatification).
2. Jaquette du Bachelier, à Béziers, illuminait toute l'église des capucins ; elle a été vue par ces derniers, élevée en l'air, les bras étendus, ravie, en extase.

que le mystique se trouve léger comme une plume. Marie d'Agreda se cachait pour ne pas être vue en lévitation. Son corps était « entièrement privé de l'usage des sens, comme s'il était mort, et restait sans réaction si on le touchait ; il était élevé un peu au-dessus du sol et aussi léger que s'il n'avait aucune densité en soi ; comme une plume, il était balancé par un souffle, même à distance ». Un jour que ses sœurs voulaient la faire sortir de la chapelle, n'y parvenant pas, elles arrachèrent les lattes du parquet pour la transporter et témoignèrent qu'elle était « légère comme une plume ». Cette extrême légèreté du corps, comme s'il ne pesait plus rien, comme si le poids s'était en un instant modifié, est attestée pour plusieurs mystiques.

A l'inverse, certains sont devenus d'une extrême pesanteur, hyper-lourds, impossibles à déplacer. Ainsi, Marguerite Parigot, sujette à de nombreuses lévitations : « Une telle pesanteur s'emparait de tous ses membres que, lorsqu'elle était debout, elle ne pouvait se soutenir sur ses pieds et, étant couchée, ne remuer ni bras ni jambes[1]... ».

Ces deux phénomènes, hyper-légèreté et hyper-pesanteur, semblent indiquer une modification de la densité du corps. Il faut y ajouter celui de la capacité de se déplacer à toute vitesse, une sorte de super-agilité. Le biographe de Marie-Madeleine de Pazzi, raconte qu'elle « allait d'une vitesse incroyable d'une place à l'autre, montant et descendant les escaliers avec une telle agilité qu'elle semblait voler plutôt que toucher la terre de ses pieds. Elle bondissait avec sûreté aux endroits les plus dangereux. Le jour de la fête de l'Invention de la Croix, le 3 mai 1592, elle entra en courant dans le chœur et, sans aucune aide humaine, sans échelle d'aucune sorte, elle sauta jusqu'à la corniche de neuf ou dix mètres du sol (elle n'a guère plus de vingt centimètres de large) ».

Olivier Leroy est sans doute l'auteur qui a le mieux étudié le prodige de la lévitation[2]. Il a établi une comparaison entre la

---

1. Marguerite Parigot (XVIᵉ siècle) eut de nombreuses lévitations et des déplacements à toute vitesse. « Elle était très agile », disent les témoins mais, par ailleurs, elle devenait parfois très lourde. Tous les auteurs mentionnent ce cas comme exceptionnel.
2. Olivier Leroy, *La Lévitation*, Librairie Valois, 1928. Après avoir exposé de nombreux faits de lévitation, dans le christianisme et en dehors de lui, il examine la valeur des témoignages, élimine ceux qui lui paraissent douteux, légendaires ou insuffisamment circonstanciés et pèse les arguments des détracteurs. Il ressort de son étude que la lévitation est un prodige historiquement attesté. Les exemples que je cite ici sont choisis parmi les mieux fondés.

lévitation médiumnique et la lévitation mystique. La première différence est d'abord quantitative : on compte environ une centaine de cas de lévitations chez les mystiques — encore faudrait-il répertorier les cas des religions non catholiques — tandis que, seuls, quatre ou cinq grands médiums, tous du XIXᵉ siècle, ont fait preuve de lévitation.

Mais des différences, Olivier Leroy en souligne d'autres qui ne manquent pas d'intérêt :

Le fait que les témoins assistent à la séance du médium, dans l'intention bien précise de voir un phénomène de lévitation, diffère totalement de ce qui se passe dans le cas des mystiques : ceux-ci sont surpris par la lévitation, qui se déclenche à n'importe quel moment, le plus souvent en plein jour. Les spectateurs eux-mêmes ne s'attendaient pas à en être les témoins. Les mystiques sont les premiers gênés d'être l'objet d'une curiosité. Jamais on ne lit dans un récit biographique qu'un mystique ait accepté de « se produire » devant un public...

Nombreux sont les mystiques qui ont été vus lévitant, entourés d'une lumière, ou émettant eux-mêmes un halo lumineux : cela n'est pas le cas des médiums dont le corps ne dégage aucune luminescence comparable. En revanche, on a noté souvent que le médium se refroidissait alors que le mystique fréquemment, produisait une grande chaleur (la luminescence est en relation avec l'hyperthermie).

Les médiums éprouvent toujours la nécessité de commencer leur séance par une mise en condition volontaire afin d'accéder à un état de transe ou d'autohypnose. Pour les mystiques, l'extase est involontaire, surprenante, instantanée. Cette mise en condition impose un éclairage réduit, pour ne pas dire l'obscurité... Les récits des séances de médiumnité sont unanimes sur ce point, alors que les mystiques ont été vus en lévitation en plein jour, en pleine lumière.

Il apparaît donc que la lévitation en état mystique ou en état médiumnique présente des caractères différents. Les motivations du sujet sont fondamentalement divergentes : l'un ne désire pas un état qui n'apporte rien à son union à Dieu, l'autre désire étonner un public. Quant au prodige lui-même, il n'est pas moins extraordinaire lorsqu'il est imprévu que lorsqu'il est organisé... Mystique ou médiumnique, la lévitation n'a toujours pas trouvé d'explication.

Dans les autres religions, ce prodige est-il aussi attesté ?

Chez les tibétains, le phénomène le plus proche de la lévitation est celui de la marche en transe, le *lung-gom,* moins connu que le *tumo* mais tout aussi prodigieux.

Le lung-gom est une pratique qui permet à un lama de parcourir à grande vitesse de longues distances, en effleurant à peine le sol. Alexandra David-Neel, qui en a été le témoin, précise que le lama ne court point. Il paraît s'enlever de terre à chacun de ses pas et avancer par bonds, comme s'il était doué de l'élasticité d'une balle : « Nous pouvions remarquer la régularité étonnante de ses pas élastiques se succédant, aussi mesurés que les oscillations d'un pendule. » Lama Govinda[1] en a fait l'expérience lui-même : « Je m'étais mis dans un état dans lequel on ne sent plus le poids du corps et où les pieds semblent être doués d'un instinct qui leur est propre et qui leur permet d'éviter les obstacles invisibles, de se poser là où ils ont prise, ce que seule une conscience clairvoyante pourrait discerner, étant donné la rapidité de la marche et l'obscurité de la nuit. »

Le lung-gom est donc bien une marche en transe. Cependant, il ne semble pas que le lama soit dans un état d'anesthésie qui lui éviterait de ressentir le choc des cailloux sous ses pieds, sinon, après sa marche, il souffrirait de nombreuses blessures. Or, les pieds ne sont pas blessés. Cette sorte de transe éveille un instinct pour rendre les pas très sûrs. Le lama dans cet état ne doit d'ailleurs pas parler, ni regarder autour de lui, pour éviter un réveil brutal car la moindre distraction interromprait sa transe.

Le mot « lung » signifie l'état élémentaire de l'air, le souffle (comme le mot grec « pneuma » qui signifie à la fois air et esprit).

Le mot « gom » désigne la méditation, la concentration de la pensée sur un sujet donné impliquant que l'esprit se vide de tout rapport sujet-objet jusqu'à ce que le sujet s'identifie complètement avec l'objet de sa concentration. Cet exercice se retrouve identique dans toutes les techniques de méditation tibétaine.

Celui qui voudrait pratiquer cette marche en transe doit donc se concentrer sur tous les aspects et fonctions de l'élément air. La récitation de *mantras,* qui éveillent certains centres psychiques du corps reliés à ces forces pneumatiques, permettra d'atteindre l'état de transe voulu. On note au passage que ces forces concernent encore une fois la respiration ainsi que la faculté de mouvement.

« En d'autres termes, explique Lama Govinda, le " lung-

---

1. Lama Govinda, *Le Chemin des nuages blancs*, Albin Michel, 1969.

gom-pa " n'est pas un homme qui a la faculté de voler dans les airs (croyance qui repose sur une fausse interprétation du mot lung) mais un homme qui a appris à contrôler son *prana* par la pratique yoguique du *pranayama;* or, cette pratique débute par de simples respirations conscientes et en fait le point d'une expérience spirituelle profonde d'où résultera une transformation de tout l'organisme psychophysique et de la personnalité même du yogin ».

Le lung-gom, comme tout prodige mystique, nous intéresse dans cette étude comme phénomène physiologique, mais il est avant tout la manifestation d'une expérience spirituelle authentique. Si j'associe le lung-gom à la lévitation, c'est que le résultat semble bien être similaire : une transformation s'est opérée, de telle nature que le poids de la personne semble réduit, ou bien que la loi de la pesanteur a été transgressée...

Lama Govinda détaille ces exercices d'entraînement au lung-gom. L'un d'eux consiste, explique-t-il, à sauter du siège de méditation, jambes croisées, sans faire usage des mains. Avant chaque saut, le lung-gom-pa remplit d'air ses poumons : « S'il répète cet exercice plusieurs fois de suite chaque jour, pendant une longue période, il parvient à sauter de plus en plus haut tandis que son corps, dit-on, devient de plus en plus léger. » Ce qui est important, c'est de combiner la respiration profonde et le mouvement du corps [1].

Le lung-gom-pa subit une totale reclusion pendant des périodes qui vont de trois mois à neuf ans selon le stade d'avancement spirituel du lama. Il est évident qu'un tel régime, associé à un jeûne alimentaire, à des exercices appropriés et à des méditations continuelles, doit modifier l'organisme, et cela peut-être d'une manière prodigieuse.

Ce prodige de marche extrêmement rapide et légère fait penser à la marche sur les eaux telle qu'elle est racontée dans les Évangiles à propos de Jésus. Le Christ effleure à peine la surface de la mer tandis que Pierre, qui tente de le rejoindre, s'enfonce.

Ce même prodige de marche sur les eaux est raconté pour plusieurs mystiques soufis [2].

---

1. Précisons toutefois, pour l'honnêteté, que ni Alexandra David-Neel ni Lama Govinda n'ont été témoins d'un tel saut.
2. En revanche, le « vol extatique » des chamans, tel que l'expose Mircéa Éliade, ne semble pas se faire par le corps mais seulement en esprit. De même, Ioan Couliano décrit « les expériences de l'extase » des anciens *medecine-men* grecs comme des ascensions de l'âme (Payot, 1984).

La pratique assidue du yoga confère des pouvoirs : les *siddhis* [1]. Le siddhi Laghimâ est le pouvoir de devenir léger comme une plume ; le siddhi Gharimâ, celui d'accroître son poids à volonté. La pratique de la lévitation n'est donc pas étrangère aux yogis entraînés. Comme le yoga est essentiellement un contrôle de la respiration, la modification à volonté du poids ou de la densité du corps serait donc une conséquence directe de ce contrôle.

L'autre force

La pensée d'expliquer l'état de lévitation par un état d'apesanteur vient naturellement à l'esprit. Mais peut-on imaginer raisonnablement une transgression aussi bizarre qu'exceptionnelle des lois de la gravitation ? En tout cas, l'hypothèse n'est pas plus absurde qu'une autre à propos de ce phénomène qui échappe totalement à notre entendement, et il est tentant d'établir un parallèle entre le mystique et... le cosmonaute.

Du cosmonaute, la télévision a popularisé les bonds dans l'espace mais aussi la démarche maladroite, les gestes lents, mal assurés, dépourvus de coordination. Sa vue est fortement modifiée au point qu'il voit son corps s'incliner vers l'avant de 10 à 25° alors qu'il est en position droite. L'absence de gravité l'empêche de contrôler ses postures. Ses repères d'orientation disparaissent, il doit faire un énorme travail de réorientation.

Or, rien dans l'état du mystique lévitant n'évoque celui du cosmonaute. Il n'a ni maladresse des gestes ni manque de contrôle, ni difficulté d'orientation, ni modification de la vue.

De toute manière, la lévitation expliquée par une modification partielle ou provisoire de l'attraction terrestre constituerait un prodige tout aussi mystérieux. Olivier Leroy en avait bien conscience puisqu'il termine son étude sur la lévitation par cette conclusion : « Le problème de la lévitation se pose dans des termes qui répugnent aux méthodes de la physique. Il ne s'agit pas

1. Sur ce sujet on peut lire :
Mircéa Éliade : *Techniques du yoga* (Gallimard, 1948) ;
Alexandra David-Neel : *Mystiques et magiciens du Tibet* (Plon, 1929) ;
Arthur Avalon : *Le Pouvoir du serpent* (J. Maisonneuve, 1924) ;
Evans Wentz : *Le Yoga tibétain et les Doctrines secrètes* (J. Maisonneuve, 1938).

de trouver une force nouvelle inconnue car il s'agit d'une cause à jamais hétérogène aux forces de la nature. »

A jamais ? Est-ce si sûr ? Les forces de la nature, au sens où la physique l'entend, sont-elles toutes découvertes ?

On sait que l'univers et la matière sont soumis aux quatre forces connues : la gravitation, l'électromagnétisme, l'interaction nucléaire forte et l'interaction nucléaire faible. Mais on parle depuis quelque temps d'une cinquième force sur laquelle les physiciens ne s'entendent pas encore étant donné qu'aucune expérience n'est à l'heure actuelle concluante, ni pour prouver qu'elle existe ni pour prouver qu'elle n'existe pas. Cette cinquième force (l'on parle même d'une sixième) serait une force répulsive, environ cent fois moins intense que la gravitation, qui, en quelque sorte, se superposerait à la gravitation. Ce serait une « gravitation annexe ». La gravitation traditionnelle, celle de Newton, ne fait pas de différence entre un kilo de plomb et un kilo de plumes qui, dans le vide, tombent à la même vitesse. La cinquième force, elle, fait la différence selon la substance étudiée. Autrement dit, il y a une variation de l'accélération de la pesanteur terrestre en fonction du rapport des nombres de protons et de neutrons des matériaux. Mais nous sommes là dans l'infiniment petit. Les « particules liantes », comme on les appelle, sont la cause de cette différence : elles assurent la cohésion des noyaux atomiques et elles ont une masse tantôt lourde, tantôt nulle. Ainsi, la force gravitationnelle ne serait-elle pas la seule en jeu pour expliquer la chute des corps... Cette découverte remettrait en cause une « loi fondamentale » de la nature, si les expériences sont confirmées.

Bien entendu, l'existence de cette cinquième force, ou d'une éventuelle sixième ou septième, ne confirme pas le prodige de la lévitation, mais elle montre qu'il ne faut jamais s'aventurer à affirmer que toutes les lois sont connues et qu'elles ne comportent aucune exception.

Si l'on écarte les lois de la physique, il faut bien en revenir à l'organisme humain.

Existerait-il dans certains organismes exceptionnels des modifications psychophysiologiques telles qu'elles puissent alléger le poids du corps ou, au contraire, en surmultiplier la force ? Rien ne permet, en l'état actuel des connaissances, de l'affirmer. Mais il nous est loisible d'imaginer, par exemple, qu'un mécanisme préexistant chez l'être humain, en sommeil ou non utilisé habituellement, puisse déclencher, dans certaines conditions comme le mysticisme, des mécanismes permettant de s'élever dans l'air.

On peut également penser que le lévitant ne se soustrait pas aux lois de la gravitation mais qu'il les maîtrise, qu'il est capable de les dominer, ou qu'une force extérieure à lui-même lui en donne les moyens.

Le diable au corps

Les « assauts diaboliques » et la « possession » comportent des effets physiologiques observables. Bien que la littérature sur les relations avec le diable soit fort abondante, un relevé systématique de ces effets ne me paraît pas avoir été établi.

A propos de la possession, le dictionnaire Robert donne deux définitions. L'une religieuse : « Phénomène par lequel un être humain est habité par un être surnaturel et maléfique. » L'autre psychiatrique : « Forme de délire dans lequel le malade se croit habité par un démon avec sentiment de dédoublement et hallucinations. »

Les « assauts diaboliques » sont les combats que les mystiques disent avoir livré contre le diable qui les assaillait. Ces assauts, fort violents, ne durent pas dans le temps, et les mystiques conservent leur lucidité et un comportement normal.

Au contraire, la « possession diabolique » entraîne un état continu, souvent de plusieurs années, de dépersonnalisation. On est d'abord « dépossédé » de soi avant d'être « possédé ».

Mon propos ne sera pas ici de disserter sur la réalité du diable, mais d'observer les phénomènes qui lui sont attribués. Lorsque les marques laissées sur le corps ne trouvent pas d'origine naturelle explicable, elles entrent dans la catégorie des prodiges.

Thibaut et son frère Joseph étaient des enfants comme tous les autres, fréquentant l'école communale de leur village, Illfurt, en Alsace, à quelques kilomètres de Mulhouse. Élèves tranquilles, d'intelligence moyenne mais de nature chétive et de santé délicate. Alors qu'ils étaient âgés respectivement de neuf et sept ans, tous deux tombèrent malades, et les médecins appelés en consultation se déclarèrent incapables de diagnostiquer[1]. Les médications restèrent sans effet. A l'automne 1865, leur comportement devint franchement anormal : ils se mettaient à tournoyer sur leur dos à une vitesse inouïe, ils se battaient contre les meubles, ils étaient pris d'une fringale que rien n'apaisait, leur ventre se gonflait, leurs jambes se recourbaient ; aux convulsions succédaient des heures de prostration. Étaient-ils assis sur une chaise, que celle-ci se soulevait et était envoyée violemment dans un coin tandis que les enfants se cognaient contre l'autre coin ; terrorisés, ils s'enlaçaient tous deux et nul ne parvenait alors à les séparer.

On remarqua aussi que les enfants manifestaient une violente répulsion pour tout ce qui était religieux : une médaille bénite, un objet de culte, un chapelet les mettaient en fureur et ils déversaient alors des propos orduriers. Tant et tant d'événements semblables se produisirent que le curé du village pensa qu'il s'agissait d'un cas de possession et qu'il adressa un rapport à l'évêque du lieu. Une commission de trois théologiens fut dépê-

1. L'histoire des possédés d'Illfurt s'est passée entre 1864 et 1869. Le récit en a été publié d'abord en allemand puis en plus de vingt langues. Il fait autorité parmi les histoires de possession grâce à la valeur des témoignages oculaires des médecins, du député, du supérieur de couvent, du vicaire général, etc. Il a également fait l'objet de polémiques dans la presse de l'époque tant locale *(Le Journal d'Altkirch, Le Journal de Colmar, L'Industriel alsacien)* que nationale *(l'Opinion nationale)*. Les deux enfants sont décédés jeunes : Thibaut à seize ans, soit deux ans après sa délivrance ; Joseph à vingt-cinq ans. La plus jeune sœur des possédés, dernière survivante de la famille Burner, est morte en 1951.

chée au village, et une enquête officielle examina les faits. On décida alors de pratiquer l'exorcisme.

L'un des démons, celui qui possédait l'aîné des enfants, se nomma. Le jeune garçon fut alors complètement privé de l'ouïe, au point de ne pas réagir quand un coup de pistolet fut tiré près de son oreille. Il ne retrouva l'ouïe qu'à la fin de sa « possession »[1].

Un jour que Thibaut était calme, on lui remit un tableau de la Vierge avec lequel il se mit à jouer. Tout à coup, survint la crise : il jeta le tableau à terre, avec une telle violence qu'il se brisa en miettes. Le professeur Lachemann, alors présent, lui demanda, en latin (langue que les petits n'avaient pas étudiée) ce qu'il pensait de la Vierge Marie : « Fiche-moi le camp, répondit-il. Je ne veux pas en entendre parler. » Les deux frères étaient en effet capables de s'exprimer et de comprendre plusieurs langues étrangères[2]. Ils manifestèrent aussi des dons de visions à distance (l'un deux décrivit un objet enfermé dans une malle restée à la gare), des prémonitions (Thibaut prédit plus d'une fois la mort de quelqu'un à l'avance et annonça des nominations aux gendarmes et au bourgmestre qui n'étaient pas encore informés).

Le poids du diable

Plusieurs années s'écoulèrent sans que les exorcismes aient délivré les enfants. Un jour, le jardinier municipal voulut conduire de force Thibaut à la chapelle en affirmant que cela serait facile : « Je me trompais, raconta-t-il dans son rapport. Je saisis vigoureusement cet adolescent de quatorze ans, mais nous n'avions pas fait deux pas qu'il entra en fureur et refusa d'avancer. Je le soulevai de terre pour le porter et le maîtriser : il était si lourd que je dus y mettre toutes mes forces. »

Ce détail du corps devenu extrêmement lourd doit retenir notre attention car il est l'une des manifestations physiologiques observables dans des cas similaires.

Très souvent, il est fait mention d'une si grande lourdeur que

1. Cette perte des sens est intéressante à noter. D'autres cas similaires peuvent être cités : Marguerite Parigot perdit la vue ; Marie-Thérèse Noblet devint aveugle en 1921 à la suite de crises démonopathiques ; Mme de Ranfraing, « l'énergumène de Nancy » étudiée par Delcambre, perdit l'usage de la parole.
2. Ce phénomène est appelé par les spécialistes « glossolalie » ou don des langues. Il accompagne souvent les prodiges du mysticisme.

le corps ne peut plus être déplacé. Cela vaut pour les mystiques. On cite, à propos des assauts du diable, le cas de Marguerite Parigot qui, dit-on, les subit dès l'enfance. C'est ainsi qu'elle eut un assoupissement qui dura dix jours, et rien ni personne n'était capable de la réveiller. Goerres[1] précise même : « Quelque douleur qu'on tâchât de lui faire sentir, elle ne s'en remuait point. Les médecins essayèrent tous les remèdes pour lui faire revenir les sens, au milieu de ces grandes violences, elle conserva un visage si doux et si agréable qu'il fut aisé à connaître qu'elle se possédait parfaitement et qu'ainsi son mal n'était pas naturel... le diable ajouta à l'assoupissement une telle pesanteur dans tous ses membres que, lorsqu'elle était debout, elle ne pouvait se soutenir sur ses pieds, et, étant couchée sur son lit, elle ne remuait ni bras ni jambes... » La pauvre Marguerite, qui ne pouvait lors de ces luttes avec le diable avaler aucune nourriture, était également prise de convulsions, de grandes agitations dans l'épaule et de fortes contractures des pieds et des mains. Une fois, plusieurs sœurs voulurent la prendre dans leurs bras pour la porter au chœur : « Il n'y en eust aucune qui ne la pust seulement soulever. » Elle était « accablée de pesanteur »[2].

Cette lourdeur extrême est considérée par Olivier Leroy[3] comme un phénomène contraire à la légèreté de la lévitation, mais de même nature puisqu'il semble y avoir une « modification » du poids du corps.

Être battu

C'est parce que des témoins ont vu le corps de certains mystiques tuméfié, blessé, marqué de plaies, qu'ils ont considéré le diable comme une réalité agissante.

Notre contemporaine, Yvonne-Aimée (1901-1951), religieuse à Malestroit, dans la région de Vannes et de Rennes, ne se vantait pas des coups qu'elle recevait, mais des témoins — et non des moindres — ont vu les plaies se former sous leurs yeux : Suzanne Guéry, interne des hôpitaux de Paris, et le docteur Queinnec,

---

1. Goerres : *La Mystique divine, naturelle, diabolique*, tome 5, p. 218.
2. Cité par Imbert-Gourbeyre dans *La Stigmatisation*, tome I, p. 262, d'après la biographie de P. Amelote.
3. Olivier Leroy : *La Lévitation*.

chirurgien qui opéra Yvonne-Aimée, tous deux ont attesté, par certificats d'expertise, de ces traces où toute automutilation était, à leur avis, impossible [1].

Yvonne-Aimée est avant tout une mystique, une jeune fille qui a offert sa vie à Dieu, qui a servi les pauvres et fondé une importante congrégation de sœurs hospitalières. Elle fait aussi figure d'héroïne nationale : elle a sauvé tant de vies pendant la guerre, offrant l'hospitalité aux résistants comme aux soldats (des deux camps d'ailleurs) que le général de Gaulle lui remit personnellement la Légion d'honneur. Énergique, entreprenante, ardente dans son apostolat, Yvonne-Aimée sera sans doute un jour reconnue comme sainte pour notre époque. Ses vertus, son courage, elle les payait « au prix fort » et cela, peu de gens parmi son entourage le savaient. Mais elle a laissé des lettres, et, à la lecture de celles-ci, on découvre que non seulement elle était sujette à de nombreux prodiges mystiques [2] mais que, selon elle, le diable ne l'épargnait pas : « Je suis harcelée, tourmentée par l'esprit du mal... » Elle ressentait des coups violents, elle en restait meurtrie, des plaies se formaient sur sa peau. « A vingt-deux ans, écrit R. Laurentin, la lutte avec l'esprit du mal l'avait précipitée d'un second étage » et elle souffrit toute sa vie de la colonne vertébrale. Un jésuite spécialiste des questions de possession et d'exorcismes, le père Joseph de Tonquédec [3], fut appelé pour examen. A la suite de cette entrevue, Yvonne-Aimée écrivit à une autre sœur :

« Il m'a dit qu'il était de son devoir de ne pas croire sans preuves ce que je lui disais ; qu'il était nécessaire que je voie un docteur, qui m'examine, qui voie si les blessures que j'ai subies de la part du démon n'auraient pas été faites par un instrument quelconque et faites par moi-même [4] ».

Il semble qu'aucun médecin n'ait pu affirmer que ces plaies

---

1. René Laurentin : *Yvonne-Aimée de Malestroit*, (Éd. Œil, 1985).
2. Elle était aussi stigmatisée au côté gauche, aux pieds et aux mains, sujette à des transports rapides, voire à des bilocations. Ses songes prémonitoires qu'elle écrivait par obéissance ont pu être vérifiés, notamment celui de sa décoration. Le songe écrit le 25 mars 1929 correspond, image par image, au film qui a été tourné lors de cette cérémonie, le 7 août 1949.
3. Joseph de Tonquédec (1868-1962) a été exorciste du diocèse de Paris en 1923. Il est l'auteur d'un ouvrage dont le titre révèle la prudence : *Les Maladies nerveuses ou mentales et les Manifestations diaboliques* (Beauchêne, 1938).
4. Lettre à mère Madeleine du 12 avril 1925 reproduite en extraits dans l'ouvrage de R. Laurentin.

avaient une origine naturelle et volontaire mais l'analyse des documents nombreux pour le cas d'Yvonne-Aimée n'est pas encore terminée.

Le padre Pio, lui non plus, ne parlait pas volontiers de ses démêlés avec le diable. Là encore, ce sont des témoins qui les ont cités. La femme du docteur Sanguinetti, par exemple, dans une lettre qu'elle a adressée au père Auvray[1], raconte : « Notre père, après avoir exorcisé une possédée durant la nuit, s'est trouvé obligé de combattre avec l'Ennemi. Il fut projeté à terre, couvert de coups de poing et de meurtrissures. Pendant ma confession, je lui ai posé la question : " Que s'est-il passé, Padre, vous avez un sourcil fendu ? " Il a répondu : " Ma fille, s'il avait visé seulement un millimètre plus bas, il me crevait l'œil. " Le docteur Sala, accouru, l'avait trouvé tout sanglant et avait dû lui faire deux points de suture au sourcil. Si vous aviez vu à quoi était réduit ce beau visage... »

Le père Auvray m'a confirmé ces assauts diaboliques et leur grande violence[2]. Dans une lettre à son père spirituel, le padre Pio écrit : « Écoutez ce que j'ai eu à souffrir il y a peu de nuits de la part de ces apostats impurs. La nuit était déjà assez avancée quand ils commencèrent leur assaut avec une rumeur diabolique. Bien que je n'aie rien vu au début, j'ai compris rapidement d'où venait cette étrange rumeur. Bien loin de m'épouvanter, je me préparai à la bataille avec un sourire moqueur. Alors ils se mirent à se présenter sous les formes les plus abominables... Alors que je voyais s'en aller en fumée leurs efforts, ils se sont précipités sur moi, m'ont jeté à terre et m'ont battu très fort, très fort, faisant sauter en l'air les oreillers, les livres, les sièges en criant des cris désespérés... »

Être battu, être jeté à terre, être griffé ou mordu, est de nombreuses fois mentionné dans les biographies mystiques. Et, très souvent, les manifestations diaboliques s'accompagnent de déplacements violents d'objets, de jets de pierres, etc.[3]

---

1. Cette lettre personnelle, écrite en 1964, n'a jamais été publiée en français. Elle figure dans la petite revue italienne *Casa Sollievo della Sofferenza*.
2. Le padre Pio a été examiné par un psychiatre qui le déclara exempt de symptômes hystériques.
3. Ces déplacements d'objets sont appelés par les spécialistes « poltergeists ». Ils ont été particulièrement étudiés par le professeur Hans Bender de la chaire de parapsychologie de Fribourg-en-Brisgau. Ils sont souvent liés à la présence d'adolescents.

Une force inouïe

La force d'un « possédé » est invraisemblable. On peut aisément la définir comme « surhumaine », en tout cas inexplicable.

Le père Mathieu, exorciste de Besançon, récemment décédé, raconte en ces termes l'histoire de cet industriel de cinquante-deux ans qu'il a dû exorciser :

« L'homme avait beaucoup pratiqué la magie noire avant de se convertir à la religion catholique. Souffrant de douleurs dans le ventre, il avait consulté de nombreux médecins et même subi une opération de la vésicule biliaire, sans résultat. Cette douleur, " un feu dans le ventre ", disait-il, il finit par l'attribuer à une puissance malfaisante et il se soumit à des séances d'exorcismes. A chaque séance, il commençait par perdre connaissance, devenait rigide et froid comme la glace. Il mettait environ trois quarts d'heure à revenir à lui.

Un jour, il déclara avoir mal dans le dos, et comme personne ne constatait de déplacement des vertèbres, le père Mathieu pratiqua une nouvelle fois l'exorcisme. Il commença les prières rituelles.

« Alors qu'il avait perdu connaissance, au premier signe de croix que je fis, il se détendit, se mit comme une barre de fer, parallèle au plancher, et il fut arraché de sa chaise, projeté à travers le bureau contre le mur. Avec une telle violence que je craignis qu'il eût le crâne fracassé. Comme je ne me sentais pas de taille à maîtriser cette force violente seul, je fis appeler le curé et les sœurs du couvent voisin pour m'aider. Nous le remîmes au milieu de la salle sur le tapis. Nous étions donc plusieurs à le maintenir. Dès les premiers signes de croix, il nous a échappé, il est monté au plafond comme un bolide, projeté en l'air, debout alors qu'il était allongé, la jambe gauche tendue, la droite repliée. Là, il s'est trouvé en face d'un tableau de la Vierge et a été repoussé en arrière. Il est retombé comme une masse aux pieds du curé qui tremblait comme une feuille. »

Le lendemain, dimanche, les exorcismes reprirent. Le père Mathieu fit alors appeler une douzaine d'hommes pour l'aider. Toutes ces personnes ont témoigné de la réalité des faits. Ils attachèrent l'industriel avec des cordes. Comme à l'accoutumée, celui-ci perdit connaissance, devint froid et rigide. Soudain, les cordes se relâchèrent et il s'échappa. Et le père Mathieu de poursuivre ainsi son récit :

« Alors que cet homme était étendu par terre sur le dos, quelques-uns des hommes se sont assis sur lui. Pendant que j'exorcisais, ils se mettent à hurler : " Mon père, où va-t-on ? ", car l'homme montait dans l'espace avec des hommes sur lui... Quand il est revenu à terre, les hommes étaient livides... » Il y avait, en effet, de quoi !

Élévation et retombée brutale

Ainsi, parmi les manifestations physiques des effets diaboliques, faut-il compter cette sorte de « lévitation » qui fait que le corps d'un possédé est capable, sous l'emprise d'une énergie considérable, de se soulever de terre. Remarquons au passage que la retombée est toujours brutale alors que dans les cas de lévitation mystique, elle se fait en douceur.

Benoîte Rencurel était bergère au Laus, près de Gap[1]. D'origine paysanne, elle jouissait d'un caractère énergique, d'un solide bon sens et d'un réalisme prononcé. Le tout joint à une santé parfaite. Son père décédé laissa sa veuve très démunie : Benoîte connut la misère, n'eut pas le temps d'aller à l'école, ne sut jamais écrire et, dès douze ans, vécut l'existence difficile des filles « placées » chez différents maîtres. Un jour de mai 1664, Benoîte a une apparition de la Vierge. Celles-ci se poursuivront quotidiennement pendant quatre mois. « La Dame » éduque la jeune bergère à une vie fraternelle et spirituelle intense. Le Laus devient célèbre. Benoîte garde sa simplicité et son humilité. Elle a le don de lire dans les cœurs, elle opère même des guérisons physiques spectaculaires... mais jamais elle n'évoque des tourments avec le diable. Ce sont des témoins qui, l'ayant vue meurtrie, ont pris en considération les phénomènes. Reprenant les

---

1. Les « Manuscrits du Laus » regroupent le témoignage de quatre témoins contemporains de Benoîte : un juge, un vicaire général et aumônier du Roi, un chapelain et un ermite. Ces textes, cachés dans un grenier à la Révolution, ont été retrouvés entre 1824 et 1830. Ils servent à la biographie la plus récente établie par l'historienne Marie-Agnès Vallart-Rossi : *Benoîte Rencurel, une laïque missionnaire 1647-1718* (Éd. Nouvelle Cité, 1986).

propos de cette mystique, sa biographe M. A. Vallart-Rossi écrit :
« Bien des soirs, au Laus, Benoîte se sent transportée physiquement, elle se sent prise par les jambes, et jetée sur des épaules,
comme un sac de blé ; elle se sent tenue sous les genoux et les
bras ; elle est emmenée hors de sa chambre. Elle se sent pincée à
travers ses vêtements. Son corps est martyrisé. Ce « transport » se
finit presque toujours par une impression de chute violente dont
elle sort — et c'est facile à vérifier — contusionnée et parfois
blessée, les yeux rougis, le pouce fendu, les doigts écrasés, le corps
couvert de cicatrices. »

On a parlé pour Benoîte de « transports diaboliques ». Reste
à savoir si ces transports étaient réels ou imaginaires. Mais s'ils
étaient le produit d'une imagination sans retenue, il faudrait
admettre que la jeune fille souffrait d'un déséquilibre psycholo
gique. Or, toute sa vie démontre le contraire : elle a toujours fait
preuve d'un parfait équilibre. Et ces propos, tout étranges qu'ils
soient, « j'ai été traînée sur le sol contre mes propres forces, j'ai
été levée de terre... » recoupent d'autres récits[1].

Les critères de la possession

Selon le rituel catholique, les critères de la possession
diabolique sont les suivants : parler une langue inconnue, faire
connaître les choses éloignées et cachées, déployer des forces au-
dessus de son âge et de sa condition. A cela, Auguste Saudreau,
auteur d'un ouvrage sur les faits extraordinaires de la vie
spirituelle, ajoute : les convulsions où l'on peut discerner une
intelligence étrangère, les mouvements extraordinaires, la perte
subite de la sensibilité, les cris d'animaux et les hurlements, les
visions étranges, etc.

Selon les critères de Benoît XIV, l'origine des visions est
jugée diabolique quand il y figure « quelque détail difforme,
étrange, ridicule ou noir ». De même, quand il y a de la raillerie.

---

1. Dans son rapport adressé au préfet de Colmar, le brigadier de gendarmerie Werner
raconte qu'il a vu le jeune Thibaut, possédé d'Illfurt, « planant à 35 ou 40 cm au-dessus de
sa chaise ; plusieurs minutes durant, il resta dans cette posture ». Le même phénomène est
rapporté par le père La Taste, témoin oculaire des « convulsionnaires de Saint-Médard »,
qui a vu l'une d'elle, Mlle Thévenet, s'élever de sept ou huit pieds de hauteur et jusqu'au
plafond. Elle était même capable de soulever de terre deux personnes qui s'accrochaient à
elle de toutes leurs forces.

Le pape Benoît XIV, qui fut longtemps « avocat du diable » dans les procès de canonisation, insiste aussi sur le fait que « la vision diabolique encourage la vanité, la vaine gloire, le désir de parade » et qu'elle jette dans l'Église le scandale, le désordre et le trouble.

« Sont toujours suspectes les visions des âmes vaines et curieuses, faibles d'esprit ou trop crédules, facilement exaltées et hors d'elles-mêmes, très imparfaites et trop éloignées de la sainteté. Ce sont les âmes que le démon trompe le plus facilement. »

Dans les procès de sorcellerie, on ne manquait jamais de rechercher la marque du diable *(sigillum diaboli)* : on rasait le corps du sorcier ou de la sorcière et on le piquait méticuleusement d'aiguilles en tous endroits de façon à déceler les « plaques froides » c'est-à-dire les endroits insensibles. Ces plaques anesthésiées — qu'on trouve aussi chez les hystériques — étaient considérées comme des endroits que le diable avait indubitablement marqués de son sceau.

Toute trace à la peau, si minime soit-elle, était tenue pour insolite : la moindre éraflure, les taches brunes ou noires, les rougeurs avec ou sans œdèmes, les verrues...

Et même quand il n'y avait pas de marques, on pouvait être accusé : le diable, en effet, les efface !

Les possédés du vaudou

La possession n'est pas l'apanage des religions monothéistes. De nombreuses religions « primitives » affirment que leurs adeptes sont souvent possédés. La religion d'Haïti, le vaudou, en est un excellent exemple. Claude Planson, qui a effectué de nombreux séjours là-bas, vivant en contact étroit avec le petit peuple, ayant subi lui-même les épreuves initiatiques et pris pour femme une authentique prêtresse, raconte les deux histoires de possession suivantes [1] :

En premier, celle d'un jeune homme, un Occidental de vingt-trois ans environ, accompagné d'une jolie jeune fille à laquelle il s'intéressait davantage qu'à la cérémonie vaudou. Leur bavardage

1. Claude Planson : *Le Vaudou* (M.A. Éditions, rééd. 1986).

et leurs rires gênaient d'ailleurs les spectateurs — une cinquantaine de personnes — qui essayaient vainement de les faire taire. Finalement, les deux jeunes gens se mirent en retrait, derrière une table très lourde difficile à déplacer. « Soudain, les spectateurs eurent l'impression que le garçon était arraché de son siège et projeté au milieu du péristyle où il atterrit sur le tambour *assotor* qui, ce soir-là, avait été sorti, exceptionnellement, de la maison des mystères. Ce tambour, haut de deux mètres cinquante, pesait, au moment où il fut embarqué à Port-au-Prince, un peu plus de 650 kilos... Ce n'est pas un tambour quelconque : un *loa*[1] se dissimule derrière lui et, lorsqu'il est frappé, c'est la voix même des ancêtres qui s'élève en grondant. » C'est donc sur ce tambour que fut précipité le jeune homme, dans un grand fracas. Les spectateurs purent alors le voir méconnaissable : « Après avoir été " monté " par le loa assotor, il était maintenant " chevauché " par Damballah et rampait sur le sol en se tordant comme une couleuvre, émettant un curieux sifflement où on reconnaissait quelque chose comme " kiki ki ki kiki ", qui est le langage même du loa que seuls les initiés peuvent interpréter. » La possession dura environ dix minutes et tous les spectateurs purent témoigner de ce qu'ils avaient vu. Puis le corps du garçon se détendit et il demeura flasque sur le sol. On le traîna à sa table... et la cérémonie ne fut plus troublée !

La seconde histoire concerne cette fois une jeune femme snob qui se moquait un peu de ces « négresses excitées ». « Je crois bien, raconte Planson, qu'elle fut " chevauchée " par " Zacca Médé " qui est un vieil esprit paysan. La belle statue blonde devint un petit vieillard rabougri... qui se grattait les jambes des chiques (parasites) qu'il avait attrapées aux champs. » La jeune femme ne revint jamais...

Le possédé fait preuve d'une force et d'une résistance incroyables. « Il n'est pas rare, dit Planson, de le voir danser pendant des heures sans donner le moindre signe de fatigue, ou manipuler de lourds objets qu'il pourrait à peine déplacer en temps normal. »

En Haïti, les inquisiteurs avaient depuis longtemps défini les critères de la possession : force décuplée, insensibilité à la

---

1. Les *loa* sont les esprits du vaudou. Les *loa-racine* sont les très vieux esprits venus d'Afrique.

douleur, et plus particulièrement à la brûlure, possibilité de prédire l'avenir, etc. « Il arrive même, ajoute Claude Planson, qu'on assiste à l'apparition de stigmates et à des manifestations de glossolalie au cours desquelles les individus " chevauchés " parlent des langues étrangères. »

Les possédés ne se blessent jamais au cours de leurs crises. Claude Planson, lui-même « chevauché », tomba du haut d'une chute d'eau de plus de dix mètres, sans le moindre mal.

Personne, pas même la prêtresse, la mambo, ne peut provoquer la possession à volonté. C'est le loa, et lui seul, explique Planson, qui choisit le corps dans lequel il désire s'incarner. Et, méfions-nous, car il semble que les personnes qui « crânent » sont plus facilement « prises » que celles qui assistent aux cérémonies sans idées préconçues...

La possession hystérique

Jeanne était une enfant chétive, souffrant d'une malformation des épaules et dont les bizarreries de caractère étonnaient souvent son entourage. Née en 1605 dans la noble famille de Cozes, en Saintonge, elle causa de gros soucis à ses parents qui la confièrent à une tante religieuse à Saintes. Mais elle fut renvoyée tellement elle devenait difficile à vivre, avec « des penchants déréglés » et « des pâmoisons ». Retournée chez ses parents, elle décida, à quinze ans, comme par caprice, de prendre le voile. Elle choisit d'entrer chez les ursulines de Poitiers. Pendant son noviciat, elle se distingua par un zèle excessif et des comportements étranges. Par exemple, elle se plaisait à soigner et à baiser les ulcères et les plaies les plus repoussants. Les années passant, la communauté se préoccupait des excès de cette sœur, mais sa famille, riche, versait beaucoup d'argent... On la garda donc. Quand il fut décidé de fonder un prieuré à Loudun, la sœur Jeanne y fut envoyée, et là, elle se métamorphosa, devenant humble, soumise, œuvrant tant et si bien pour devenir supérieure qu'elle le devint en effet. Elle avait vingt-cinq ans.

Ainsi « naquit » sœur Jeanne des Anges, principale actrice des fameuses « possédées de Loudun », affaire qui fit grand bruit au XVIIe siècle et qui reste aujourd'hui un cas exemplaire de possession hystérique.

En effet, les études les plus autorisées sur ce cas, celles de Michel de Certeau par exemple[1], amènent à classer cette religieuse comme hystérique. J.-M. Charcot, le célèbre médecin de la Salpêtrière, ne s'y trompait pas : « On voit, écrit-il, chez la supérieure des ursulines, la " passion hystérique " se développer, se dérouler avec tout le cortège d'accidents nerveux caractéristiques qui appartiennent au grand type de l'affection[2]. Les phénomènes somatiques tels que : grandes attaques, anesthésies sensitive et sensorielle, troubles vaso-moteurs sous forme de vomissements de sang et de stigmates, le disputent aux phénomènes plus particulièrement psychiques, tels que : hallucinations de la vue et de l'ouïe, état de suggestibilité porté à un tel degré que l'esprit agit sur le physique au point de déterminer l'apparition d'une fausse grossesse, d'une fausse pleurésie, et d'influencer enfin, à un haut degré, diverses sécrétions[3]. »

Devenue supérieure, Jeanne modifia une fois encore son comportement pour retrouver sa vraie nature fantasque. Or, à cette période, un homme faisait l'objet de toutes les conversations : Urbain Grandier, curé de Loudun. Brillant élève des jésuites, il était d'une supériorité intellectuelle et d'une éloquence fort séduisantes. Les femmes, surtout, n'étaient pas insensibles à cette séduction, et la supérieure des ursulines ne tarda pas à en entendre parler. Inutile de dire que, dans cette petite ville, le curé n'avait pas que des amis et que les méchantes langues n'attendaient qu'un prétexte pour déverser leur haine. A tout prix, sœur Jeanne des Anges voulut connaître le séduisant prêtre... et son imagination la troublait déjà. Elle ne pensait plus qu'à lui, comme elle le confesse dans son autobiographie. Mais lui, refusa de devenir le confesseur de la communauté, refus que la sœur accepta très mal. A cette date, elle était tombée dans un état complet d'anémie, avait des hallucinations, voyait des revenants et, surtout, était hantée dans ses rêves par Grandier qui, disait-elle, la

---

1. Il faut lire *L'Autobiographie de sœur Jeanne des Anges* (rééditée par les Éditions Jérôme Millon, 1985). Au récit de la possédée elle-même sont ajoutées, dans cette édition, une préface de Jean-Martin Charcot, une introduction sur les manuscrits, une vie résumée de la sœur, et une étude psychologique du personnage par Michel de Certeau. On dispose ainsi en un seul volume de tous les documents indispensables.
2. Charcot a en effet défini une « hysteria major », la grande hystérie dont la posture en arc est un des symptômes spectaculaires.
3. Il faut comprendre ici l'arrêt des règles pendant trois mois qui fit dire à Jeanne des Anges qu'elle était enceinte.

pressait de ses attentions amoureuses. La supérieure soumit alors toute la communauté à des jeûnes stricts et à une discipline sévère pour éloigner ces images impudiques. On imagine aisément que ce régime alimentait au contraire les fantasmes, et, bientôt, plusieurs autres sœurs avouèrent être, elles aussi, soumises à ces tentations. Le nom de Satan fut alors avancé : il avait ses proies. L'explication aux comportements les plus insensés était trouvée... Sœur Jeanne et ses religieuses étaient « possédées ». Les exorcismes commencèrent, et les témoins purent assister à ce spectacle inouï de religieuses en proie à de violentes attaques convulsives. Contorsions, convulsions, délire : on était en pleine hystérie mais, à cette époque, le mot était encore inconnu et chacun croyait avoir affaire au diable.

Urbain Grandier fut accusé d'avoir jeté un sort sur le couvent. Pendant tout ce temps, les parents retiraient leurs filles du couvent des ursulines, lequel voyait la misère approcher... La supérieure inventa tout ce qu'elle pouvait pour faire venir les curieux, et les convulsions hystériques reprirent de plus belle[1]. Un procès commença. Urbain Grandier, innocent, ne put cependant se défendre contre les possédées. Il subit le supplice des brodequins, eut les jambes brisées à coups de marteau, et finit sur le bûcher.

Mais la « possession » de la supérieure ne fut point calmée pour autant. Une nuit, un démon, raconte-t-elle, lui apparut et lui suggéra qu'elle était enceinte. Le scandale remonta jusqu'à Richelieu... qui n'y croyait guère ! La « possédée » eut alors une idée qu'elle qualifie elle-même de diabolique : s'opérer le ventre pour faire sortir l'enfant. La scène se termina par une violente crise, heureusement sans effusion de sang.

Plusieurs mois après cette triste histoire, arriva un exorciste chargé de délivrer les religieuses : le père Surin, qui était lui-même une sorte d'illuminé très angoissé. Le « duo » ne pouvait donner que des résultats encore plus surprenants... On passera sur les détails. Et, obligée de résumer cette histoire riche en péripéties, j'ajouterai seulement que la sœur Jeanne des Anges connut tour à tour une agonie dont elle réssuscita comme par miracle, des

---

1. Ce côté « spectacle » est un des critères de discernement entre le pseudo-possédé hystérique et le mystique en proie au combat diabolique. Le professeur Jean Lhermitte, dans ses études sur les vrais et les faux mystiques, souligne que l'hystérique « se montre, comme la plupart des mythomanes, poursuivi par un impérieux désir d'attirer l'attention sur sa personne ». Tandis que le mystique ne se vante jamais de ses rapports avec le diable.

« stigmates » où les noms de Jésus, Marie, Joseph étaient gravés sur sa main gauche (elle les écrivait elle-même), des guérisons soi-disant miraculeuses obtenues par sa chemise parfumée qu'elle exhibait volontiers. Tout cela pendant des années, jusqu'à ce que Jeanne des Anges eût environ quarante ans. Alors elle perdit peu à peu ses forces et, comme cela s'observe habituellement dans les cas d'hystérie, elle donna le spectacle d'une déchéance physique et intellectuelle. Sa dernière lettre est datée du 8 mai 1661. Elle était, à cette époque, paralysée du côté droit. Elle mourut hémiplégique le 29 janvier 1665, à la suite d'une pneumonie intercurrente.

Ses excès avait fait mourir un prêtre innocent, deux exorcistes épuisés, sans compter tous les gens dont elle avait perturbé à jamais la raison.

Une autre maladie a été prise souvent pour un combat avec le diable : l'épilepsie, maladie spectaculaire et maintenant bien connue.

Elle est due à l'activité simultanée de très nombreux neurones corticaux qui se mettent à fonctionner tous ensemble de manière inattendue. Cette « décharge » provoque la crise.

Dans l'épilepsie temporale, les symptômes sont très variés, pouvant aller de périodes d'angoisse de quelques secondes à des illusions perceptives (distorsions auditives, visuelles, gustatives, olfactives) et des troubles psychiques. Cependant, les études ont montré que, contrairement aux idées reçues, la majorité des épileptiques n'a pas plus de troubles psychiques que la population normale.

Un aspect particulièrement intéressant est l'autodéclenchement des crises chez certains épileptiques qui découvrent qu'ils peuvent à volonté provoquer leurs paroxysmes (par stimulation lumineuse par exemple).

C'est une idée généralement reçue que les épileptiques possèdent des traits de personnalité spécifiques. Et, parmi ceux-ci, une religiosité morbide. Actuellement, les dernières recherches montrent que ces traits de caractère n'ont rien de spécifique à l'épilepsie et que la « personnalité épileptique » est liée à des lésions cérébrales importantes.

En général, le malade en crise est inconscient, il reste raide puis s'agite en contractions et convulsions. Fréquemment, la crise débute par un cri suivi d'une chute massive. L'écume aux lèvres, la perte des urines, le sommeil lourd sont des manifestations fréquentes de la maladie. Certains malades ont une crise très brève au cours de laquelle ils voient scintiller mille étoiles, d'autres ont seulement une main qui tremble, selon que la décharge électrique se fait à gauche ou à droite dans l'aire corticale. Certaines crises d'épilepsie se traduisent — ou commencent — par une sensation de brûlure. Les aires du contrôle de la motricité ou celle de la vision, par exemple, sont fréquemment le siège de ces décharges électriques. Les électroencéphalogrammes au moment des crises ont montré une activité anormale de ces aires comme on pouvait s'y attendre. L'électroencéphalographie a, somme toute, donné la preuve que les manifestations spectaculaires ne sont pas toutes dues à l'hystérie mais à un désordre dans l'activité neuronale.

Diable ou pas

On l'aura compris : croire aux effets du diable, c'est évidemment considérer que celui-ci n'est pas un symbole mais qu'il existe et peut agir sur l'esprit et sur le corps. Aujourd'hui les spécialistes religieux considèrent que la possession diabolique est extrêmement rare, ce qui explique que les exorcismes le soient aussi, mais ils n'excluent pas la réalité du diable. Cependant, dans la plupart des cas, il s'agit d'un trouble physique pouvant aller jusqu'à présenter les symptômes de l'hystérie. Il est évident qu'avant l'étude de la psychiatrie, on prenait pour des cas de possession diabolique ce qui n'était en réalité qu'hystérie, voire même épilepsie.

En l'état actuel des connaissances médicales et psychiatriques, certains aspects de la possession restent cependant inexplicables et constituent bien des prodiges.

Vaincre la douleur

Le corps de certains êtres, face à la douleur, semble échapper aux réactions communes normales. Longtemps, la résistance à la douleur, fort spectaculaire, a été considérée comme un prodige. On n'y trouvait guère d'explications satisfaisantes. Les progrès de la neurochimie montrent aujourd'hui qu'elle relève en réalité de causes bien « naturelles », ce qui relativise ce prodige.

C'est fréquemment dans les rapports avec le feu que cette résistance à la douleur a été la plus spectaculaire. Certains êtres avaient non seulement la faculté de ne pas sentir la douleur, mais également celle de ne pas être brûlés. Cette « incombustibilité » n'est pas purement imaginaire mais reste rebelle à une explication globale.

L'insensibilité, elle, conduit à étudier l'état d'extase qui s'accompagne d'une totale anesthésie des sens que l'on désignait autrefois sous les mots « ligature des sens ».

Aujourd'hui, les caractères physiques de cet état doivent être reconsidérés en fonction des données récentes sur les mécanismes de contrôle de la douleur.

Dans ce petit château non loin de Paris, une soixantaine de personnes, de vingt à soixante-dix ans, s'étaient portées volontaires pour un week-end de marche sur le feu.

Ils voulaient « transformer la peur en courage », convaincus qu'ils étaient que victoire sur le feu égale victoire sur soi-même. Le « Soi » est devenu un dieu auquel on sacrifierait tout... même la plante de ses pieds [1] !

D'après le dépliant publicitaire qui encourageait à tenter l'expérience, « la marche sur le feu du docteur S... économiste, acupuncteur, hypnothérapeute » ne présentait aucun danger mais insistait sur deux points :

— le « maître », citoyen allemand de culture occidentale, avait été « initié » à la technique et aux bienfaits thérapeutiques de la marche sur le feu, il y a deux ans, en Californie ;
— il faisait appel à un public de culture elle-même occidentale, apparemment peu préparé aux cosmothéories et aux mystiques traditionnelles. D'après les informations des organisateurs, plus de 4 000 personnes avaient déjà expérimenté « l'impossible » en Allemagne et en Italie, à l'instigation du « maître ». (A titre d'information, ce stage coûtait 1 000 F.)

Premier contact : pendant quatre heures, la voix du « maître », de tonalité stable, encourageante et euphorisante, a « injecté » aux futurs initiés un message pour les convaincre, afin de préparer leur esprit : « La marche sur le feu est la technique de pointe pour prouver à vous-même que vous êtes capable de dépasser votre existence quotidienne, de réaliser l'impossible,

1. Claudine Lemaire, docteur en psychologie, et Y. de Sike, docteur en ethnologie du laboratoire d'ethnologie du musée de l'Homme de Paris, ont participé à ce week-end et ont rédigé une communication, en cours de publication officielle, dont j'extrais ici, avec leur autorisation, les passages les plus significatifs.

c'est-à-dire de traverser un tapis de braises de 700 à 900°, sur plusieurs mètres de longueur grâce à votre volonté. »

Après ce discours d'introduction, un technicien du feu, pompier bavarois, expliquait les dangers pour le profane d'un contact avec un tel foyer, mais assurait que personne ici n'allait se brûler. Son discours à lui était ponctué de formules magico-symboliques destinées à prouver que cette marche sur le feu était bien autre chose qu'un exercice pour pompier...

Le maître poursuivit la séance avec le même savant mélange de dopage psychologique, d'analyses « scientifiques » sur fond de religiosité. Première explication sur l'état alpha et ses pouvoirs. Puis exercices de respiration et de décontraction. Le but est d'inspirer l'énergie cosmique en la visualisant afin de la répartir autour de soi tel un bouclier qui protégera du feu. La marche sera précédée d'une longue séance de relaxation. Il est demandé de visualiser le feu, de l'intérioriser en une flamme purificatrice de la peur. Lorsqu'il y aura un tapis de braises, chacun, soutenu par le groupe, expirant profondément le son « OM », ce mantra protecteur, s'imaginera le traverser d'un pas assuré et le transformer en un tapis d'herbes fraîches, le regard fixé au loin, une dizaine de mètres au-delà du foyer.

Quand commença la procession vers le bûcher, tous les participants, munis d'une bougie plantée dans une mandarine, traversèrent les allées pour se réunir en cercle autour du bûcher. Celui-ci était fait de deux mètres cubes de sapin. Le pompier en costume d'amiante donna les derniers conseils techniques. Un ultime rituel fut demandé : jeter dans les premières flammes les « confessions », petits bouts de papier sur lesquels chacun a écrit ses défauts que le feu doit purifier.

Lorsque le foyer est réduit en braises, celles-ci sont étalées pour former un tapis d'environ 2,50 m sur 1,50 m en une épaisseur de 5 centimètres environ. Une chaîne humaine entoure le foyer tandis que tous chantent le son « OM », dans le froid humide. Humides aussi les participants, humides d'angoisse, serrant les mains de leurs compagnons. Le maître se déchausse en premier, fait quelques pas sur l'herbe mouillée, s'arrête sur une couverture sèche, s'incline devant le feu, et, en expirant fort, se lance pour une traversée rapide du brasier dans le sens de la longueur. Suit un participant qui se vantait d'avoir toujours entretenu des rapports privilégiés avec le feu. Il arrive, en effet, dix mètres au-delà, sans encombre. Rassurés, les autres se lancent à leur tour. Une seule personne a reculé. Toutes les autres ont parcouru le tapis une ou plusieurs fois, le regard fixé dans le vide (surtout ne pas regarder les braises), quelques-uns ont fait des grimaces de douleur à partir du troisième pas. D'autres, ayant crispé leurs orteils, se sont franchement brûlés. Rares ont été ceux qui ont avancé le pas assuré et l'allure décontractée, sans se brûler.

Toute la question est là : auraient-ils pu se brûler ?

Pour franchir les 2,5 m du foyer, il faut trois à six pas, soit entre 1,20 seconde et 2 secondes. Sur la base de trois passages sur le foyer, nous avons donc au total 3 secondes de pose par pied sur les braises.

La température prise avec un thermomètre électronique était de 60° pour une pose de 2 secondes en surface et au bord du foyer, et 120° après stabilisation, toujours au bord du foyer ; et après avoir tassé les braises d'environ 3 cm, la température s'équilibrait à 160°.

On retrouve les 700 à 900° promis mais seulement en profondeur et après stabilisation.

Que risquaient donc ces marcheurs-là en posant chaque pied pendant 3 secondes maximum sur une température de 60°[1] ? Pouvaient-ils se brûler ? Pouvaient-ils ressentir une douleur ?

La température critique douloureuse est de 45°. Il est donc tout à fait normal pour les marcheurs de ressentir une douleur, ce que confirment les nombreuses grimaces pendant les traversées. Il est néanmoins certain que bon nombre des « initiés » n'ont éprouvé aucun sentiment de douleur.

Le son « OM » qui était chanté en continu pendant toute la cérémonie (30 mn) implique à chaque répétition environ 3 secondes d'inspiration pour 10 à 15 secondes d'expiration... On est donc en droit de penser que, au moment de la traversée du foyer, certains des participants étaient en état d'hyperventilation, ce qui favorise une modification de vigilance. Cette mise en condition psychophysiologique suffit, nous semble-t-il, à expliquer le fait que certains des marcheurs sur les braises n'ont pas ressenti de douleur.

Le fait de marcher suppose aussi qu'on lève le pied à chaque pas et qu'ainsi on provoque une déperdition de chaleur. Enfin la voûte plantaire est moins vulnérable que d'autres parties de la peau.

---

1. Il faut distinguer le seuil thermique de la douleur, de celui de la brûlure, plus élevé. Un marcheur sur le feu peut ressentir des douleurs sans pour autant se brûler.

Les deux observateurs scientifiques présents à cette séance
terminent ainsi leur rapport : « Le plus surprenant est donc qu'il y
ait des brûlures... » La majorité des brûlures est sans doute due à
une marche désordonnée en raison de la peur. Le pied n'était pas
posé bien à plat, ou c'est la tranche du pied qui était enfoncée dans
la braise. Pire, une braise se trouvait coincée entre les orteils.
Dans les autres cas, en effet, il n'y a pas eu de brûlure constatée [1].

Des salamandres humaines

Cet exemple de marche sur les braises nous remet en mémoire
d'autres types de relation au feu. On désigne sous le terme
d'« incombustibilité humaine » cette faculté d'échapper aux brûlures. Il semble qu'il existe de véritables « salamandres »
humaines, telle cette Marie Sonnet que Tout-Paris, au xviiie
siècle, venait voir du temps des convulsionnaires de Saint-Médard.
Elle était capable de s'étendre sur un brasier sans que les draps
dans lesquels elle s'enveloppait ne brûlent et sans qu'elle-même ne
le soit davantage. Le document qui atteste ce phénomène a été
signé par une dizaine de personnalités parisiennes, intellectuels et
bourgeois. Tous ont certifié avoir vu la « salamandre » en
convulsions, « la tête sur un tabouret et les pieds sur un autre,
lesdits tabourets étant entièrement dans les deux côtés d'une
grande cheminée et sous le manteau d'icelle, en sorte que son
corps était en l'air au-dessus du feu qui était d'une violence
extrême, et qu'elle est restée l'espace de trente-six minutes en
cette situation, en quatre reprises différentes, sans que le drap
dans lequel elle était enveloppée, n'ayant pas d'habit, ait brûlé,
quoique la flamme passât quelquefois au-dessus, ce qui nous a
paru tout à fait surnaturel. Elle paraissait dormir au-dessus du
brasier, lequel était ardent et formé de quinze bûches ».

On a beau évoquer une pathologie toute spéciale pour
expliquer cet étrange comportement, il n'en reste pas moins
spectaculaire et mystérieux. Ce n'est pas parce qu'on utilisera, un
siècle plus tard, le savant mot d'hystérie, que toutes les questions
auront trouvé leur réponse.

En tout cas, le phénomène semble aussi vieux que l'homme.

---

1. Néanmoins, après la séance — et par prudence —, chacun a enduit ses pieds d'une
pommade destinée à prévenir des brûlures « à retardement »...

Jamblique notait déjà, au IIIe siècle avant J.-C. : « Voici à quels signes on connaît ceux que possèdent vraiment les dieux. Voici le premier de tous : beaucoup ne sont pas brûlés par le feu qui n'agit pas sur eux à cause de la fureur sacrée qui les inspire ; l'extase divine les fait passer où l'on ne peut passer : ils se jettent dans les flammes et marchent sur les eaux comme la prêtresse de Castabala » (province près de la Syrie réputée pour son temple à Diane). En effet des prêtres et des prêtresses, dans l'Antiquité, étaient reconnus officiellement comme insensibles à la brûlure, immunisés contre le feu, tels les Hirpes, auprès de Rome, qui « foulaient plein de foi et de piété les charbons du brasier ardent » (Virgile). Certains soupçonnaient néanmoins que drogues et onguents n'étaient pas étrangers à cette résistance. Le même argument a été utilisé pour les nombreuses peuplades qui pratiquent ce rite en Orient, en Inde, en Polynésie, en Malaisie, etc., sans compter l'argument d'une peau particulièrement coriace.

La remarque de Jamblique montre que cette résistance était associée à un état exceptionnel de « fureur sacrée », un état d'extase.

De même l'épreuve par le feu, les ordalies, ou par l'huile bouillante, est extrêmement ancienne et on la retrouve dans de nombreuses civilisations. On en connaît le schéma : une femme accusée d'adultère devait prouver son innocence en marchant sur le feu. Le feu purifiait des accusations et celui qui réussissait l'épreuve était lavé de tout soupçon.

Fakirs et médiums

Cette résistance à la douleur et à la brûlure est évoquée également dans le cas des fakirs et dans celui des médiums.

Les fakirs, on le sait, sont capables d'acrobaties physiologiques inouïes : rester suspendu par les pieds, la tête en bas, avec des pierres fixées en différents points du corps, maintenir les bras levés au-dessus de la tête jusqu'à ce qu'ils s'atrophient ; se faire rouer de coups ou se laisser suspendre à d'énormes crochets de fer enfoncés dans la cage thoracique, avaler n'importe quoi en verre ou en fer, demeurer la tête en bas au-dessus d'un brasier, les flammes venant lécher le corps nu, bref, se livrer à des excentricités aussi impressionnantes qu'inutiles.

Certains de ces tours, cela a été démontré[1], tiennent de la prestidigitation. Les régions transpercées sont, en général, peu innervées et donc peu sensibles. Ces tours-là n'ont rien à voir avec la maîtrise des yogis obtenue après des années de pratique de yoga et dans un tout autre but que l'exhibition en public.

Dans les comptes rendus des séances de médiumnité de D.D. Home, il est plusieurs fois noté que le médium avait le don de ne pas se brûler et le communiquait aux objets. Un jour, il prit dans un mouchoir un charbon enflammé qu'il attisait en soufflant dessus. Il ne fut pas brûlé et le mouchoir ne présenta qu'un tout petit trou de brûlure. Le chimiste anglais William Crookes emporta ce mouchoir dans son laboratoire et confirma qu'il n'avait pas été prétraité. D'autres fois, Home se mettait la tête entière dans les flammes de la cheminée, déposait des braises dans sa main et les avivait, etc.

Dans ces deux cas, tant pour les fakirs que pour les médiums, il est difficile de préciser la part d'illusion, pour ne pas dire d'hypnose, à laquelle les spectateurs auraient pu être soumis.

L'incombustibilité chez les mystiques

Il est fréquent de lire des mentions d'incombustibilité dans les biographies des mystiques. Les deux plus célèbres cas sont celui de Jean Le Bon (XIIIe siècle) dont le procès de canonisation commença presque aussitôt après la mort[2]. Les témoins oculaires étaient donc encore vivants. Parmi leurs dépositions, deux frères ont raconté la même histoire : un jour que Jean Le Bon était assis près du feu, pour convaincre ses frères que la confiance en Dieu pouvait tout, il se leva et marcha sur les braises du foyer qu'il remua aussi avec ses mains comme on fait avec de l'eau pour les laver. Il fit cela assez longtemps, et, quand il eut rejoint sa cellule, le témoin put à loisir aller examiner les pieds et les mains de Jean : il ne remarqua aucune trace de brûlure.

L'autre cas célèbre est celui de François de Paule que

---

1. Notamment par Robert Tocquet dans *Hommes-phénomènes et personnages d'exception* (Robert Laffont, 1979).
2. Cette histoire est, certes, assez ancienne mais bien attestée dans les documents du procès de canonisation.

Louis XI fit venir à la cour de France : il reboucha les fissures d'un four à chaux crevé en entrant dans la fournaise. Il maniait le fer rouge ou des braises simplement, disait-il, pour se réchauffer.

Dans ces deux cas, il n'est pas dit que les mystiques aient été en état d'extase. Mais personne ne sera étonné d'apprendre que nombre de mystiques en extase ont manifesté cette incombustibilité. Olivier Leroy[1] en a relevé une cinquantaine rien que dans les *Acta Sanctorum* car cette invulnérabilité est toujours mentionnée dans les histoires de martyrs (mais comme il s'agit en général de cas très anciens, il est difficile de démêler les ajouts édifiants des faits véritablement historiques).

On lit par exemple dans la biographie de Marguerite Parigot, la grande extatique de Beaune, qu'elle pouvait plonger sa main dans l'eau bouillante ou dans des charbons sans se brûler. Bernadette de Lourdes, en extase, tenant de la main droite un cierge allumé, fit un mouvement qui plaça la flamme sous les doigts de son autre main. Le témoin, le docteur Dozons, rapporte qu'il voyait cette flamme passer entre les doigts légèrement écartés. Elle resta ainsi un quart d'heure. Quand Bernadette sortit de l'extase, le médecin, étonné, lui demanda de montrer sa main gauche et n'y trouva nulle trace de brûlure. Il la pria de rallumer le cierge et fit alors passer la flamme sous les doigts de la jeune fille qui s'écria : « Vous me brûlez ! » Le docteur Dozons ajouta : « Ce fait, je le rapporte tel qu'il s'est produit, sans l'expliquer. »

L'état d'extase

L'état d'extase est plus complexe que la simple définition qu'on serait tenté d'en donner d'emblée. Dire que l'extase est la privation de l'usage des sens ou l'aliénation des sens est tout à fait insuffisant.

Auguste Poulain[2] en propose cette définition : « C'est un état qui, non seulement à son début mais *pendant toute sa durée,* renferme deux éléments essentiels : le premier, intérieur et

---

1. Olivier Leroy : *Les Hommes salamandres, recherches et réflexions sur l'incombustibilité du corps humain* (Desclée de Brouwer, 1931).
2. Auguste Poulain, jésuite, a publié de nombreux articles et communications sur ce sujet. Cette définition est tirée de la *Revue du Monde invisible* (1902). A cette époque, la querelle entre les extases dites naturelles, les semi-naturelles et les surnaturelles constituait l'essentiel des débats.

invisible est la concentration naturelle de l'intelligence, de l'imagination ou de l'affection sur un seul objet et cela avec *une énergie considérable ;* le second, corporel et visible, est l'aliénation des sens, en entendant par là non seulement la cessation de leur exercice, mais une grande difficulté à les faire agir si on excite les organes. »

Se contenter d'étudier la partie visible de l'extase, c'est-à-dire la privation de l'usage des sens, est donc insuffisant. Surtout pour les mystiques : les réduire à la part visible sans tenir compte de l'essentiel, c'est-à-dire l'union au divin du cœur et de l'intelligence, serait les amputer et ne rien comprendre au mysticisme proprement dit, puisque cette privation s'exerce aussi dans les maladies psychologiques ou dans d'autres états naturels comme le sommeil profond, le somnambulisme, l'hypnose, les états morbides, etc. Il ne faudra donc jamais oublier que l'extase mystique, quelle que soit la religion concernée, comporte un élément essentiel invisible qui est la mobilisation totale[1] des facultés intellectuelles et affectives sur l'objet de la contemplation.

Dans l'Église catholique, l'aliénation des sens n'est pas regardée comme un fait miraculeux. Benoît XIV, le pape qui a le premier fixé par écrit les critères de la canonisation, insiste bien sur le fait que l'état extatique — même fréquent — n'est pas une vertu ni un miracle et ne suffit pas à déterminer la sainteté.

Auguste Poulain précise : « L'extase n'est un miracle, c'est-à-dire une dérogation aux lois de la nature, que si elle est accompagnée de certains signes au-dessus des forces naturelles, telles que la splendeur du visage, la lévitation, les effluves odoriférantes, etc. Par elle-même, l'abolition des sensations n'est pas un miracle, et encore moins un miracle constatable, car elle peut être produite par certaines maladies[2]. »

Jérôme Ribet[3], complète ce point de vue : La ligature des

---

1. Dans l'approche classique de ce phénomène, on distingue les extases complètes des extases incomplètes selon le degré d'intensité de cette mobilisation et de cette privation des sens, bien que ce degré soit difficilement mesurable de l'extérieur.
2. Extrait de son article « Que signifie le mot mystique ? » paru dans la revue *Les Études*. Auguste Poulain est aussi l'auteur d'un traité de théologie mystique : *Des Grâces d'oraison* (Beauchêne, 1931).
3. Jérôme Ribet : *La Mystique divine distinguée de ses contrefaçons diaboliques et des analogies humaines* (Poussielgue, 1879 et 1883, 3 vol. accessibles en bibliothèque). Ribet approfondit la notion classique de « degrés de la contemplation » qui sont au nombre de 7 : le recueillement, la quiétude, les transports, l'union mystique, l'union extatique, le mariage spirituel et la vision béatifique.

sens, qui est la part du corps, est une *conséquence naturelle* de l'absorption intérieure plutôt qu'une grâce.

Quant à Albert Farges [1] qui a étudié tous les effets liés à l'état d'extase, il souligne notamment que l'extase chez un mystique s'accompagne d'effets permanents tels que la paix de l'âme, la délicatesse de la conscience, l'humilité profonde, la force, la faim et la soif de justice, l'aspiration à la vie bienheureuse. Ce sont des « fruits » qui différencient les vrais mystiques des malades hystériques. Mgr Farges admet également qu'il existe des « compléments merveilleux de l'extase divine » : la stigmatisation, la lévitation, les effluves lumineux et odoriférents, l'abstinence, l'empire sur les créatures.

Les caractères de l'extase

Qu'observe-t-on sur un sujet en extase ?

En général, il n'y a pas de signes avant-coureurs : le sujet extatique est surpris, foudroyé par une force invisible. Parfois sont mentionnés des soupirs, des tremblements, ou un cri initial. Néanmoins, les mystiques sentent venir l'extase et ne peuvent y résister. « On ne peut presque jamais résister au ravissement, écrit Thérèse d'Avila. Parfois, j'opposais quelque résistance... c'était un combat terrible ; j'en demeurais comme brisée. »

En extase, le sujet reste immobile dans la position où il se trouvait, et qu'il conserve (phénomène qui se retrouve dans la catalepsie). Bien qu'il y ait des extases ascensionnelles, lors des lévitations, le sujet ne modifie pas sa position.

La figure est étonnamment changée, les traits du visage sont modifiés pour refléter le ravissement. Les yeux sont parfois fermés, comme en sommeil, ou parfois ouverts, fixes et agrandis, les paupières sans le moindre clignotement, la cornée pouvant même être touchée sans que l'œil ne se ferme.

L'extatique est complètement insensible. Ni ouïe, ni odorat, ni vision, ni aucun des cinq sens. Aucun stimulus extérieur n'est perçu [2], ni piqûre, ni brûlure, ni pincement... encore que des

---

1. Albert Farges : *Les Phénomènes mystiques distingués de leurs contrefaçons humaines et diaboliques* (Paris, 1920).
2. Un seul bruit semble atteindre le mystique en extase (le fait est rapporté plusieurs fois dans les biographies) : l'ordre du supérieur (on dit « le rappel »).

stimulations électriques fassent quelquefois réagir (l'expérience a été tentée sur Louise Lateau par exemple).

L'extatique présente une telle rigidité musculaire, que les doigts ou les bras ne peuvent être desserrés. Le cou se raidit parfois. Les extrémités du corps, pieds et mains, se contractent. Le corps devient dur comme bois. Très souvent, il se refroidit, devient glacé.

Enfin, et ce n'est pas le moindre des phénomènes, la respiration paraît avoir cessé. En réalité, l'extatique continue à respirer mais très lentement, comme ces yogis ou ces plongeurs qui pratiquent l'apnée.

L'extase chez les yogis

Le docteur Thérèse Brosse a étudié chez des yogis un certain nombre de paramètres et effectué plusieurs observations tout à fait intéressantes. Elle écrit : « La maîtrise de la respiration, considérée par le yogi comme un simple exercice préparatoire, n'en est pas moins enregistrable tant elle est poussée loin sans entraîner d'intolérance. Après des années d'entraînement, les phases d'apnée peuvent atteindre plusieurs heures... Au cours de nos examens, le pneumographe a enregistré à différentes reprises, pendant dix à quinze minutes, ces phases d'apnée... Le yogi met ainsi son corps dans un véritable état de vie ralentie comparable à celui des animaux hibernants, ainsi que nous avons pu le mettre en évidence par la recherche du métabolisme basal. » D'autres résultats ont été enregistrés : changement de rythme cardiaque, variations d'amplitude et de caractère du pouls, modifications de l'électrocardiogramme, etc. « En présence de ces faits, poursuit le docteur Brosse, peu importe que nos hypothèses les attribuent soit à une concentration anormale du gaz carbonique dans le sang, soit à un changement de l'axe du cœur, soit à une modification de l'ionisation des tissus, soit à des mécanismes combinés ou à d'autres insoupçonnés puisque l'état actuel de nos connaissances ne nous permet pas encore d'envisager la cause de modifications pour nous inhabituelles en tant qu'observation. Quel qu'en soit le mécanisme, ce qui, dans ce cas, est à bon droit stupéfiant, c'est que la chute extrême de voltage se produise précisément lorsque le yogi annonce qu'il va retirer de son cœur l'énergie vitale et que le retour à un voltage normal, ou même exagéré, survienne lorsqu'il déclare contrôler le bon fonctionnement de son cœur. »

Les causes de l'extase

Malgré la description assez précise du phénomène extatique, l'extase reste difficile à expliquer. Deux types de raisonnement sont faux :

— réduire toute forme d'extase à un trouble pathologique et affirmer que l'extase mystique n'est qu'une variante de ces troubles ;
— considérer que l'extase d'un mystique n'a rien de commun avec la physiologie normale d'un individu et qu'elle ressort du surnaturel ou du miraculeux.

L'extase n'est ni une maladie ni une forme de folie ou de trouble pathologique, même si l'on retrouve des formes extatiques chez de nombreux malades. Mais elle n'est pas non plus la preuve de l'authenticité du mystique, ni une preuve de l'intervention divine. Chez les mystiques, elle est incontestablement le résultat physiologique d'un entraînement qu'on appelle oraison chez les chrétiens, et contrôle du souffle chez les yogis (les deux n'étant évidemment pas identiques mais les résultats sur l'état d'extase étant similaires). Dans l'extase mystique, tout sentiment du corps paraît suspendu tandis que l'âme n'a jamais été plus vivante ni l'esprit plus actif.

Si l'état d'extase a longtemps été considéré comme un prodige, il semble qu'on puisse aujourd'hui l'examiner, du moins en ce qui concerne les faits physiologiques, comme un état de contrôle de la douleur.

Or, les mécanismes de ce contrôle nous sont maintenant mieux connus grâce aux récentes découvertes sur la neurochimie du cerveau.

La douleur et les maladies psychiatriques

Quatre maladies psychiatriques sont bien connues pour leur influence considérable sur la douleur, soit pour la faire apparaître par un mécanisme psychologique, soit pour

la concrétiser dans le corps (somatiser). Ce sont : l'hystérie,
la dépression, la schizophrénie et l'hypocondrie.

On appelle hystérie de conversion *une névrose qui est*
caractérisée par une imitation à s'y méprendre des symp-
tômes de maladies somatiques : les paralysies, l'aphonie, la
surdité, la cécité, les anesthésies ou les hyperesthésies. Le
malade « convertit » ses conflits psychiques en douleurs
corporelles. Ces douleurs ont donc une origine hystérique
alors que les organes ou les tissus ne sont pas atteints. Et
l'on remarque que ce sont principalement les sens, les
membres et la peau qui sont sujets à ce genre d'hystérie.

Dans la dépression, il est d'observation notoire que la
douleur est accentuée par l'état dépressif.

Chez certains schizophrènes, on a souvent remarqué
qu'ils ne paraissent pas réagir à des douleurs qui seraient
qualifiées d'intolérables par des gens normaux. Les schizo-
phrènes présentent une insensibilité à la douleur dont
l'explication reste obscure.

Quant à l'hypocondrie, c'est une maladie qui pousse
certains individus à exagérer leurs symptômes en concen-
trant leur attention sur leur santé (malgré les avis médicaux
qui leur prouvent qu'elle n'est pas atteinte). Ce sont des
malades qui « font la tournée » des spécialistes. Mais leur
douleur, dont l'origine est psychique, n'en est pas moins
réelle pour eux.

Le contrôle de la douleur

Notre cerveau fabrique-t-il des substances endogènes capables d'anéantir la douleur ?

La réponse a pris quelques années de recherches avant
d'aboutir à un « oui ».

Le cerveau n'est d'ailleurs pas le seul centre inhibiteur de la
douleur puisque la moelle épinière est, elle aussi, un centre anti-
douleur [1].

---

1. Marc Peschanski : *Biologie de la douleur* (Le Rocher, 1986). Il s'agit d'un petit ouvrage
tout à fait accessible à un lecteur non médecin. M. Peschanski appartient à l'unité de
recherches de l'Institut national de la santé et de la recherche médicale, chargée d'étudier
les mécanismes de la douleur.

Tout d'abord, vers les années 1970-1973, on a démontré que notre cerveau — dans lequel la morphine n'existe pas habituellement — contenait des récepteurs spécifiques pour les opiacés, d'où l'on a postulé l'existence de substances « qui ressemblent à la morphine » (morphinomimétiques) correspondant à ces récepteurs, et qui seraient produites de façon endogène. Les récepteurs opiacés sont distribues le long des structures reliées à la douleur chronique (et non à la douleur aiguë), en particulier l'amygdale et la substance gélatineuse de la moelle épinière (deux régions particulièrement sensibles aux opiacés).

Puis, vers 1975, on est parvenu à isoler dans le système nerveux central des neurotransmetteurs dont la formule chimique est proche de celle de la morphine. Ces substances ont été appelées endomorphines et parmi elles, les enképhalines qui reproduisent les mêmes effets anti-douleurs que la morphine.

En 1977, on découvrit la bêta-endorphine dans la partie médiane de l'hypophyse (plus tard, on découvrit aussi une alpha et une gamma endorphines), ce qui tend à appuyer l'hypothèse de l'existence, à l'intérieur de notre organisme, d'un système complexe régulant ou bloquant la douleur. La bêta-endorphine est un neuropeptide emmagasiné dans diverses substances de notre cerveau comme dans la substance gélatineuse de la moelle épinière (le segment de la moelle est un des premiers systèmes de contrôle de la douleur).

Si l'on injecte de la bêta-endorphine à un rat, il ne présente plus de symptômes de douleur, mais, en revanche, des phénomènes de rigidité cataleptique puis catatonique avec tremblements. Cette bêta-endorphine est un analgésique de longue durée (trente-trois heures dans certaines expériences).

Des observations chez les malades souffrant de dépression, d'anxiété ou de ralentissement psychomoteur, ont montré un taux anormalement élevé de bêta-endorphine.

Il semble donc que, pour un certain type de douleur au moins, notre organisme fabrique des substances anti-douleur et cela, jusqu'à la suppression totale de cette dernière. (Mais la douleur suit plusieurs circuits complexes et cette observation ne concerne pas toutes les formes de douleur).

On a aussi remarqué que la stimulation électrique de certaines zones, par acupuncture par exemple, active la fabrication ou la libération des endorphines. L'acupuncture agirait comme inhibiteur segmentaire (contrôle au niveau du segment de la moelle).

Dans le tronc cérébral, on a trouvé plusieurs structures, en particulier les noyaux du raphé, riches en sérotonine, dont la stimulation à l'aide d'un courant à basse fréquence provoquerait une analgésie profonde par suite d'une augmentation significative de bêta-endorphines.

Ainsi donc, si la résistance à la douleur et l'incombustibilité ne font pas encore l'objet d'explications définitives, il convient d'admettre que les récentes découvertes scientifiques ont relativisé ce qui était autrefois considéré comme phénomènes merveilleux inexplicables. Mais il reste encore bien des points mystérieux...

Le pouvoir de guérir

Pour considérer une guérison comme un prodige, il faut qu'elle soit « inexplicable », ce qui est extrêmement délicat à définir. A première vue, cela paraît pourtant simple : la guérison ne peut être attribuée, en l'état actuel des connaissances médicales, ♪ aucune cause connue. Autrement dit, la cause de la guérison est inaccessible à un savoir déterminé, celui des médecins de la médecine « officielle ». A cette médecine-là, et à juste titre, il faut des critères rigoureux et des preuves. Mais il existe d'autres moyens de guérir et d'autres formes de médecines, des « parallèles » ou des « naturelles », des « psychiques », voire des « médiumniques »... Pour elles, aucune guérison n'est véritablement inexplicable puisque l' « énergie » psychique, sur la nature de laquelle on ne peut guère s'expliquer, est capable du tout... Les deux approches sont à l'opposé, pour ne pas dire inconciliables.

Par ailleurs, une guérison « médicalement inexplicable » n'est pas obligatoirement déclarée « miraculeuse ». La définition du miracle est, elle aussi, fort délicate.

Les guérisons de Lourdes ont l'avantage d'être appuyées sur des dossiers médicaux accessibles à qui veut les consulter, ce qui donne une garantie incontestable de sérieux et répond à des critères cohérents.

Cependant, des guérisons par guérisseur, par médium ou par groupes de prière, ont été effectuées même si les dossiers médicaux sont en général inexistants.

Jeanne est toujours heureuse de raconter sa guérison, et c'est donc bien volontiers qu'elle m'a reçue dans son minuscule appartement parisien du côté de la gare de Lyon. Je lui rendis visite sur la recommandation du docteur de Courteix et après avoir pris la précaution de téléphoner à Lourdes au Bureau des constatations médicales : Jeanne a bel et bien été officiellement classée, par ce bureau, parmi les « guérisons médicalement inexplicables », et reconnue par l'Église comme « guérie miraculeusement ».

Cette guérison a eu lieu le 8 octobre 1948. Il convient donc, en lisant ce témoignage, de le situer dans le contexte médical de l'époque.

Depuis le 22 janvier 1938, Jeanne était couchée, hospitalisée à Rennes, d'où elle est originaire, pour une péritonite tuberculeuse accompagnée de signes de méningite. La tuberculose avait atteint de multiples endroits de son organisme. Trois mois avant sa guérison, elle était dans un état comateux. Son cas était jugé désespéré. A cette époque, la streptomycine existait à peine, aussi n'a-t-elle pu bénéficier de cette médication qui aujourd'hui, la guérirait peut-être. Une année auparavant, Jeanne avait déjà fait un voyage à Lourdes mais, au retour, son état avait empiré, les occlusions se formaient sans arrêt.

Mais puisqu'il n'y avait plus, pour elle, d'autre perspective que la mort à l'hôpital de Rennes, elle accepta de partir pour Lourdes. Mourir pour mourir, autant que ce soit dans ce lieu. C'est dire qu'elle ne se rendait pas à Lourdes pour guérir... Elle avoue elle-même : « Ma guérison était non demandée, mais surtout non méritée. Pourquoi moi ? J'étais croyante mais ça n'a rien à voir. »

L'état d'inconscience dans lequel elle se trouvait le 8 octobre 1948 tandis qu'elle avait été transportée à la messe des malades (inconscience due sans doute à la morphine qu'on lui injectait pour limiter les douleurs), ne lui permit pas de se rendre compte de l'instant de sa guérison. Mais elle a eu un témoin, un dominicain, le père Roques, l'un de ces nombreux aumôniers qui accompagnent les malades. Circulant dans la foule, et passant devant le brancard de Jeanne qu'il ne connaissait pas, il fut touché par cette malade qui vomissait du sang noir par le nez et la bouche, et décida de lui donner la communion. Aidé par une autre personne, il entrouvrit la bouche de Jeanne, déposa sur sa langue un tout petit morceau d'hostie, et referma la bouche.

Instantanément, elle ouvrit les yeux et demanda : « Où suis-je ? ». Il lui répondit qu'elle était à Lourdes, puis continua de distribuer la communion aux autres personnes sans plus se préoccuper d'elle...

« Ma guérison a commencé à partir de cet instant-là, dit Jeanne, au moment où j'ai repris connaissance. C'est une guérison eucharistique. »

La suite s'est passée à la grotte : elle était allongée sur son brancard quand elle a senti qu'on la soulevait sous les bras pour l'asseoir. Elle s'est retournée, n'a vu personne. Elle a alors regardé la grotte et, à nouveau, a senti comme quelqu'un qui lui prenait les deux mains et les posait sur son ventre. En un éclair, son ventre qui était terriblement gonflé a repris un aspect normal. Et immédiatement, elle qui n'avait rien mangé depuis des mois, sauf du lait, car elle vomissait toute nourriture, a eu faim.

Elle qui était alitée depuis onze ans et trois mois, a été reconduite à la salle des malades en position assise. Dans les minutes suivantes, elle a estimé qu'elle pouvait marcher. Malgré l'interdiction de son entourage, notamment du médecin venu l'examiner, elle s'est levée. Elle n'avait pas de vêtements, on lui en prêta. Elle pesait alors 40 kilos (cachexie).

Elle alla se baigner aux piscines et chercha à manger, prise d'une fringale que rien ne semblait pouvoir assouvir. Et qui devait durer plus de 8 jours. Aujourd'hui encore, elle ne comprend pas comment elle a pu absorber autant de nourriture en si peu de temps sans être malade. Tout ce qu'elle a pu trouver, elle l'a dévoré : une affreuse soupe de haricots mal cuits, de la purée, de la viande, du pain et des boîtes entières de gâteaux, du riz, des restes qui traînaient dans les valises des autres malades... Le soir de cette même journée, elle fut convoquée au Bureau des constatations médicales qui multiplia les examens et les observations.

Durant toute la première année qui suivit cette journée, Jeanne resta sous surveillance. Sa maladie fut déclarée « amélioration ». (Il faut en effet que la guérison soit durable pour être déclarée « guérison inexplicable ».)

Quinze mois plus tard, l'Église, après avoir reçu le dossier médical, la convoqua afin d'établir son propre jugement. Commencèrent alors de nombreux entretiens, dont ceux avec l'inévitable « avocat du diable » (qui durent parfois plus de six heures).

Enfin, en 1950, *La Semaine Religieuse* publia le compte rendu signé par l'évêque de Rennes qui, après avoir lu le rapport de la commission canonique, déclara Jeanne miraculeusement guérie.

Les critères de la guérison inexplicable

Ce témoignage nous permet d'examiner les critères exigés par le Bureau des constatations médicales :

a) au niveau de la maladie antérieure, il faut qu'elle soit :
— grave, fatale, menaçant la vie du malade, jugée incurable (c'est le cas de Jeanne qui était condamnée) ;
— organique et non pas fonctionnelle ;
cela afin d'éliminer les maladies « psychosomatiques ». On sait en effet très bien que certaines paralysies, par exemple, ont une origine fonctionnelle, sans lésion d'organe.
— la maladie doit avoir été objectivement décelée par des médecins et prouvée par des examens qui seront communiqués aux fins d'expertise.

b) au niveau de la guérison elle-même, on exige qu'elle soit :
— immédiate, soudaine, imprévisible ;
— totale d'emblée (les améliorations même notables ne sont pas tenues pour des guérisons). Jeanne, par exemple, a repris son travail dès son retour de voyage, sans convalescence. Elle n'a pas eu besoin d'une cure de désintoxication de la morphine. Et ce détail a retenu aussi l'attention des médecins.
— durable. Pour Jeanne, les examens postguérison n'ont duré que deux ans, mais aujourd'hui on exigerait six à huit ans d'observation.

c) au niveau des moyens de traitement :
— s'ils ont pu agir, d'une manière ou d'une autre, si un

traitement a été entrepris, la guérison ne peut être déclarée « médicalement inexplicable ». Cette exigence élimine presque tous les cas contemporains puisque la plus grande part des malades actuels reçoivent un traitement. Aujourd'hui, la tuberculose, par exemple, ne pourrait faire l'objet d'une guérison médicalement inexplicable puisque la médication est efficace et spécifique.

Comment s'effectue le contrôle ?

En plusieurs temps. D'abord, le Bureau des constatations médicales de Lourdes, animé par un médecin permanent, le docteur Mangiapan, regroupant l'ensemble des médecins présents à Lourdes (l'an dernier, il y a eu 2 300 médecins à Lourdes accompagnant 70 000 malades), établit un dossier médical permettant de certifier la maladie antérieure et la guérison. Puis la deuxième instance, le Comité médical international, composé de trente médecins environ, réexamine le cas et désigne un expert. Celui-ci présentera son rapport au Comité convoqué une fois par an à Paris.

Enfin, les conclusions sont portées à la connaissance de l'évêque du diocèse d'origine du « guéri », qui réunit à son tour une commission pour décider si le cas « médicalement inexplicable » est ou non « miraculeux ».

Selon les chiffres que m'a transmis le docteur Mangiapan, 1 300 dossiers ont été ouverts depuis 1947. 57 personnes ont été reconnues guéries par le Bureau des constatations médicales mais 47 seulement à la deuxième instance [1].

Le dernier miracle déclaré

Le dernier en date des cas de guérisons inexplicables concerne une jeune Sicilienne : il a été reconnu « exceptionnel et inexplicable » par les instances médicales en 1982, et c'est tout récemment, le 7 juillet 1989, que l'Église vient à son tour de le reconnaître comme miracle.

Delizia Cirolli est née le 16 novembre 1964. En mars 1976,

---

1. Parmi les nombreux ouvrages parus sur Lourdes, on peut choisir les deux suivants : *Y a-t-il encore des miracles à Lourdes ?* par le docteur Olivieri et Dom Bernard Billet (Lethielleux, 1972 ; ouvrage qui présente 30 dossiers de guérisons de 1949 à 1971), et *Lourdes, miracles et miraculés*, par le docteur Théodore Mangiapan (à demander au Bureau des constatations médicales).

elle a présenté les premiers signes d'une maladie, banale en apparence : un gros genou douloureux. Après des examens radiologiques, elle fut hospitalisée à Catane à la clinique orthopédique de l'université où le diagnostic de tumeur maligne a pu être mis en évidence au moyen d'une biopsie chirurgicale. Devant la gravité de l'affection et le pronostic rigoureusement fatal, des thérapeutiques palliatives furent conseillées (amputation, radiothérapie), que les parents refusèrent. Ils ramenèrent leur enfant chez eux. Quelques semaines après, en juillet 1976, elle put faire, grâce à la générosité des amis qui l'entouraient, un pèlerinage à Lourdes dont elle revint avec un état de santé inchangé.

Vers Noël de la même année, sa vie semblait de plus en plus menacée et ses proches priaient pour elle avec ardeur. C'est alors que les premiers signes d'une guérison apparurent et, très rapidement, elle put reprendre une vie normale.

En 1977, elle revint à Lourdes avec sa mère qui fit connaître cette guérison aux médecins du Bureau médical. Elle fut alors examinée et les éléments de son dossier médical appréciés. Du point de vue clinique, il ne restait qu'une déformation au *genu valgum,* alors que les radios antérieures avaient prouvé qu'une lésion osseuse était en évolution. En 1978 et en 1979, la jeune fille se présenta au contrôle de sa guérison à Lourdes, fut réexaminée par plusieurs médecins et trouvée dans un parfait état de santé. Le 20 juillet 1980, elle a été revue et divers contrôles exécutés.

C'est pourquoi le Bureau médical a publié en 1983 un communiqué dont voici les termes :

— alors que trois ans et demi se sont passés depuis les premières manifestations d'une guérison tout à fait imprévisible d'une tumeur primitive et maligne ;

— dont le diagnostic et le pronostic ne font pas de doute pour une très grande majorité de médecins qui ont pu prendre contact avec les éléments du dossier médical ;

— sans qu'aucun traitement ne puisse être invoqué pour expliquer ce retour à un état normal... ou même pour l'avoir favorisé ;

— devant un tel état de retour à la santé, persistant au-delà de toute attente, et malgré l'évidente déformation du membre inférieur droit, qui signe le caractère lésionnel de la maladie,

le Bureau médical de Lourdes a décidé, à la majorité des

membres présents, de tenir cette guérison « dans les conditions où elle s'est produite et maintenue, comme un phénomène contraire aux observations et aux prévisions de l'expérience médicale, et scientifiquement inexplicable ».

Ce cas sera donc soumis à l'appréciation et à l'étude du Comité médical international de Lourdes.

Dans sa réunion du 26 septembre 1982, les membres de ce Comité, après avoir pris connaissance :

— de l'avis d'une Commission médicale diocésaine, regroupant l'ensemble des médecins traitants de l'intéressée (à savoir une appréciation de cette guérison et des conclusions similaires à celles du Bureau médical, votées à la majorité des deux tiers) ;

— du rapport établi par les docteurs A. Trifaud, de France, et B. Colvin, d'Écosse, et après l'avoir discuté de façon approfondie et exhaustive,

ont admis par un vote quasi unanime que « la guérison, en dehors de tout traitement, vérifiée après six ans d'évolution, de la prolifération maligne de l'extrémité supérieure du tibia droit, dont fut atteinte la jeune Delizia Cirolli, constitue un phénomène tout à fait exceptionnel, au sens le plus strict du terme, contraire à toute observation et prévision de l'expérience médicale et, en outre, inexplicable ».

Une guérison par des voies inhabituelles

Autre exemple de « guérison par des voies inhabituelles » : celle d'un enfant hydrocéphale, David. L'histoire est racontée par sa mère [1]. Elle avait refusé la solution de dernier recours proposée par les chirurgiens : un drain et une valve artificielle pour drainer le liquide céphalo-rachidien, à porter... jusqu'à une issue définitive. David avait alors dix-huit mois. Sa tête, trop lourde, le déséquilibrait sans cesse. Il dormait très peu, vomissait tout ce qu'il mangeait. Après de longs séjours à l'hôpital, aucune amélioration n'ayant pu être apportée, la chirurgie apparaissait comme la seule voie possible.

La mère, Martine Fontaine, et son époux, Guy, entendirent

1. Martine Fontaine : *Une guérison par des voies inhabituelles* (Éd. Québec-Amérique, 1986).

alors parler d'un médium canadien, Ian Borts, aujourd'hui décédé, qui était capable, en état de transe profonde, de communiquer avec des « entités désincarnées », les « speakers », qui effectuaient une « lecture » du cas et indiquaient aux malades des remèdes.

Dans le cas du petit David, les « speakers » décelèrent une faiblesse majeure de la structure génétique. Ils indiquèrent aux parents un traitement long et très exigeant pour éviter le recours à la chirurgie. Ce traitement fut cependant entrepris et il se révéla efficace. L'enfant a retrouvé une parfaite santé et il a aujourd'hui sept ans.

Il est évident que le jeune médium, à peine âgé de vingt ans, n'avait aucune connaissance médicale suffisante ni pour diagnostiquer les détails précis d'une si grave maladie ni pour en indiquer le traitement. Dans un état d'autohypnose tout à fait surprenant (semblable à un sommeil à ondes très lentes, avec des pulsations cardiaques très ralenties, 14 à 15 par seconde et une pression artérielle très basse), il semblait avoir accès à des informations de lui inconnues à l'état normal. D'où lui venait cette capacité prodigieuse ?

Il est clair que ni la psychologie classique ni même la parapsychologie ne peuvent expliquer son étrange pouvoir.

Mais un tel cas de guérison ne doit cependant pas faire oublier que tous les médiums n'ont pas forcément un talent infaillible, qu'il existe parmi eux des charlatans, et parmi leurs adeptes des sots, des naïfs, et surtout des pauvres gens qui ne savent plus à qui faire appel. Toutefois, cette façon de guérir « par des voies inhabituelles » mérite bien qu'on l'étudie de près. Plusieurs médecins ont pu constater que la lecture du « channel » Ian Borts était exacte. La corporation des psychologues du Québec a désigné l'un d'entre eux, le docteur Denise Roussel, nommée médecin-expert au procès qui a opposé Bort à l'ordre des médecins, pour monter un groupe d'études des phénomènes de médiumnité.

Les lectures d'Edgar Cayce

Un autre médium, Edgar Cayce, s'est également rendu célèbre par les guérisons qu'il a provoquées. Et l'on peut rapporter à son sujet, parmi bien d'autres exemples, cette histoire extraordinaire :

Au cours d'une partie de football, un jeune garçon s'était soudain évanoui, sans raison. En revenant à lui, il n'était plus capable de parler, ne réussissant qu'à émettre des sons inarticulés. Sa famille, originaire de Hopkinsville, aux États-Unis, fit appel aux meilleurs spécialistes de New York et de Cleveland. Les diagnostics furent identiques : démence précoce et incurable.

L'un des médecins de cette ville, le docteur Ketchum, avait vaguement entendu parler d'Edgar Cayce, un « voyant » capable de « lire » le corps des malades et de dispenser des remèdes efficaces sans avoir jamais étudié la médecine.

Après maintes hésitations et sans l'avouer à quiconque, le docteur Ketchum décida de se rendre seul chez Cayce pour lui soumettre ce cas qu'il considérait comme désespéré. Le voyant le reçut, s'allongea sur son divan et se mit en légère hypnose. Sur un feuillet, le docteur Ketchum inscrivit le nom et l'adresse du garçon et le transmit à l'assistant de Cayce. L'assistant dit alors au voyant : « Tu as devant toi le corps de M. X, de Hopkinsville. Examine-le et dis-nous ce que tu y découvres. » Cayce demeura un moment silencieux, respirant régulièrement. Puis des paroles se pressèrent sur ses lèvres : « Oh, son cerveau est en feu, il a l'esprit dérangé ; si on ne le sauve pas, il deviendra bientôt définitivement fou ; cela vient de très loin... » Le docteur Ketchum eut alors la confirmation que Cayce diagnostiquait correctement, puisque cette maladie mentale avait été décelée par les autres spécialistes.

On demanda à Cayce quel traitement il conseillait. Il indiqua une formule de produits peu usités mais ajouta qu' « il fallait l'employer à doses massives ».

L'assistant aida le voyant à s'éveiller doucement ; Cayce ne se souvenait plus de rien à son réveil. De son côté, le docteur Ketchum, pensif, se demandait comment cet homme ignorant de la médecine pouvait connaître les noms et les usages des produits qu'il avait prescrits...

De retour dans la ville, le docteur Ketchum se rendit dans une pharmacie, fit composer le remède et le traitement commença. Au début, il n'y eut aucun résultat. Le médecin augmenta donc la dose. Mais rien de visible ne se manifestait. Il tripla la dose jusqu'à la limite de sécurité (ce produit avait des effets secondaires, le médecin le savait). Trois ou quatre semaines passèrent ainsi sans aucun résultat. Le malade était toujours prostré, apathique, le regard perdu...

Puis, un matin, le téléphone sonna chez le docteur Ketchum.

C'était la maman du garçon qui avait entendu son fils parler intelligiblement, pour la première fois depuis un an : « Bonjour, maman. Qu'avons-nous à déjeuner aujourd'hui ? »

A l'époque, Cayce était considéré comme un paria par le monde médical et le docteur Ketchum n'osa pas avouer qui il avait consulté... Mais Cayce était un homme désintéressé et il ne se formalisait pas. Son seul souci était de soulager son prochain.

Ce n'est là qu'un exemple parmi les milliers de « lectures » de santé effectuées par Cayce. Il en fit tant sur la fin de sa vie qu'il mourut épuisé, en 1945. Les guérisons obtenues par ce visionnaire ne peuvent pas être tenues pour « inexpliquées » puisque Cayce préconisait un traitement approprié.

Mais ce qui est prodigieux, ce sont les capacités d'Edgar Cayce. L'accès aux informations médicales lui était ouvert en transe légère ; il « lisait » la maladie comme dans un livre... Edgar Cayce croyait que chaque cellule possède une conscience propre. Sa clairvoyance lui donnait accès à cette conscience cellulaire et lui permettait d'examiner de l'intérieur toutes les parties du corps. Son subconscient entrait en communication avec le système nerveux du patient.

Aujourd'hui, de nombreux médecins reconnaissent le bien fondé de ces « lectures » et admettent les méthodes du voyant qui reste l'un des êtres les plus prodigieux de notre époque.

La prière

La prière à l'intention des malades semble incontestablement avoir une efficacité. Dans toutes les villes de France se forment des groupes de prière pour la guérison des malades. Certains, réunis autour d'un prêtre, sont structurés ; d'autres plus spontanés, nés d'une initiative laïque, sont formés à l'occasion d'un cas dramatique.

Les critères de la guérison, dans ce type de groupes, ne sont pas les mêmes qu'à Lourdes. Il suffit que le malade montre qu'il a été guéri et que ses proches en témoignent. Quelquefois, des médecins participent à de tels groupes ; ils constatent alors une amélioration ou une guérison sans établir de dossier médical. Aucune sorte de maladie n'est *a priori* rejetée, ce qui fait que des maladies organiques aussi bien que des maladies plus psychosomatiques sont considérées sur le même plan. Dans ces groupes, on vient chercher une guérison, mais nul n'y demande d'autres preuves que ce que l'on voit.

A Grenoble, un groupe de prière et de magnétisme pour la guérison a été fondé par Maguy et Daniel Lebrun. Tout a commencé il y a vingt-cinq ans dans le sous-sol de leur maison. Composé au début de quatre ou cinq personnes, le groupe en réunit aujourd'hui plus de quatre cents, une fois par mois, dans une grande salle de cinéma. Maguy Lebrun a fait connaître le fonctionnement et les résultats obtenus par ce groupe dans un livre : *Médecins du Ciel, médecins de la terre*[1]. Elle a, quant à elle, un incontestable don de magnétiseuse, mais c'est son mari, Daniel, qui, semble-t-il, est le médium qui entre en contact avec « des médecins de l'au-delà ». L'un de ces contacts désincarnés, Etty, leur donne des conseils pour les malades qui s'adressent au groupe de prière. On insiste, bien entendu, sur l'absolue nécessité pour les malades de continuer leur traitement médical. Si le groupe se substituait à un médecin, il aurait immédiatement des ennuis... Au cours de l'enquête que j'ai menée en allant plusieurs fois à Grenoble, où je fus fort bien accueillie par les époux Lebrun, je n'ai pu consulter aucun dossier médical ni observer Daniel « en action ». J'ai simplement assisté à une séance de prière. Les guérisons n'étant pas immédiates, je n'ai pas su non plus si tel ou tel malade était guéri. Parmi la dizaine de magnétiseurs qui « officiaient » ce soir-là, il y avait six médecins : un ostéopathe, un dermatologue, un gynécologue, un psychiatre, deux généralistes qui pratiquaient eux-mêmes le magnétisme en compagnie d'autres magnétiseurs : un plombier, une infirmière, un horticulteur, etc. Dans la salle, les participants priaient en silence, sans formule ni rituel, afin que leurs « ondes » positives aident les malades. « Le magnétisme et la prière, m'a expliqué Maguy Lebrun, ne remplacent pas la médecine, ils la complètent en agissant à un autre niveau, en apportant au malade des forces fraîches pour rétablir son bon équilibre vibratoire. »

Dans son ouvrage, Maguy Lebrun cite des cas de guérison jugés « inexplicables » :

« Nous avions dans notre groupe, écrit-elle, une petite fille née avec une anomalie des yeux. Le spécialiste avait dit aux parents qu'elle serait aveugle. Impossible de soigner une telle anomalie par magnétisme. Etty, notre guide spirituel, nous a dit :

---

1. Maguy Lebrun, *Médecins du Ciel, médecins de la terre* (Éd. Robert Laffont, 1987).

" C'est trop triste, nous allons tenter une opération spirituelle. "
Pendant des mois, nous avons attendu le feu vert. La maman a dû
prendre l'enfant nu sur sa poitrine et prier de toute son âme. Une
grande fatigue s'est abattue sur elle. Cécile a maintenant neuf ans,
porte des lunettes teintées, a quelques problèmes de vision, mais
suit une scolarité normale. »

Lucie aussi a été guérie, d'un abcès au rein qui aurait dû être
enlevé. Quant à Jacques, vingt-cinq ans, il a guéri d'un cancer
testiculaire :

« Le professeur lui avait dit que 90 % des cancers comme le
sien guérissaient ; il était confiant ; il s'est cru guéri. Tous les six
mois, il passait une radio, et deux ans après il a été jugé guéri.
Mais un jour, il a ressenti une violente douleur à l'épaule. On a
constaté alors des métastases pulmonaires. Deux taches grosses
comme des mandarines. Nous l'avons pris alors dans notre groupe
de prière sous réserve qu'il continuerait son traitement. Il a
ressenti la force énergétique du groupe. Nous avons prié pendant
dix-huit mois. Il a repris des forces et ses activités. Il a passé alors
une nouvelle radio des poumons : la guérison était totale. »
D'autres malades ont été guéris ou ont vu leur état s'améliorer. Et
quand la guérison n'est pas physique, il y a au moins une guérison
« spirituelle », la paix du cœur, l'acceptation de la souffrance
partagée en groupe.

Des guérisons, il semble qu'il y en ait aussi dans des groupes
du Renouveau charismatique [1]. Ceux-ci ne sont pas expressément
formés pour la guérison des malades, mais, lors des séances de
prière, il y a toujours un moment d'intercession pour ces derniers.
Bien qu'on ne veuille pas exagérer le côté spectaculaire de
certaines guérisons, des exemples m'ont été cités :

« En novembre 1985, raconte Simone S., une amie de ma
fille, Marie-Pierre, a mis au monde son troisième fils : Martin.
Mais, un mois après l'accouchement, elle ressentait toujours une
grande fatigue. Des examens ont été faits : il s'agissait d'un cancer
généralisé. Elle m'a écrit : " Pour moi c'est la fin, je me prépare à
mourir. " Sa lettre m'arrive un mardi matin ; le mardi soir j'allais
justement à la prière. Au moment de l'intercession pour les
malades, je prononce son nom. Après la messe, dans la prière

---

1. Un excellent témoignage d'une infirmière ayant reçu le don de guérison est donné dans
La Prière de guérison par Barbara Shlemon (Pneumathèque, 1978).

commune, l'un d'entre nous a reçu une " parole de connaissance " : " Il y a une jeune femme que le Seigneur est en train de
guérir en ce moment-même, d'une maladie qui touche la formule
sanguine. Elle n'est pas présente, mais une seule personne
présente ce soir la connaît. " Je reçois ce message comme s'il
concernait la guérison de Marie-Pierre. J'attends trois semaines
avant de téléphoner à ses parents. A ma grande joie, ils
m'annoncent que leur fille va bien. Inexplicablement, les résultats
des derniers examens ont été excellents. »

Dans la Drôme, un groupe de prière s'était constitué autour
d'un prêtre pour la guérison d'une jeune femme, Nicole. On priait
surtout Marthe Robin[1], dont on espérait un miracle de guérison.
En février 1986, Nicole, vingt-deux ans, était tombée gravement
malade. Le scanner révéla une tumeur cancéreuse au cerveau.
Enceinte de quelques semaines, Nicole refusa l'avortement,
renonça à une chimiothérapie dangereuse pour l'enfant, et
repoussa l'opération néanmoins indispensable afin qu'il voit le
jour le plus normalement possible.

En juillet, une petite fille, Marie, naît, prématurée mais
normale. On opère alors la maman, mais sa tumeur est si grosse
qu'on ne pratique qu'une ablation partielle. Nicole reste trois
semaines dans le coma. Puis elle retrouve peu à peu l'ouïe, la vue,
la parole, mais ses membres sont totalement paralysés. Sa
mémoire est confuse. C'est alors que le curé de la paroisse et
quelques fidèles organisent une « chaîne » de prières en alertant
plusieurs monastères et prient eux-mêmes avec ferveur. La famille
de Nicole se convertit.

Les chirurgiens et médecins ne cachent pas aux parents que
leur fille est perdue car les deux tiers de la tumeur n'ont pu être
ôtés. La plaie à la tête ne se cicatrisant pas, on tente une deuxième
intervention. Stupéfaction : Nicole vivait avec un os complètement pourri dans la tête. On ne lui donne pas plus de trois mois de
survie.

Cependant, après une troisième opération, en février 1987,
elle peut être transportée dans une clinique de son village. A sa
demande, le curé lui administre le sacrement des malades

1. La mystique stigmatisée Marthe Robin a vécu jusqu'en 1981 dans la Drôme, à
Châteauneuf-de-Galaure. Pour faire avancer sa cause en béatification, plusieurs miracles
devront être attestés et reconnus par l'évêque de Valence.

(l'extrême onction), organise une neuvaine et une veillée de prière à laquelle assistent plus de 120 personnes (dans un village qui en compte à peine 200). Un véritable faisceau de prières entoure la malade. Quelques temps après, on constate qu'elle a récupéré en partie l'usage de la jambe droite, qu'elle a réussi à faire quelques pas dans sa chambre et qu'elle peut déjeuner en famille normalement. Elle demande qu'on la conduise dans la chambre de Marthe Robin. Elle y reste en prière plus d'une heure.

Des examens ont lieu. Ils sont formels : la tumeur s'est inexplicablement résorbée. La jeune fille écrit au pape qui lui répond : « Espérez contre tout. Dieu peut tout. »

La foi qui sauve

Qu'est-ce qu'un miracle ? Selon l'excellente définition d'Olivier Leroy : « Un événement extérieur extraordinaire qui ne s'explique par aucune cause naturelle, connue ou concevable, et suggérant par ses antécédents qu'il y a une cause invisible, personnelle et intelligente [1]. »

Ce qui est véritablement miraculeux dans les guérisons de Lourdes par exemple, ce n'est pas seulement une disparition des douleurs ou l'anéantissement d'une détérioration d'un tissu ou d'un organe. C'est qu'il s'agit d'une véritable restauration. Un organe malade n'a qu'une évolution prévisible : être de plus en plus atteint (sauf, bien entendu, s'il est soumis à des traitements). La guérison miraculeuse renverse ce processus évolutif. L'organe retrouve une totale intégrité, il est « meilleur qu'avant », son fonctionnement n'est pas simplement amélioré, il est parfaitement retrouvé. L'organisme vivant obéit à des lois : le miracle transgresse ces lois naturelles.

Il convient de remarquer un élément permanent dans toutes les guérisons inexplicables : la foi.

Et cela, que l'on croie en Dieu, en son guérisseur et à son « fluide », ou en des entités désincarnées. A la base, il y a une croyance profonde. Si c'est « la foi qui sauve », il faut admettre qu'une certaine disposition psychique peut entraîner une guérison. Mais la source de cette guérison miraculeuse est-elle inhérente à l'esprit ou extérieure à lui ? L'organisme et ses mystères sont-ils la

1. Olivier Leroy : *Miracles* (Éd. Desclée de Brouwer, 1951).

source de la guérison ou existe-t-il une source invisible qui opérerait de manière personnelle et intelligente sur un individu déterminé ? Évidemment, à cette question, il ne peut être apporté d'autre réponse que celle de la foi.

En odeur sublime

Le corps humain serait capable d'émettre une odeur très intense, comparable à une essence de fleur, soit du vivant de l'être, soit au moment de la mort, soit encore en état de cadavre (quand il échappe à la décomposition[1]) sans qu'aucune origine artificielle extérieure ni aucune cause naturelle ne puissent expliquer ce phénomène. Les témoignages nombreux et précis ne peuvent être tenus pour suspects. Une éventuelle hallucination olfactive ne saurait répondre à tous les cas.

Quand ce prodige concerne les mystiques, le parfum est qualifié de « délicieux », « suave », « céleste », mots qui indiquent qu'il est impossible de le comparer dans son intensité à une odeur familière bien qu'il soit souvent identifié à une essence connue.

Ce prodige, attesté depuis fort longtemps chez les mystiques, est répertorié sous le mot *fragrantia* dans les dictionnaires de spiritualité ; le mot fragrance a le même sens que le mot parfum. On utilise aussi l'expression *odeur de sainteté*, et il convient de prendre ces mots au sens littéral et non au sens symbolique. Mourir en odeur de sainteté signifie, pour quelques mystiques, émettre une odeur « surnaturelle » au moment du trépas.

Mais ce phénomène n'est pas réservé au mysticisme. Il se produit aussi, bien que fort rarement, chez des êtres non mystiques, comme chez certains médiums ou certains malades.

Le docteur Hubert Larcher, qui a particulièrement étudié ce prodige, a établi une liste de 480 cas de mystiques odorants, liste incomplète précise-t-il. Cela suffit à montrer que ce prodige est fréquent.

---

1. Voir à ce sujet le chapitre : « Le corps perpétué », p. 203.

Maria Esperanza Bianchini habite, au Venezuela, une fort jolie maison qui surplombe Caracas. Agée d'une soixantaine d'années, c'est une femme élégante, d'une famille aisée, fille de médecin et femme d'industriel. Elle est mère de sept enfants, six filles et un garçon qui sont tous mariés et lui ont donné des petits-enfants. Toutes les familles demeurent ensemble dans cette grande maison et s'entendent parfaitement.

A première vue, Maria Esperanza mène la vie normale d'une mère de famille. Ce n'est pas une personne confite en dévotion, et cependant, elle a été sujette à plusieurs phénomènes mystiques que nous avons pu observer et dont nous avons parlé avec elle [1].

Parmi ces prodiges, il y a celui des parfums : Maria Esperanza émet autour d'elle une intense odeur de rose. Voici le témoignage du journaliste Jean-Pierre Moreau et du photographe Gérard Noël qui l'ont rencontrée en janvier 1989 :

« Le 25 janvier, nous sommes partis pour Betania, lieu des apparitions [2]. La famille était avec nous. Nous étions en tout un groupe de quinze personnes. Pour accéder à ce lieu, on franchit une petite rivière car le pont n'est pas encore construit. Après le repas (nous avions acheté en route des sandwiches et du Coca-Cola), des amis sont venus voir Maria Esperanza. Nous n'avons repéré aucun énergumène parmi ces gens. A un moment, alors que je parlais avec Gérard, celui-ci me demanda : « Tu ne sens pas

---

1. Maria Esperanza a eu des apparitions, elle est stigmatisée, elle a été observée en lévitation, etc.
2. Le dossier sur ce cas a été établi par Mgr Pio Bello Ricardo, évêque de Los Teques au Venezuela, qui a mené l'enquête sur les apparitions de Betenia et les a déclarées « authentiques et à caractère surnaturel » (Instruction pastorale du 21 novembre 1987). Mgr Bello Ricardo est jésuite, docteur en psychologie, professeur à l'université de Caracas. Il nous a lui-même accompagnés chez Maria Bianchini. Très averti des phénomènes mystiques, il a interrogé plus de 500 témoins oculaires et a constitué un dossier abondant en témoignages sérieux.

l'odeur de rose ? » Je ne sentais rien puis, tout d'un coup, cela s'est mis à sentir fortement l'odeur de rose. Je précise qu'il n'y a évidemment aucun rosier sur place, la rose n'étant pas une fleur du Venezuela... Tous les participants la sentaient aussi. Maria Esperanza s'est levée, nous nous sommes mis en cercle, elle a dit une prière et s'est approchée de chacun de nous. Elle a posé ses mains sur nos épaules et nous a soufflé son haleine sur le visage : son haleine sentait l'essence de rose. Le tour terminé, elle a continué à parler et, pendant ce temps, l'odeur persistait. Ce phénomène était, paraît-il, fréquent chez elle, ceux qui étaient là l'avaient senti plusieurs fois. Nous, nous étions novices... et en quatre jours nous en avons été témoins quatre fois. Cette soirée-là s'est terminée tard, son mari et elle nous ont raccompagnés à notre hôtel qui était distant d'une vingtaine de kilomètres de leur maison. Ce soir-là, il ne s'est rien passé. Mais le lendemain, à exactement 10 h 25 du matin, dans ma chambre, j'ai senti une très forte odeur de rose. J'ai appelé Gérard Noël et tous les deux nous avons constaté qu'il s'agissait de la même odeur que celle de la veille. Ce n'est pas l'odeur de la *fleur* rose : c'est l'odeur de l'*essence* de rose. J'ai demandé à Maria Esperanza comment elle expliquait ce prodige : elle m'a répondu que c'était une grâce spirituelle donnée par la Vierge Marie dans un but spirituel. Maria Esperanza émet toujours le même parfum, jamais de parfum désagréable. Elle m'a d'ailleurs prévenu que je sentirai ultérieurement le parfum des roses et celui des lis. »

Un phénomène identique a été également attesté pour le padre Pio[1]. Le témoignage du père Auvray, témoin oculaire qui a déposé sous serment dans le procès de béatification en cours, est, sur ce point, très précis[2].

« Ce que j'ai d'abord vérifié comme prodiges auprès du padre, ce sont les parfums. Je vous raconte ici une histoire personnelle qui ne figure dans aucun livre : j'avais loué une chambre dans une petite pension de famille qui n'était pas chauffée — ce détail a son importance. Je n'allais pas à la messe de 6 heures tous les matins parce que j'étais trop faible. Un jour, en

---

1. Capucin italien, né en 1887 à Pietrelcina, mort en 1968 à San Giovanni Rotondo. Les meilleures sources le concernant sont : *Le Vrai Visage du padre Pio* par Maria Winowska (Bibliothèque Ecclesia, 1955) ; *Padre Pio, vie, œuvre* (La Table Ronde, 1966), et *Padre Pio le crucifié* (Nouvelles Éditions Latines, 1971) par Ennemond Bonniface ; *Les Mystères du padre Pio* par Lesourd et Benjamin (France Empire, 1969).
2. Les propos suivants sont extraits de l'interview qu'il a bien voulu m'accorder.

rentrant dans ma chambre, je sens un parfum. Je m'étonne et cherche des fleurs qui n'existaient évidemment pas... Le deuxième jour, je ressens le même parfum, très agréable. Le troisième jour, le même parfum se manifeste. J'étais surpris et agacé. J'appelle le garçon de la pension et lui demande de monter dans ma chambre : " Luigi, qu'est-ce qui se passe pendant que je ne suis pas dans ma chambre ? Des femmes viennent chez moi et laissent leur parfum ? " Il se met à rire et dit : " Mais non, c'est le padre, il vous aime bien ! " Vers 5 heures du soir, nous respirons tous deux la même odeur d'encens. C'était l'heure du salut du saint sacrement. La signification de ce parfum d'encens était claire : c'était un rappel ! Après, j'y suis allé tous les jours. Et cela pendant quinze jours. Tous les jours, j'ai eu des parfums du padre Pio dans ma chambre, et qui changeaient quotidiennement.

— Voulez-vous dire que le padre Pio pouvait choisir le parfum qu'il envoyait ?

— Tout à fait. Sur la signification des parfums, il y a eu beaucoup de discussions, mais il y a unanimité sur deux points : quand on avait le parfum du tabac, cela voulait dire qu'il fallait prendre patience. Quand on avait l'odeur de pharmacie, il fallait aller se confesser.

— Les parfums n'étaient donc pas spécialement agréables et merveilleux ?

— En effet. Les parfums étaient ajustés à chaque situation comme un langage. Ces deux odeurs exceptées, les autres parfums vous apportaient un tel plaisir qu'ils poussaient véritablement à se « convertir » et donnaient un grand courage. Je voudrais vous raconter une autre anecdote personnelle : je connaissais un médecin, le docteur Mellilo, qui venait de Milan tous les mois pour des opérations de chirurgie plastique. Nous étions très amis. Un jour, il a demandé au padre ce que signifiaient les parfums qu'il lui envoyait. J'ai noté la réponse du padre : " Quand je t'envoie un parfum, cela veut dire que tu dois faire attention soit en voiture soit lors d'une opération. " Un jour, faisant étape à Milan, j'allai chez ce médecin et nous discutâmes à nouveau de ce sujet. C'était un scientifique et j'ai moi-même l'esprit critique. Nous nous demandions surtout comment le padre, qui était submergé de travail et de visites, de 3 heures du matin à 11 heures du soir, pouvait savoir que, à 800 kilomètres de là, le docteur avait besoin d'être averti à tel moment précis. La conclusion s'imposait : il disposait, à l'évidence, d'un pouvoir supérieur.

— Il envoyait donc des parfums à distance ? Ils n'émanaient donc pas de son corps ?

— Non. Le docteur Mellilo ressentait des parfums toujours au moment exact et à distance. Je puis vous donner encore un exemple rapide. Un jour, lors d'une autre étape à Milan, un avocat me présente des gens qui souhaitaient me parler du padre. Ils habitaient à Bolzano, près de la frontière allemande. L'homme n'était plus pratiquant. Sa femme s'était procuré la traduction du livre de Marie Winoska, *Le Vrai Visage du padre Pio,* dans lequel il y a un chapitre sur les parfums. Ils prenaient leurs vacances à Rimini, et le mari, ayant parcouru le livre et agacé par ce chapitre auquel il ne portait aucun crédit, le jeta à la mer. La femme, cependant, décida son mari à la conduire à San Giovanni Rotondo auprès du padre Pio, et, comme « par hasard » (je mets cela entre guillemets), un frère lui proposa de faire bénir sa voiture par le padre. A l'heure convenue, il la rentra dans le jardin du couvent, et, la voiture étant bénie, le padre s'en alla sans dire un mot.

« L'homme décida, pour pouvoir parler au padre, de se confesser. Le padre lui dit : " Tu auras l'absolution dans trois mois si tu reviens. " Le monsieur, furieux, se met en colère et le padre lui montre la porte en lui disant " Via ". Il part sur-le-champ, récupère sa voiture et démarre en trombe. A 200 mètres de leur hôtel, la voiture est soudainement remplie de parfums alors que sa femme n'en met jamais. Ils doivent se rendre à l'évidence : ces parfums sont un signe du padre Pio. Ils décident de remettre leur départ pour connaître la signification du parfum. L'homme se place sur le passage du padre et l'interroge. Le padre lui met le main sur la poitrine et lui dit : " Il t'en faut, des choses, pour te faire croire ! " »

— Et, après sa mort, ces parfums continuèrent-ils, ou se sont-ils produits seulement de son vivant ?

— J'ai senti moi-même ces parfums après sa mort, dans la crypte, plusieurs fois. Mais plus maintenant. Comme le disait le padre au docteur Mellilo : " Les parfums, c'est des bonbons. Vient un temps où l'on n'en a plus besoin. " »

Le prodige de l'odeur sublime, sans être jamais expliqué, a été de nombreuses fois remarqué[1] et, parmi les mystiques

---

1. Thurston relate une grande partie des cas répertoriés dans l'histoire hagiographique : Catherine de Ricci, Marie-Françoise des Cinq Plaies, Marie des Anges, etc.

français, on peut citer Agnès de Jésus, prieure du couvent de Langeac. Nous possédons des documents remarquables sur ses prodiges[1]. Elle émettait un parfum merveilleux aussi bien de son vivant qu'après sa mort. Dans sa biographie, il est précisé que l'évêque de Saint-Flour, Mgr Joachim Joseph d'Estaing, illustre prélat, reconnaissait « avoir senti une odeur des plus délicieuses qui sortait du corps de la mère Agnès lorsqu'il alla la visiter en présence d'illustres personnes de son diocèse, la 2e année de son épiscopat ». Quelquefois, quand elle communiait, des « vapeurs très odoriférantes[2] » sortaient de sa bouche. Sa chambre était fréquemment embaumée. De nombreuses personnes — la biographie précise « des profanes de marque et des hommes de science » — ont attesté ce prodige. Après sa mort, en 1634, ces manifestations odorantes furent surtout remarquées autour de sa tombe. Certaines personnes les sentaient, d'autres pas. La senteur n'était donc pas perceptible pour tout le monde en même temps.

La grande extatique de Beaune, Marguerite Parigot[3], sujette elle aussi à d'autres prodiges, exhalait par la bouche une odeur exquise, odeur qui imprégnait ses vêtements. Les médecins en tirèrent une conclusion pour le moins étonnante : ils attribuèrent son mal à quelque « amas de mauvaises humeurs dans le cerveau »... et elle fut trépanée[4] !

La jeune sœur du Carmel de Pau, Marie de Jésus Crucifié[5] visionnaire et lévitante (examinée très sérieusement sur ordre de

---

1. La *Vie de la mère Agnès de Jésus*, établie par deux auteurs, Lantages et Luçot, parut en 1863. Ce cas est particulièrement intéressant car il offrait de nombreux prodiges mystiques (lévitation, télékinésie, hyperthermie, bilocation...).
2. Selon l'expression de Jérôme Ribet, auteur d'une importante étude : *La Mystique divine distinguée de ses contrefaçons diaboliques et des analogies humaines* (accessible en bibliothèque), parue en 3 tomes entre 1879 et 1883. Le chapitre sur l'odeur mystique se trouve dans le tome II, p. 515. Il étudie aussi les « liqueurs balsamiques » c'est-à-dire les huiles odorantes qui semblent couler du corps.
3. Marguerite Parigot (en religion : Marguerite du Saint Sacrement) née à Beaune en 1619, morte en 1648. Les mentions sur son cas se trouvent dans Goerres : *La Mystique divine, naturelle et diabolique* (1854, accessible en bibliothèque) et dans Imbert-Gourbeyre : *La Stigmatisation* (1894, accessible en bibliothèque).
4. Cité dans Goerres : *La Mystique divine, naturelle et diabolique*, tome V, p. 218.
5. Les sources la concernant figurent dans les diverses biographies qui lui ont été consacrées : *Vie de sœur Marie de Jésus Crucifié* par Denis Buzy ; *Pensées de la Sœur...* édition établie par ce même Buzy ; Imbert-Gourbeyre la mentionne dans *La Stigmatisation* tome I, pp. 543 à 557 ; Olivier Leroy dans son ouvrage sur la lévitation, et Thurston p. 280. Elle a été canonisée en 1983.

l'évêque Mgr Lacroix), mourut en 1878 à Béthléem. A son propos, l'un de ses biographes, le père Estrate, écrit :

« Depuis la mort de la sœur, plusieurs carmélites, soit à Bethléem, soit à Pau, ont senti des parfums d'une suavité toute céleste dans plusieurs endroits de leur monastère. Cela nous rappelle que, pendant sa vie, ces mêmes parfums délicieux s'exhalèrent à plusieurs reprises du corps de la sœur. »

Quelles sont donc les caractéristiques de cet étrange parfum ?

— il est *délicieux* le plus souvent. Mais le parfum n'est pas toujours identifié. Les témoignages manquent parfois de précision ou les témoins ne parviennent pas à identifier le parfum. On a évoqué l'odeur de violette, de rose, ou de lis ; plus rarement, celle du musc, de l'encens, de l'ananas ou du tabac frais ; une fois ou l'autre, la canelle, l'iris, le gingembre, le jasmin, l'oranger, l'œillet, l'ambre jaune, le baume du Pérou... Parfois, ces parfums se trouvent en association :

— il est *intense :* l'odeur ne ressemble pas à celle qu'on respirerait sur une seule fleur, ni à celle d'un bouquet dans une pièce, mais à l'extrait de la fleur, à son essence :

— il est *tenace :* alors que le parfum est par nature volatile, ce parfum-là « tient » fortement : les vêtements en sont imprégnés pour longtemps ; les objets qui ont appartenu au mystique aussi ; les mains qui ont touché le corps du mystique conservent elles aussi l'odeur ;

— il se *manifeste à distance,* ce qui n'est pas le moindre des mystères de ce prodige. Tout se passe comme si le mystique « émetteur » de ce parfum était capable de le reconcentrer à l'extérieur de lui-même et de le projeter à distance...

— il est *persistant* dans le temps : Jérôme Ribet[1] mentionne quelques chiffres impressionnants : « L'odeur de sainteté » aurait été vérifiée juridiquement lors de la « reconnaissance des restes » (exhumation du cadavre) : 15 ans après la mort pour Rose de Lima, 27 ans après pour Thomas de Villeneuve, 200 ans pour Thérèse d'Avila...

Il convient cependant de souligner qu'à l'époque des martyrs, on pratiquait fréquemment l'embaumement des morts.

---

1. Jérôme Ribet : *La Mystique divine,* p. 515.

Les stigmates odorants

Il faut signaler que les stigmates, eux aussi, peuvent être odorants... Le phénomène a été constaté plusieurs fois. Le fait est cité pour Lucie de Narni (pour laquelle les observations scientifiques sont bien établies), pour Lidwine de Schiedam (J. F. Huysmans en parle dans la biographie qu'il lui consacre), ou pour Marie Françoise des Cinq Plaies. Et, évidemment, pour le padre Pio.

« Les stigmates, lorsqu'ils sont parfumés, écrit le docteur Hubert Larcher, posent le problème de l'origine sanguine possible des parfums. Certains parfums émis par les émonctoires naturels sans lésions pourraient fort bien, d'ailleurs, avoir la même origine. Dans le cas du père Pio, c'est bien au sang lui-même que paraît lié le parfum[1]. »

Les deux rapports médicaux, des docteurs Festa et Romanelli, mentionnent en effet ce prodige. Festa raconte comment, ayant prélevé un morceau du linge taché de sang du padre Pio, et l'ayant emporté dans sa voiture, ses compagnons de voyage sentirent une odeur prononcée, analogue, assurèrent-ils, à celle qui émanait du corps du padre lui-même. A Rome, par la suite, et pendant assez longtemps, ce linge conservé dans un placard de son bureau remplissait la pièce d'effluves. Si bien que les malades l'interrogaient sur l'origine du parfum. Quant au docteur Romanelli, il écrit :

« En juin 1919, lors de ma première visite au padre Pio, un parfum très violent me monta aux narines... J'en ai conféré avec plusieurs savants, ils ont été unanimes à déclarer que le sang ne peut émettre de parfums. Celui qui suinte des stigmates du padre Pio en a un cependant, bien caractéristique, et le garde, même coagulé ou séché sur un vêtement. C'est contraire à toutes les propriétés naturelles du sang, mais, qu'on le veuille ou non, c'est un fait d'expérience[2]. »

---

1. Le docteur Hubert Larcher, directeur de l'Institut métapsychique international (à Paris, 1, place de Wagram) a écrit un savant ouvrage sur les mystères du sang liés aux prodiges mystiques : *Le sang peut-il vaincre la mort ?* (Éditions Gallimard, 1961). Cet ouvrage reste d'une lecture indispensable pour comprendre en détail les processus de la formation des odeurs.
2. Rapporté dans l'ouvrage d'E. Boniface, *Padre Pio, vie, œuvre.*

Les possibilités d'explications naturelles

La pratique de l'embaumement invite à se demander si les parfums qui semblent émaner du corps du mystique n'ont pas — tout simplement — une origine naturelle? La question ne peut évidemment être éludée [1], et avant d'envisager une intervention « surnaturelle », une « grâce » comme disent les mystiques, il convient d'examiner en détail d'autres possibilités. Ce à quoi s'est livré le docteur Hubert Larcher auquel j'emprunte, avec son autorisation et en les résumant, les éléments suivants :

— certains parfums pourraient venir du mode de sépulture, surtout pour les cas anciens. On sait que l'usage antique d'embaumer les morts et de les parfumer d'aromates, était courant. Mais, cette pratique ayant cessé, rien n'explique les cas plus récents ;
— certains parfums pourraient provenir d'autres substances odoriférantes avec lesquelles le mystique serait en contact (le tabac s'il fume, l'encens s'il célèbre la messe, etc.) ;
— le sujet peut également avoir ingéré des substances médicamenteuses qui se seraient transformées en odeurs agréables : la térébenthine, par exemple, que l'on donnait aux malades souffrant d'anurie, parfumait les urines d'une odeur de violette. Le docteur Dumas, très prévenu contre les prodiges mystiques mais ayant cependant étudié en détail « l'odeur de sainteté [2] », aurait établi ce fait pour Catherine de Ricci. Mais ceux qui souffrent d'anurie ne sentent pas forcément la violette ; la relation de cause à effet ne peut donc être établie.

Autre possibilité : ces parfums ne pourraient-ils être émis par les organes internes du mystique? Hubert Larcher propose d'examiner, après le rôle des reins, celui des poumons, de la peau et du sang.

Les poumons pourraient, en effet, être source de bonnes

---

1. Dans son traité (en latin) fixant les principes de la canonisation *De Servorum Dei Beatificatione*, le pape Benoît XIV écrit à propos des parfums : « Quand on nous propose un pareil miracle, nous devons nous renseigner avec soin sur la bonne foi du promoteur (de la cause), rechercher si le corps n'a pu être oint de parfums, d'aromates, d'onguents, nous informer également du bois sur lequel il a été déposé, des fleurs et des herbes qui ont été dans la chambre ou près de la chambre. »
2. Le docteur Georges Dumas, rationaliste intéressé par les phénomènes parapsychologiques et mystiques, a publié dans la *Revue de Paris* (nov. 1907, p. 537) un article sur « L'odeur de sainteté » (cité par Larcher dans *Le Sang*).

odeurs. Les malades souffrant d'acétonémie ont une haleine et des urines parfumées (agréable odeur de pomme). Certains sentent si fort que l'odeur devient entêtante et oblige à ouvrir les fenêtres, des cliniciens l'ont observé.

Il semble que certains cadavres de diabétiques atteints d'acétonémie et dont le sang contenaient de grandes quantités d'acétone, sentent bon. Est-ce à cause d'une combustion incomplète des sucres ?

Hubert Larcher émet cette hypothèse : « Il n'est pas impossible qu'une odeur de rose puisse provenir d'un poumon tuberculeux : en effet, l'absolu de bacille de Koch rappelle singulièrement cette odeur, et l'on sait que Thérèse de Lisieux (dont on dit un peu trop hâtivement qu'elle n'était le sujet d'aucun prodige) était phtisique. Cependant, la relation de cause à effet est loin d'être établie. »

Maria Esperanza Bianchini, du Venezuela, qui émet un parfum de rose, avait souffert dans sa jeunesse d'une très grave broncho-pneumonie qui faillit l'emporter.

La peau, tout entière ou par endroits, peut, elle aussi, devenir odoriférante ; on sait d'ailleurs combien elle est un excellent fixateur de parfum. Plusieurs médecins ont remarqué que certaines affections du système nerveux modifiaient l'odeur de la transpiration. Et il est exact que la sueur dépend du système nerveux comme les autres sécrétions. Certains malades, pendant des crises de colère, de *delirium tremens*, d'hystérie, etc., dégagent des odeurs d'ananas ou de violette. Ces odeurs résistent aux lavages et augmentent par frictions. Elles sont dues à des éthers ou à des alcools.

Mais, nous l'avons vu, le sang pourrait jouer un rôle déterminant. Les stigmates résistant à l'infection sont fréquemment odorants, alors que les plaies ordinaires sont plutôt malodorantes dès qu'elles s'infectent. Mais ce ne serait pas la plaie stigmatique elle-même qui serait odorante, ce serait le sang. Encore une fois, cela est de l'ordre du prodige et donc inexplicable car, normalement, le sang ne dégage pas d'odeur parfumée.

Il faudrait alors admettre l'hypothèse suivante : le sang opérerait la synthèse des substrats chimiques odoriférants. Mais les connaissances de la chimie des mélanges sanguins sont encore trop récentes pour étayer cette thèse. Et, ainsi que le souligne le docteur Larcher, « nous ne savons rien de la formation des substances odoriférantes dans le corps humain ».

On pourrait encore penser que ces parfums ne sont qu'une illusion : le témoin, informé que le mystique émet un parfum, croit le sentir et finit par s'en convaincre. Il s'agirait d'une illusion olfactive produite par autosuggestion. Le docteur Romanelli a évoqué cette possibilité quand il lui a été demandé d'examiner le padre Pio :

« Il ne peut être question d'une autosuggestion. D'abord personne ne m'avait jamais parlé de ce phénomène, et puis, en cas d'autosuggestion, j'aurais dû sentir cette odeur tout le temps ou plus d'une fois, et non pas à un si long intervalle. Je le déclare loyalement, car on est d'habitude par trop enclin à attribuer à la suggestion les phénomènes difficilement explicables. »

L'indice d'une mutation

Les parfums sont dus à des substrats tels que alcools, éthers, aldéhydes, cétones, phénols, etc., dont la nature chimique est connue des spécialistes. L'étude de l'action de ces substrats sur la physiologie humaine est complexe. Soulignons cependant trois points qui intéressent notre sujet :

— les odeurs ont un rapport avec la suppression de la douleur. Certains substrats chimiques ont été identifiés comme sédatifs puissants. Ils agissent sur les centres sensoriels, supprimant la sensation de douleur. Or, on sait que les mystiques, notamment en extase, sont insensibles à la douleur.

— les études de pharmacologie ont montré que certains corps sont antipyrétiques et agissent sur les centres de la température. Or, certains mystiques atteignent des températures extrêmes, preuve que leurs centres thermorégulateurs sont modifiés.

— enfin, ces mêmes corps ont un effet tétanisant. Or, de nombreux mystiques, surtout stigmatisés, souffrent de tétanie ou de paralysie des membres.

Les rapprochements odeur-température-paralysie-extase ne sont donc pas dénués de fondement.

On observe que l' « odeur de sainteté » n'est pas un prodige isolé : elle est liée à d'autres phénomènes ou à d'autres prodiges. Cette observation tend à appuyer la thèse selon laquelle les mystiques jouieraient d'un métabolisme profondément modifié.

« Ces substances, conclut le docteur Larcher, sédatives,

narcotiques, hypnotiques, anesthésiques, antithermiques, ou au contraire excitantes, convulsivantes, caustiques ou toxiques, ne doivent pas manquer d'exercer les effets les plus divers selon leurs proportions et combinaisons lorsqu'elles se trouvent dans le sang d'un vivant. »

Mais cette analyse peut-elle s'appliquer à l'état corporel d'un mystique ? Autrement dit, la présence inhabituelle dans l'organisme ou dans le sang des substances chimiques analogues aux essences parfumées suffirait-elle à créer un état physique différent et les « prodiges » qui l'accompagnent ?

Ou bien, faut-il envisager que l'union au divin provoque un état d'âme spécial — ce dont nul ne doute — qui soit le déclencheur d'une chimie très particulière du sang et d'une mutation prodigieuse du corps ?

Reste à expliquer la « projection » de parfums à distance...

A moins de nier la valeur de tous les témoignages, il faut bien reconnaître qu'il s'agit là d'un véritable prodige.

Le dédoublement

Se trouver en même temps à deux endroits à la fois porte le nom de *bilocation.* C'est la possibilité de se transporter instantanément en un endroit alors qu'on est vu en même temps à un autre. Mais, en ajoutant une nuance, c'est aussi se trouver à un endroit de façon inexplicable suite à un déplacement matériellement impossible. Dans les récits du XVIIe et du XVIIIe siècle, on utilise le mot « translation ». Dans ce chapitre, j'étudierai aussi un autre prodige, celui de *l'invisibilité,* car il n'est pas sans rapport avec la bilocation. Ne plus se trouver là où l'on vient d'être vu est également inexplicable.

Dans certaines biographies, notamment pour les soufis, on trouve le mot « ubiquité » qui est le don de se trouver partout à la fois (multilocation). Il semble qu'être « partout » à la fois n'intéresse pas les mystiques qui ne se déplacent pas pour leur plaisir mais pour une mission spirituelle. Le mystique se sent habilité à une « sortie psychique » dans un but spirituel déterminé. Tandis qu'une part de lui reste « inerte » en un lieu, l'autre est active ailleurs.

Y a-t-il véritable dédoublement ou s'agit-il d'une vision perçue par les témoins ? Comme on étudie aujourd'hui attentivement les « sorties hors du corps » (OOBE, Out Of the Body Experiences), une comparaison avec le dédoublement qui s'opère en bilocation permettra de souligner les rapprochements et les divergences.

Les cas les plus probants, ceux où les témoignages sont les plus solides, concernent des mystiques dont l'extase fait penser à un état de mort apparente, qu'ils soient simplement en extase, ou qu'ils soient en effet sur leur lit de mort.

Agnès de Langeac était un jour en extase et elle « resta comme morte pendant 24 heures ». C'est pendant ce laps de temps qu'elle serait apparue à M. Olier, à Paris, tandis que son corps restait bien visible à Langeac. Le cas est intéressant, d'abord parce qu'Agnès de Langeac était une grande mystique à prodiges (hyperthermie, parfums, jeûne absolu, incorruptibilité du cadavre), ensuite parce que nous possédons sur cette bilocation des documents remarquables. M. Olier était un homme qui jouissait à son époque d'une grande réputation intellectuelle et spirituelle. Quand il vit Agnès à Paris, il crut tout naturellement qu'il avait une vision. Et pour s'assurer de la réalité de cette « visite », il se rendit quelques jours après à Langeac. Nous avons donc là le récit d'un homme pour qui la « translation » (la bilocation) de la mère Agnès exigeait des preuves. En voici le récit :

« M. Olier se présenta au parloir. La mère Agnès vint lui ouvrir et, le voile baissé sur le visage, commença à lui parler. Olier, voulant savoir si elle lui était apparue, la pria de lever son voile, ce qu'elle fit. " Ma mère, lui dit-il, je vous ai vue ailleurs. " " Cela est vrai, vous m'avez vue, répondit-elle, deux fois à Paris où je vous ai apparu dans votre retraite de Saint-Lazare parce que j'avais reçu de la Vierge l'ordre de prier pour votre conversion. " » Cette bilocation fut très discutée au sein de la sacrée congrégation chargée de la cause en canonisation de la sainte, mais elle fut finalement démontrée indubitable (même si l'on admet une part d' « embellissement »). On recueillit au procès d'Agnès de Langeac quatre-vingts dépositions qui allaient dans ce sens. Retenons cette mention : elle paraissait morte.

En sommeil ou en rêve

Alphonse de Liguori a affirmé être allé assister à Rome le pape Clément XIV sur son lit de mort alors qu'il est resté au palais épiscopal avec son vicaire général. C'était un 21 septembre. Alphonse, coutumier de fréquentes extases, était immobile dans son fauteuil, abattu, sans mouvement ni parole. Il resta ainsi tout le jour et toute la nuit, sans donner signe de vie. Le lendemain, quand il reprit ses sens, il prononça ces mots : « Vous pensiez que je dormais, mais non, j'étais allé assister le pape qui vient de mourir. » Or, on apprit quelques jours plus tard que le pape était mort en effet ce 22 septembre à cette heure-là. Les paroles d'Alphonse de Liguori ne furent pas prises à la lettre, ni par la sœur Agathe présente à ses côtés qui avoua avoir eu envie d'en rire, ni par le procurateur de la Foi — l'avocat du diable — à son procès de canonisation pour qui cette extase n'était qu'un sommeil, et cette bilocation un rêve. Aussi argumenta-t-il lors du procès : « Cette immobilité prolongée ne prouve nullement un état extatique mais simplement une grande faiblesse physique... Ce sommeil provenait d'un état morbide... Quant aux paroles prononcées au moment du réveil, elles expriment les rêveries d'un malade. Il [Alphonse] connaissait parfaitement l'état du pontife romain... Il n'est donc pas étonnant que, pendant ces deux jours de léthargie, il ait rêvé qu'il assistait Clément XIV à ses derniers moments et qu'à son réveil il ait pris son rêve pour une réalité. Ce réveil et l'annonce de la mort du pape à l'heure même où Clément XIV expirait n'est qu'une coïncidence fortuite... »

On constate une fois de plus la prudence et l'esprit critique des membres de l'Église officielle dans les procès avant d'admettre les prodiges. Néanmoins, dans toutes les biographies d'Alphonse de Liguori, cette bilocation est mentionnée sans être mise en doute. Mais comme personne parmi ceux qui veillaient au chevet du pape n'a vu le mystique, elle me semble douteuse, et l'on parlerait plutôt d'une « assistance spirituelle ».

Un jour qu'Antoine de Padoue prêchait dans l'église Saint-Pierre-du-Queyroix, à Limoges (d'autres versions mentionnent Montpellier ou Toulouse), il se souvint tout à coup, au début de son sermon, qu'il était attendu pour chanter l'alleluia dans la chapelle d'un monastère. Il mit alors son capuchon « s'inclina comme pour dormir » sur le pupitre de la chaire, et demeura longtemps dans cette attitude. Les fidèles le croyant indisposé ou en extase attendirent. Quand son alleluia fut chanté, il reprit ses sens, se découvrit la tête et continua son sermon dans la cathédrale. Les fidèles de cette église ainsi que les membres du monastère attestèrent tous l'avoir vu à la même heure. Mais les premiers précisent « en extase ».

Le récit des « voyages »

Quant à Jeanne-Marie Bonomo (de Bassano en Italie), son cas est intéressant car elle relate elle-même des détails de ses « voyages ». Elle se trouvait, pendant ses extases, transportée dans des lieux éloignés, adressant la parole et donnant des conseils à certaines personnes qui en éprouvaient le besoin et qui attestèrent l'avoir vue et entendue alors que les religieuses de sa congrégation affirment qu'elle n'avait pas quitté sa cellule. Les témoins des endroits où elle se rendait ont donné des descriptions précises de son visage, de sa taille, de sa manière de parler. Quant à elle, elle rapporte dans ses notes « qu'elle ne sait pas " en sûr ", quand il lui semble parler à une personne éloignée, si cette dernière l'entend ou ne l'entend pas » (nous reviendrons sur ce détail au moment d'examiner les récits des « voyages hors du corps »).

Dans une de ses lettres à une dame noble de Vicence, Jeanne-Marie décrit avec précision le monastère bénédictin de Saint-Pierre, la disposition des bâtiments, leur aménagement intérieur, alors qu'elle n'y a jamais pénétré. Elle fait allusion à trois visites qu'elle aurait rendues à cette dame moniale bien qu'elle n'y fut jamais allée corporellement. Ces éléments sont mentionnés dans son procès — preuve que l'Église les a jugés suffisamment fondés sur des témoignages irréfutables. De nombreuses personnes affirment l'avoir vue communier dans les grands sanctuaires européens et en Palestine (le prêtre du lieu l'atteste), alors qu'elle ne bougeait pas de son monastère italien. Elle-même, dans ses notes, écrit : « Je fus certaines fois en esprit à Milan ou à Rome... Comme il plaisait au Seigneur de me mener. »

Mais cet « esprit-là » était bel et bien perçu comme un « corps » par des témoins.

On peut regretter qu'il manque dans tous ces récits des preuves tangibles, des objets qui auraient été offerts ou laissés, des lettres ou des effets personnels, bref des éléments concrets qui accréditeraient les témoignages.

Il semble que la bilocation puisse donc s'opérer dans divers états : en état « apparemment » normal, en état d'extase, en état de mort apparente. Mais il faut bien avouer que, dans les récits, la description exacte de ces divers états est assez imprécise. Il ne faut jamais oublier que la biographie d'un mystique n'est pas destinée à servir d'enquête scientifique...

La mort imminente

La bilocation pourrait avoir un rapport avec ce que l'on appelle aujourd'hui les NDE (en anglais Near Death Experiences : expériences de mort imminente) c'est-à-dire l'expérience d' « être mort » et de revenir à la vie.

Évidemment, dans les siècles passés, on n'établissait pas la comparaison. Jérôme Ribet, au xixe siècle, raconte deux histoires qui seraient étudiées aujourd'hui par les spécialistes de la mort imminente, Raymond Moody en tête. Ces récits utilisent bien entendu un vocabulaire mystique, mais nous y retrouvons les mêmes expressions que celles utilisées par les « rescapés » de la mort.

Saint Furcy, premier abbé du monastère de Lagny, mourut dans une extase et, pendant que son corps demeurait sans vie, son âme... pénétrait dans les demeures célestes ; puis elle dut reprendre sa dépouille mortelle et continuer son épreuve. Une seconde fois, la mort survint, pendant qu'il priait, dans une maladie mystérieuse qui avait suivi son premier ravissement. Son âme, après avoir parcouru tour à tour, le ciel, l'enfer et le purgatoire, rentra dans son corps, qui n'était plus qu'un cadavre.

Saint Sauve, évêque d'Amiens, alors qu'il n'était encore qu'un moine, eut, pendant une grave maladie, une vision qui détacha son âme de son corps et l'introduisit au milieu de chœurs célestes. Ses frères, le voyant mort, se mirent en devoir de l'ensevelir ; mais tandis qu'ils allaient procéder aux funérailles, le saint religieux revint à la vie, et on l'entendit exhaler sa douleur en plaintes touchantes sur la dure nécessité d'avoir à rentrer dans ce monde de misères après avoir savouré les joies éternelles. Il raconta ce que ses yeux avaient contemplé de splendeurs dans les célestes demeures, la gloire, la clarté, la paix, la félicité des bienheureux rassasiés de la présence et de l'amour de Dieu. « Mais hélas ! s'écriait-il, cette ineffable jouissance commençait à peine qu'une voix divine s'est fait entendre et m'a condamné à quitter ce séjour de lumière et de vie, pour revenir à ce monde de ténèbres et de mortalité. »

Ce récit concorde en tout point avec celui des « rescapés de la mort ». Tous les témoignages recueillis par les spécialistes des NDE et par moi-même dans mon ouvrage *L'Après-Vie*[1] relatent le même genre de sensations : impression que le corps et la conscience d'exister se séparent ; visite dans des paysages merveilleux ; rencontre avec une lumière, impression infinie d'amour ; difficulté à revenir dans son corps, etc. La bilocation, ainsi décrite, ne serait-elle qu'une sortie hors du corps au moment de la mort ?

Pour les cas de bilocation où le mystique a été jugé en état de mort apparente, il semble bien que ce rapprochement bilocation-NDE soit justifié. Hubert Larcher note à ce propos :

« Il s'agit d'un dédoublement du même personnage qui, tandis qu'il se trouve en état de mort apparente ici, apparaît ailleurs, et parfois à grande distance, à une ou plusieurs autres personnes, puis, revenant à la vie, se montre capable de décrire ce qui se passait là où il apparut, même s'il n'en a eu aucune connaissance. Cet état de mort apparente se présente parfois avec une syncope ou un coma comme chez Thérèse d'Avila, Alphonse de Liguori, Agnès de Langeac, à l'instant même où le double se manifeste à la vue, à l'ouïe, à l'odorat, au toucher même du témoin distant, auquel il prédit parfois un événement qui se produira le jour même ou plus tard. »

Les voyages hors du corps

Pour les cas où il n'y a ni mort apparente ni mort imminente, ceux où le mystique est dans un état apparemment proche de

1. Éditions Philippe Lebaud, 1985.

l'extase, est-il justifié de rapprocher la bilocation des voyages hors du corps, tels que les ont décrits Robert Monroë ou Jeanne Guesné ? (Cette dernière n'emploie d'ailleurs pas cette expression qu'elle juge impropre par rapport à son expérience. Et il est vrai que, quelles que soient les sensations éprouvées par ceux qui disent « voyager » hors de leur corps, ces sensations naissent à l'évidence de leur cerveau, et donc d'une part — et non la moindre — de leur corps. L'expression « hors du corps » est plutôt une facilité de langage.) J'ai longuement décrit dans mon précédent ouvrage, *L'Après-Vie,* les expériences de dédoublement volontaires de Jeanne Guesné :

« J'ai fait l'expérience, dit Jeanne, de quitter mon corps à plusieurs reprises. Je me suis sentie exister hors de lui, restant tout près, et le voyant, ou au contraire allant très loin et le réintégrant, sans interruption de conscience. »

C'est sur cette notion de « conscience d'être » (pour reprendre son expression) que Jeanne insiste. Dans cet état, on expérimente un nouvel état de l'être, une nouvelle dimension de la conscience. Et puisque l'enveloppe charnelle n'est pas indispensable à la certitude d'exister, la vie après la mort semble donc possible.

Or, en relisant le récit de Jeanne, plusieurs détails retiennent l'attention.

D'abord, le dédoublement volontaire ne se pratique pas n'importe comment, il y faut un rituel : allongement, relaxation, respiration lente, sons (dans le cas de Monroë), bref des techniques amenant à un état de conscience tel que le cerveau émette à ce moment-là des ondes lentes. On peut évidemment rapprocher cet état de celui dans lequel les mystiques ont des expériences de bilocation (état d'extase, de ravissement, nous disent les textes).

Mais par ailleurs, je vois une différence notoire entre la bilocation et l'état hors du corps : Jeanne, dédoublée, ne parvient pas à se faire entendre des personnes qu'elle rencontre. Par exemple quand, en 1940, elle se « dédouble » pour communiquer avec son mari prisonnier en Allemagne, sa forme dédoublée parvient nettement à distinguer le visage de son époux, et même à le toucher. Mais lui ne la voit pas. Jeanne cite aussi le cas d'une de ses amies, dédoublée pour aller retrouver son père : « J'ai vu mon père qui parlait avec véhémence mais je ne l'entendais pas. J'ai tenté en vain de me manifester en l'embrassant. Peine perdue, il ne sentait même pas ma présence... »

Ce point me paraît capital car il diffère totalement des récits de bilocation. Tous les témoins disent avoir touché, entendu le mystique dédoublé, avoir dialogué avec lui. La communication s'est véritablement établie, alors qu'elle semble impossible dans le récit des voyages hors du corps.

Quant à savoir *ce qui* dédouble, les recherches sont en cours avec des sujets psi qui seraient capables de se déplacer sans leur corps dans une pièce voisine ou éloignée et d'en décrire l'aménagement de façon précise (sans aucune télépathie possible avec les expérimentateurs qui ignorent tout de cette pièce eux aussi). La réalité de ce « double énergétique » comme on l'appelle, de ce « corps second » pour reprendre l'expression de ce « grand voyageur hors du corps » qu'est Robert Monroë, est de plus en plus probable suite aux recherches sur l'électromagnétisme notamment. Car on sait que tout corps vivant émet un rayonnement énergétique et on postule que ce rayonnement puisse avoir une certaine autonomie par rapport à son support émetteur, le corps matériel.

Quand Ingo Swann, par exemple, donne une description détaillée du tableau accroché au mur d'une pièce fermée qu'il n'a jamais vue, et que ces résultats dépassent les chances statistiques du hasard, on est en droit de penser, en effet, qu'il a effectué une « excursion psychique ». Mais comme personne n'était dans la pièce en question, personne ne peut témoigner que sa forme psychique ait été visible, matérialisée.

Là encore, c'est un point où le voyage hors du corps me paraît diverger d'avec la bilocation. Dans les cas de bilocation, la forme qui « voyage » est bel et bien perçue comme une réalité, les témoins l'attestent.

La majorité des récits de voyages hors du corps nous viennent de celui qui entreprend ce voyage (volontairement ou non) et qui, après coup, nous raconte ce qu'il a ressenti : je me suis senti vivant, j'ai vu mon corps inerte comme un cadavre, j'ai franchi telle distance, j'ai rencontré telle personne, etc. Mais la totalité des récits de bilocation nous vient, non pas de celui qui a « biloqué » (pardonnez ce néologisme) mais des témoins qui l'ont vu.

Se rendre invisible

Un jour que Théodul le rencontra sur le sentier, l'ermite lui raconta son cheminement spirituel : en 1915 (alors qu'il était déjà évêque et diplômé de théologie), il voulut entrer dans un

Se rendre invisible est l'un des huit siddhis (pouvoirs surnaturels) mentionnés par ceux qui pratiquent en ascètes et assidûment le yoga : Prakâmyama.

Chez les soufis, l'ubiquité est mentionnée par dix exemples précis qui figurent dans la vie des saints des derviches tourneurs.

Mais c'est chez les orthodoxes roumains que j'ai pu recueillir le plus de témoignages. Le père Cléopa, qui vit toujours, supérieur d'un grand monastère à Sihastria où l'on pratique une ascèse rigoureuse, a connu, il y a moins de quarante ans, plusieurs ermites vivant en forêt qui avaient le don d'apparaître et de disparaître d'un lieu sans que personne ne les eût jamais vus arriver ni repartir.

Le don de se rendre invisible et celui de se déplacer de manière inexplicable serait l'un des effets de la prière hésychaste, cette prière mentale incessante. Jean de Moldavie, un ermite du xviiie siècle raconte : « La prière avait commencé à prendre racine, elle se mit à agir, je ne pouvais plus dormir, à peine une heure par nuit, et encore : assis sur une chaise. »

Le fruit de cette prière incessante est un amour incommensurable pour tous les hommes. « Souvent, dit Jean de Moldavie, je me lève le soir pour dire la prière de Jésus et je suis captivé, attiré hors de moi. Je ne sais où. Dans le corps ou hors du corps ? Je ne sais. Dieu le sait. »

Un jour, son corps disparut sans que personne ne sache ni où ni comment.

Des récits comme celui-là, il est encore possible d'en écouter. Ainsi celui de Théodul, supérieur du monastère Agapia (350 moniales), mort en 1981, qui a raconté ses rencontres étranges avec l'évêque Jean, un ermite très avancé spirituellement et qui manifestait de nombreux pouvoirs prodigieux. C'était un hésychaste de grande renommée, vivant dans les montagnes carpathes. Quand il se déplaçait au hasard des sentiers, il était toujours accompagné d'un disciple qui marchait derrière lui afin qu'il puisse prier sans trouble ; il était tête nue, les cheveux blancs tombants, la barbe blanche, le visage très lumineux, vêtu de vieux habits et marchant avec une canne à la main. Cet ermite possédait la connaissance des cœurs et le don de lire l'avenir.

Un jour que Théodul le rencontra sur le sentier, l'ermite lui raconta son cheminement spirituel : en 1915 (alors qu'il était déjà évêque et diplôme de théologie), il voulut entrer dans un monastère comme simple frère chargé de garder le bétail. Mais son supérieur lui annonçant qu'il avait décidé de lui donner la tonsure (qu'il avait déjà reçue évidemment), il préféra s'enfuir et se retirer en forêt. L'ermite demanda ensuite à Théodul de lui apporter du papier et de l'encre, puis il disparut « comme un chamois » sans que son interlocuteur puisse situer la direction qu'il avait prise. Théodul reprit donc le chemin du monastère pour se procurer les éléments demandés puis, quelque temps après, retourna sur le sentier pour les apporter. Arrivé dans la même clairière, l'ermite lui apparut tout à coup sans qu'il puisse discerner d'où il venait. Son visage était rayonnant. Et, de nouveau, il fit preuve d'un don de clairvoyance en déconseillant à Théodul de se rendre dans un monastère où la personne qu'il désirait voir n'était pas.

Cinq ans après, Théodul entendit raconter une étrange histoire : un frère du monastère avait vu les moutons et les chiens de son troupeau s'assembler d'une manière inhabituelle, et il avait vu au milieu d'eux un vieux moine qui disait : « En quoi ai-je péché, mon Dieu, que tu me montres aux hommes ? » Était-il invisible habituellement ? En tout cas, il demanda à ce frère de ne parler à personne de sa rencontre. Promesse tenue une petite semaine seulement... Le frère finit par tout raconter à son confesseur, lequel fit chercher partout l'ermite dans la forêt, sans succès : l'ermite était de nouveau invisible.

On trouverait des récits de prodiges identiques chez les orthodoxes grecs ou russes. Seuls les stigmates ne figurent pas au nombre des prodiges chez les orthodoxes. Pour le reste, le jeûne, la luminescence, la lévitation sont fréquemment cités.

Chez les taoïstes, le fait de devenir invisible est lié au fait de s'embraser et de devenir lumière. Autrement dit, les trois prodiges : invisibilité, hyperthermie et luminescence, sont provoqués par la même source.

« L'adepte taoïste, écrit Isabelle Robinet, pourra à volonté paraître puis disparaître ; pourra s'immerger dans l'eau sans se mouiller ; ne pas être brûlé par le feu ; les animaux sauvages ne l'attaqueront pas et nul ne pourra lui nuire ; il commandera au vent et à la pluie, franchira mille lieues en un instant et, bien sûr, pourra voler. »

Parmi tous les pouvoirs du taoïste, celui de se rendre invisible revêt des formes diverses. Il peut tout simplement se fondre dans la foule, passer inaperçu ou, comme le caméléon, s'identifier aux arbres quand il est en forêt, etc. « Le saint ne fait qu'un avec le Ciel et la Terre. »

Pao p'ou Tseu explique : « Le corps de l'homme est naturellement visible et il existe des méthodes pour le rendre invisible. »

Ces méthodes font appel à une notion très importante dans le taoïsme : celle des métamorphoses, afin de retrouver la « forme véritable ». Forme qu'il faut apprendre à déceler au-delà des apparences. Et quand l'adepte parvient à se faire souffle ou air ou lumière, il sait également se rendre évanescent et disparaître.

« La faculté de devenir invisible, poursuit Isabelle Robinet, est constamment associée à celle de paraître à volonté, d'étendre sa lumière, de lui " lâcher la bride ". La *méthode pour sortir de l'être et entrer dans le non-être, se libérer de son corps et s'échapper en se transformant en lumière fluide du Chen tcheou King* donne pouvoir à qui la pratique pendant sept ans de " transformer son corps en 72 lumières, disparaître et apparaître, être visible ou caché ". »

La bilocation me paraît, de tous les prodiges, le plus ambigu et peut-être le moins attesté. Dans la majorité des cas, les preuves ne me semblent pas suffisantes pour affirmer qu'il y a eu, en réalité, dédoublement. L'hypothèse d'une apparition est plus probable. Qu'est-ce qu'une apparition sinon justement la manifestation à distance d'une personne à une autre ? Ce n'est pas une vision parce que la vision prend sa source dans le cerveau de celui qui voit, tandis que l'apparition prend sa source extérieurement.

Pourtant, il ne semble pas inconcevable qu'une part du corps humain, sa part « énergétique » dirait-on aujourd'hui avec le flou que recouvre cette notion, puisse se « matérialiser » et se manifester loin de sa source, le corps de chair. Ce qui déclencherait ce « dédoublement » — où les deux parts visibles ne seraient pas de même nature (l'une étant de chair, l'autre d'énergie) — pourrait être un fort lien télépathique entre celui qui se « dédouble » et celui qui le voit. Celui qui voit, le témoin, prendrait alors cette manifestation, qu'on peut appeler apparition, pour une réalité.

Mais si l'on admet que certains êtres exceptionnels ont acquis le pouvoir de se manifester au loin à volonté, alors le prodige existe quelle que soit la nature de la part « dédoublée ».

En revanche, l'invisibilité ne peut avoir d'explication, sinon dans la myopie du témoin...

Le corps perpétué

De tous les prodiges du corps, celui de la conservation du cadavre, de sa non-corruption, est à la fois le plus rare à observer — peu de personnes peuvent en effet se vanter d'avoir assisté à une exhumation en y découvrant un cadavre incorrompu — et le plus facile à constater car, en présence d'un tel cadavre, il est aisé de raconter ce que l'on voit.

Ce prodige concerne presque exclusivement des saints catholiques puisque la procédure de canonisation exige, aujourd'hui encore, d'exhumer le cadavre pour « la reconnaissance des restes ». (Il semble néanmoins qu'il y ait quelques cas chez les saints orthodoxes.)

Dans les biographies mystiques, ce prodige est mentionné sous deux formes : soit que le corps mort, avant son enterrement, ne présente ni la rigidité cadavérique ni le début de la décomposition plusieurs jours après la mort ; soit que le cadavre, exhumé, apparaisse intact, sans mauvaises odeurs, sans décomposition, et cela, de nombreuses années après l'enterrement, sans qu'aucune explication naturelle de conservation puisse être avancée.

Le nombre de cas est réellement troublant. Thurston avance le chiffre de 42 saints, entre les années 1400 et 1900, dont 22 pour lesquels les preuves sont sérieuses et 7 pour lesquels la mention figure dans la biographie. Et l'on verra qu'il existe des cas contemporains.

Ce furent d'étranges lumières qui attirèrent d'abord l'attention des voisins :

« Nous pouvions voir de nos maisons, disaient-ils, à dix minutes en face, au sud, une lumière brillante sur un tombeau, différente des lumières ordinaires, qui apparaissait et disparaissait. »

Ils alertèrent les moines du monastère qui ne les crurent pas. Mais à force d'insister, ils se rendirent ensemble à l'endroit d'où émanait ce phénomène lumineux. Ce n'était pas n'importe quel tombeau. Là était enterré un saint homme, un moine maronite, le père Charbel Maklouf[1].

Comme la coutume l'impose, le défunt moine avait été enveloppé de sa robe, et son corps descendu dans une tombe touchant à l'église du monastère. Le corps avait été déposé sur une planche, sans cercueil, sur une sorte de marche intérieure à 25 centimètres environ du sol. Comme cette tombe était évidemment située au-dessous du niveau du sol, elle était inondée dès qu'il pleuvait.

On vérifia la tombe, on s'assura que le corps était toujours bien en place et on referma soigneusement la sépulture.

Un an passa. Le 15 avril 1899, la tombe fut ouverte en présence du supérieur, de plusieurs moines et d'autres témoins. Ils s'aperçurent que les eaux de pluie avaient pénétré dans la tombe (et dans les autres également), la transformant en un véritable bourbier. A leur grande stupéfaction, ils virent que le corps du

---

1. Le père Joseph Charbel Maklouf naquit en 1828 dans le nord du Liban. Il mourut en 1898 à l'âge de 70 ans au monastère de Saint-Maron à Annaya. Quand la Commission d'enquête officielle entreprit, en 1926, soit vingt-huit ans après le décès, de recueillir les témoignages (sous serment canonique comme l'exige la procédure), les témoins oculaires étaient encore vivants. Les éléments que je résume ici sont tirés de ces témoignages. Il a été béatifié le 5 décembre 1965 et canonisé le 9 octobre 1977.

père Charbel flottait sur cette boue. On le retira donc. Et une nouvelle toilette fut donnée à ce corps : quand il fut débarrassé des moisissures qui le recouvraient, on découvrit qu'il était intact. La peau était fraîche, les jointures flexibles ; les membres souples pouvaient parfaitement se plier ; les cheveux et la barbe n'étaient pas tombés. L'un des témoins, le père Joseph Younès le décrivit ainsi :

« Les mains étaient posées sur la poitrine, tenant la croix. Le corps était tendre, frais, souple ; sur le visage et les mains, on constatait la présence d'une certaine moisissure blanche semblable à du fin coton. Quand Saba Bou Moussa essuya cette moisissure, le visage et les mains apparurent comme ceux d'un homme endormi. Un sang bien rouge mêlé d'eau coula de son côté[1]. »

On changea son linge et ses vêtements et, cette fois-ci, on enferma le corps dans un cercueil dont la partie supérieure, vitrée, permettait de le voir. Ce cercueil fut gardé dans un oratoire de l'église du monastère.

Les jours suivants, les moines inspectèrent le cadavre : de nouveau il était recouvert d'un liquide rouge qui paraissait suinter des pores de la peau. Et ce liquide imprégnait les linges et les vêtements[2] à tel point qu'on était obligé de le changer deux fois par semaine.

Deux ans plus tard, en 1900, dans le but de mettre fin à ce suintement, on décida d'exposer le cadavre à l'air libre, sur une terrasse. Mais ce fut en vain. Le corps suintait toujours. Le docteur Elias El-Onaissi, dans une déclaration écrite en 1921, raconte : « J'ai vu au couvent d'Annaya le corps du père Charbel... Ayant attentivement examiné ce cadavre, j'ai remarqué que ses pores livraient passage à une matière comme la sueur... J'ai maintes fois recommencé le même examen à des époques différentes ; le phénomène a toujours été le même. »

Maintes fois, en effet, puisque ce suintement et cette incorruption du cadavre ont duré pendant plus de cinquante ans...

---

1. Ces détails figurent dans l'ouvrage de P. Daher : *Vie, survie et prodiges et l'ermite Charbel Maklouf* (Éd. Spes, 1953). Le docteur H. Larcher évoque longuement ce cas dans son ouvrage *Le sang peut-il vaincre la mort ?* (Gallimard, 1951, pp. 33 à 40). Il faut aussi ajouter cet autre détail important : l'odeur qui se dégageait de ce cadavre et de la tombe était, selon les témoins, semblable à celle d'un vivant.
2. Ce liquide était-il composé seulement de sang ? Sans doute pas. D'autres substances organiques devaient entrer dans sa composition. Ce liquide a été soumis à une analyse à la demande des enquêteurs officiels. Mais les résultats n'ont pas été rendus publics et les experts ont dû prêter serment d'en garder le secret.

En 1927, le corps fut placé dans un cercueil de bois recouvert de zinc, isolé du sol, et la tombe minutieusement scellée dans un mur de la crypte[1].

En 1950, soit vingt-trois ans plus tard, ce même mur se mit à suinter un liquide rosé et visqueux... On fit rouvrir la sépulture : le liquide provenait du cercueil. L'enquête canonique commit trois médecins[2] pour expertise qui observèrent que « la sueur de sang qui avait déjà été constatée depuis 1899 jusqu'en 1927 suintait toujours sans interruption de la même façon que lors de la précédente exhumation et, répandue sur tout le corps, avait imprégné les vêtements sacerdotaux. Une partie de la chasuble était pourrie, ainsi que le fond du cercueil de bois ; le fond du cercueil de zinc était fendu à l'endroit des pieds... »

C'est donc ce liquide qui, suintant dans ce cercueil fendu, avait fini par imprégner, goutte à goutte, le mur de la crypte. Les témoins de ce spectacle incroyable attestèrent aussi que le corps du père Charbel avait conservé toute sa souplesse. Mais l'histoire ne s'arrête pas là !

A nouveau, on replaça le corps dans un cercueil neuf, déposé dans un tombeau aux pierres cimentées. Comme les pèlerins commençaient à affluer, on accepta de le mettre dans une châsse qui permettait de le voir.

En 1952, soit cinquante-quatre ans après la mort du saint ermite, de nombreuses personnes ont pu observer que le corps était intact et qu'il suintait toujours cet étrange liquide. Parmi eux, le docteur Georges Choukrallah, qui examina trente-sept fois ce cadavre en dix-sept ans, écrit :

« Après avoir examiné maintes fois ce corps intact, j'ai été toujours étonné de son état de conservation et surtout de ce liquide rougeâtre qui suinte. C'est un phénomène si unique qu'aucun médecin n'en a vu de semblable... »

Si le cas du père Charbel était unique[3], on serait peut-être en

---

1. On enferma également dans le cercueil un tube cylindrique en métal contenant un rapport médical sur l'état du corps à cette date. Il fut rédigé en français par le professeur Armand Jouffroy, de la faculté de médecine de Beyrouth, et le docteur Balthazar Malkonien.
2. Le R. Chikri Bellan, directeur du Service de santé et d'assistance près du gouvernement, le docteur Joseph Hitti, député, et le docteur Théophile Maroun, professeur d'anatomie pathologique à la faculté de médecine de Beyrouth.
3. On pourrait multiplier les exemples en citant le cas de Germaine Cousin, morte en 1601 à 22 ans : quarante ans plus tard, lors de l'exhumation pour sa canonisation, son corps fut

droit de rejeter tous ces témoignages malgré le sérieux des enquêtes canoniques.

Mais l'histoire des mystiques montre que bien d'autres cas d'incorruption sont attestés. Certains sont anciens, d'autres tout récents. Même pour les cas anciens (ceux du XIVe siècle jusqu'au XIXe), il serait naïf de croire que les témoins étaient ignorants et que les connaissances médicales d'aujourd'hui ne leur permettraient plus de se livrer à de telles observations. D'abord, il n'y a pas besoin d'être grand clerc pour discerner un tas d'os d'un cadavre à la chair souple et intacte. Les personnes qui étaient désignées pour effectuer des exhumations avaient une compétence indéniable dans leur spécialité. Un chirurgien du roi, même au XVIIe siècle, était un anatomiste compétent et, s'il manquait de moyens pour soigner, il était tout de même capable de juger de l'état d'un cadavre...

Plusieurs jours après sa mort, en 1329, Roseline de Villeneuve, qui avait vécu soixante-six ans à La Celle-Roubaud, près Les Arcs dans le Var, fut exposée au dernier hommage des visiteurs. Son corps, échappant à la rigidité cadavérique, était souple, et les yeux avaient gardé leur éclat. Mais l'histoire ne fait que débuter...

Après avoir été ensevelie, un parfum de rose se dégagea de sa tombe. Le phénomène dura si longtemps qu'au bout de cinq ans on procéda à une exhumation. Le corps fut retrouvé frais, aussi bien conservé qu'au moment des obsèques et les yeux toujours éclatants. Il fut alors déposé dans une chapelle.

Dix ans plus tard, il fut transféré sur un autel dans une châsse, d'abord fermée puis en verre. Et les années s'écoulèrent... D'innombrables témoins, dont Louis XIV et Anne d'Autriche, en 1660, ont vu le corps toujours flexible et les yeux « vivants ». Des lettres, des documents, des récits attestent l'éclat de conservation dans lequel on pouvait voir la sainte..., et cela sur une période vérifiable historiquement de 331 ans après sa mort !

---

trouvé incorrompu. Celui d'Agnès de Jésus : sur l'ordre de l'évêque de Saint-Flour, Mgr Joachim d'Estaing, on translata le cadavre qui fut constaté incorrompu plusieurs années après le décès. Des effluves odoriférants avaient attiré l'attention autour de sa tombe. Son corps n'avait été ni éviscéré ni embaumé. Entre 1698 et 1778, plusieurs experts, médecins et chirurgiens ont déclaré que « la préservation du corps était inexplicable humainement parlant ». Ce corps est resté incorrompu jusqu'en 1778, soit 144 ans. Par la suite, les nombreux transferts et examens qu'on lui fit subir le désintégrèrent peu à peu.

Le corps fut plusieurs fois transféré pour éviter qu'il ne soit dispersé en de multiples reliques.

En juin 1835 (506 ans après), nouvelle translation (c'était la cinquième ! autant dire que chacune d'elle fut une nouvelle occasion de confirmer le prodige) : les membres étaient toujours flexibles, et quatre médecins commis par l'évêque purent constater l'incorruption, la fraîcheur des yeux et l'élasticité de la peau. Enfin, après encore plusieurs translations, ce corps prodigieux et vénéré fut déposé dans une châsse... mais bientôt on constata que l'humidité et les insectes l'attaquaient. En 1887, on procéda à un embaumement pour le préserver définitivement. L'embaumement mit donc fin à la résistance spontanée de ce corps à la corruption. Il avait résisté pendant... 565 ans !

Thérèse d'Avila

Si, durant sa vie, cette grande mystique fit preuve d'une intense activité intellectuelle et physique, elle eut aussi, après sa mort, une histoire fertile en événements prodigieux !

Thérèse d'Avila, née en 1515, vécut soixante-sept ans et demi et mourut en 1582 à Albe. Grande mystique, elle analysa elle-même tous les prodiges dont elle avait été le sujet, sauf, bien évidemment le dernier : la non-corruption de son cadavre. Dès après sa mort, l'odeur de fleurs embauma la pièce où son corps reposait[1]. On l'enterra, sans l'ouvrir ni l'embaumer, dans un cercueil de bois, dans une fosse profonde creusée sous la grille du chœur, et on jeta sur le tout une grande quantité de chaux et de pierres avant de sceller la tombe.

Parce que l'odeur qui s'exhalait de sa tombe surprenait et émerveillait tous ceux qui s'en approchaient, le père Gratien, le 1er juillet 1583, procéda à la première exhumation. La sainte était enterrée depuis à peine un an : ses vêtements étaient pourris par l'humidité, le corps recouvert de mousse et de boue, mais absolument intact. La chair était douce, blanche, flexible et parfumée. Une « huile » coulait goutte à goutte de tous ses membres. Les religieuses lavèrent le corps, lui mirent des vête-ments neufs et le déposèrent dans une caisse de bois très solide. Ce cercueil fut redescendu dans la même fosse, recouvert simplement de terre.

---

1. Cette odeur s'était déjà manifestée de son vivant.

En 1585, l'évêque ayant décidé la translation du corps à Avila, on procéda à une deuxième exhumation (trois ans après). On trouva le corps dans la même intégrité, accompagné du même parfum.

Arrivé à Avila, le corps fut confié à une sœur qui le lava, l'habilla et, à nouveau, il fut enfermé dans une caisse (tapissée cette fois de taffetas) et mis dans une châsse de la salle du chapitre.

Mais les prodiges ne restent pas longtemps secrets... Le roi avait eu vent de l'affaire. Il délégua donc un conseiller qui, accompagné de l'évêque et de plusieurs personnalités, firent rouvrir le cercueil.

Le 1ᵉʳ janvier 1586, ces vingt personnalités observèrent le corps de la sainte : il était « entier, intact, d'une odeur céleste, les os joints, la chair souple »... Fin août de cette même année, le corps fut translaté d'Avila à Albe : nouvel examen, nouvelles constatations identiques...

En 1592, (neuf ans après), pour l'examen canonique du corps, l'évêque accompagné de médecins « famosos » trouvent le corps exempt de toute corruption ; on put le voir ainsi, entier, sans qu'on ait enlevé ni les intestins, ni le foie, ni les poumons, jusqu'en avril. En 1594, alors qu'il avait été remis dans une caisse fermée à clef, nouvelle constatation de son incorruption. Un témoin remarque du sang sur l'épaule...

Par la suite, le corps de sainte Thérèse fut entreposé dans des châsses qui furent toutes successivement ouvertes (16 ans après sa mort, puis 22 ans, puis 34 ans). Enfin, on le remit en sépulture dans un cercueil cerclé de fer. Celle-ci fut réouverte en 1750, soit 168 ans après : mêmes constatations dans un procès-verbal détaillé. Dix ans plus tard, le corps fut à nouveau translaté et, enfin, il eut droit à une sépulture définitive : 178 ans après la mort !

Quant au cœur de Thérèse d'Avila, qui a décrit longuement comment elle ressentit la « blessure d'amour » — comme « un dard qui la transperçait » —, il présentait bel et bien, lors de son extraction en 1592, une blessure, une sorte de déchirure transversale aux bords légèrement brûlés. Les interprétations à ce sujet divergent : les médecins d'aujourd'hui (par exemple le professeur Jean Lhermitte) penchent pour une dilatation du myocarde jusqu'à sa rupture. Les tenants de la psychanalyse freudienne ne manquent pas de rappeler que le dard a une forme phallique

Quant aux croyants, ils y voient la preuve qu'elle fut stigmatisée au cœur par l'intensité de son amour pour Dieu[1].

Aujourd'hui

Et de nos jours, lors des exhumations exigées par les enquêtes en vue de canonisation, a-t-on observé ce même prodige ?

La réponse est positive.

En 1972, on a exhumé le corps d'une mystique belge, Léonie van den Dyck, surnommée « la visionnaire d'Onkerzeele » (elle eut des apparitions de la Vierge en 1933 dans le diocèse de Gand, en Belgique). Morte en 1949, elle a été retrouvée, vingt-trois ans après sa mort, parfaitement intacte : « Le visage entier, le nez légèrement aplati par le couvercle... la couleur blanc jaunâtre des téguments est plutôt exceptionnelle. Ces téguments sont durs au toucher, comparables à une rigidité cadavérique... Le bras droit se lève sans peine... Les deux mains présentent des téguments blanc jaunâtre, pleins, de consistance ferme et résistant au lavage... Les jambes sont croisées, la gauche sur la droite ; le tégument superficiel manque sur le tarse de l'une d'elles, et là apparaissent très distinctement les tendons des orteils, légèrement plus blancs que le reste. Ces membres inférieurs sont pleins, solides, de couleur blanc jaunâtre. »

En 1967, on retrouva intact, lors de sa translation, le corps d'une moniale espagnole. Monique de Jésus Cornago Zapater, morte en 1964.

Il semble qu'il en soit de même pour le cardinal de Milan, Mgr Schuster, exhumé en 1986 (mais pour lequel les documents ne sont pas encore disponibles).

Enfin, en 1981, trois journaux italiens, *La Voce del Popolo*, *La Stampa*, et le *Domenica del Corriere*, ont titré à la première page : « FRASSATI EST INTACT ! »

Il s'agit de Pier-Giorgio Frassati, un laïc, déjà reconnu vénérable et dont la cause de béatification a été introduite le 12 juin 1978. Frassati est mort en 1925 et son corps a été exhumé en 1981, soit cinquante-six ans plus tard. Son visage était encore

---

1. Dans *Le sang peut-il vaincre la mort ?*, le docteur H. Larcher donne tous les détails et les références sur ce cas.

rayonnant, le corps absolument intact. Ses neveux et nièces, présents à l'exhumation, qui ne le connaissaient que par photos, ont reconnu son visage encore souriant. Un parfum émanait de son corps.

Après la mort

Pour s'assurer qu'on est bien en présence d'un phénomène inexplicable, prodigieux, il est utile de connaître de manière précise le processus naturel de la décomposition au moment de la mort.

Mme Michèle Rudler, tenant la chaire de médecine légale à l'université de Paris V, connaît parfaitement cette question.

« Nous savons à peu près ce qui se passe dans les premières heures après la mort, dit-elle. Mais au-delà, il est impossible d'en rien dire. Tout dépend de facteurs divers comme l'humidité, le PH, la saison, les causes de la mort, les bactéries, la température ambiante, etc. Nous connaissons donc à peu près les soixante-douze premières heures avec des variantes et des écarts qui autorisent des erreurs. Plus on est près du moment de la mort, plus le légiste peut être précis sur les causes de celle-ci et sur le moment, à une dizaine d'heures près. »

On peut résumer ainsi les observations des médecins légistes :

Dans le cadavre, le sang se dégrade du fait de l'action des bactéries qui se nourrissent de lui. « Identifier ces bactéries sur un cadavre n'aurait aucun sens », précise Michèle Rudler. Les globules rouges n'ont aucun moyen de survie quand il n'y a plus d'apport d'oxygène ni de sucre. En dehors du cadavre, c'est-à-dire en laboratoire, au frais, à 4° C, on peut garder le sang plusieurs semaines, voire plusieurs mois, mais on ne peut pas le congeler car les globules rouges explosent.

Un processus bien connu est celui de la rigidité cadavérique. Elle survient entre la douzième et la vingt-quatrième heure, puis disparaît après quarante-huit heures. En clinique, on distingue la rigidité extrapyramidale (le corps garde la position qu'on lui imprime) de la rigidité non pyramidale, qui est celle du cadavre qui ne garde pas la position obligée mais revient à sa position initiale. Cette rigidité des muscles, on la constate[1], on ne

---

1. Au contraire, un cas récent de non-rigidité a été observé sur une carmélite italienne morte d'un cancer généralisé en 1948. C'est le docteur Giuseppe Milone, chirurgien en chef

l'explique guère ; elle est liée au problème des fibres musculaires qui se rétrécissent. Elle s'observe sur tout le corps, plus facilement sur les muscles rouges à contraction intense (les membres) et de façon moins évidente sur les muscles blancs à contractions lentes (les intestins par exemple).

Quant à l'odeur : « Il n'y a jamais de bonnes odeurs dans les cadavres », affirme Michèle Rudler. Les bactéries, cassant les extrémités des protéines, libèrent des gaz soufrés, sulfure d'hydrogène ou ammoniac, méthane, etc., et dégagent une odeur pestilentielle.

Commence alors la phase de putréfaction, par une tache verte à l'abdomen, près de la fosse illiaque droite, non loin de l'appendice, une boursouflure du gros intestin qui est une zone très « bactérisée ». La tache se forme après quarante-huit heures et la putréfaction s'étale sur tout l'abdomen.

Le sang contre la mort

Ces quelques notions sur la décomposition cadavérique et les signes qui l'accompagnent montrent bien que la moindre exception à ce processus inévitable tient du prodige et que toute tentative d'explication d'une telle exception est hasardeuse. Néanmoins, il n'est pas interdit de formuler quelques remarques et d'y réfléchir.

Plusieurs constantes se retrouvent dans les récits, de telle sorte qu'on peut résumer les quatre principaux critères de l'incorruptibilité :

— l'odeur suave ;
— l'absence de rigidité et la souplesse des membres ;

---

des cliniques universitaires de Naples, qui a constaté les phénomènes suivants : morte le 14 mars, il note le 16 : « Pratiquement, le processus cadavérique n'est pas commencé ; le corps est flexible, légèrement coloré. Il semble qu'elle dorme. » Puis le 18 mars : « J'ai observé qu'il n'y a pas encore sur le cadavre le moindre signe de décomposition cadavérique. J'ai pu effectuer mes observations directement sur l'abdomen qui ne présente pas les traces habituelles de putréfaction, non plus qu'aucune odeur de putréfaction. » Le 24 mars, soit dix jours après la mort, un autre médecin, le docteur Ahilia de Marco, spécialiste des maladies nerveuses et mentales, note : « Je n'ai absolument pas pu sentir la moindre odeur de putréfaction, ni constater le début d'une résolution musculaire, ni la trace d'une quelconque rigidité cadavérique ; les grandes et les petites articulations sont encore flexibles. » Le 27 mars, la morte était encore exposée dans le chœur. Elle était incorrompue et flexible. Les linges qui l'enveloppaient exhalaient un parfum suave.

— la non-corruption du cadavre ;
— l'écoulement du sang ou le suintement d'un liquide huileux.

On remarque aussi d'emblée que tous les saints ne sont pas sujets à ce prodige, que parmi les plus « grands », les plus vénérés, il y en a de nombreux qui ne jouissent pas de ce privilège. Mais force nous est aussi d'admettre que l'incorruptibilité ne s'applique pas au commun des mortels[1] et qu'il y faut des êtres ayant mené une vie exceptionnelle d'union au divin. Pour le reste, on ne peut dire pourquoi tel ou tel mystique plutôt qu'un autre serait sujet à ce prodige. La mention d'une odeur agréable accompagne toujours la non-rigidité et la non-corruption. D'où l'on est autorisé à déduire qu'il existe une relation entre le parfum et la conservation du corps, et même entre l'exsudation d'un liquide huileux, le parfum et la conservation.

Si le cadavre ne se corrompt point, c'est que les bactéries ne peuvent, pour une raison qui reste à préciser, entamer leur « travail ». Soit qu'elles soient éliminées ou inexistantes, soit qu'elles soit inhibées, paralysées en quelque sorte, soit encore qu'elles ne puissent survivre, ne trouvant pas dans le sang les éléments de leur survie (dont l'oxygène).

Le mystère de l'incorruptibilité pourrait donc bien se situer dans le sang[2].

Analysant ce phénomène, le docteur Hubert Larcher étudie d'abord tout ce qui pourrait recevoir une explication naturelle. Les « agents destructeurs » ont besoin, pour agir, d'air, d'eau et de chaleur ; qu'un seul de ces éléments leur fasse défaut et les voici rendus inefficaces. C'est le cas des corps conservés par extrême sécheresse de l'air (la chaux avait pour but cette mise à l'abri de l'air, le plombage des cercueils aussi) ou du sol (dans les déserts par exemple). Ils peuvent aussi rencontrer une protection chimique du sol qui devient conservateur par des salpêtres, des sels dissous dans l'eau, etc., ou bien une protection biologique du

---

1. Lors du déménagement du cimetière des Innocents à Paris, en 1786, quand il fut décidé d'éloigner ce cimetière du cœur des halles vers les périphériques de la capitale, les historiens estiment que onze millions de cadavres ont été déplacés entre 1786 et la fin de la Commune. Et sur ces onze millions, combien en a-t-on retrouvés qui soient incorrompus ? Aucun.
2. Ainsi que le docteur Hubert Larcher a tenté de le démontrer dans son ouvrage. Et ainsi que Thurston semble le pressentir, mais son étude est inachevée, puisqu'il termine son chapitre sur l'incorruption en s'interrogeant sur la conservation du sang humain.

cadavre. Les moisissures, les mousses peuvent contrarier l'action des bactéries, comme cela semble être le cas pour Thérèse d'Avila et le père Charbel. Ainsi on serait tenté de penser que ces micro-organismes sont la cause de la conservation de la chair. Il s'agirait là d'une cause extérieure au cadavre, de nature exogène. Mais ces moisissures ne sont pas citées dans tous les cas.

Est-il raisonnable de penser que le corps à l'état de cadavre puisse encore, de lui-même, se défendre et s'adapter pour se conserver ? D'envisager que la cause de la non-corruption soit interne, endogène ? Force nous serait alors d'entamer des études approfondies sur le sang, ce « soleil liquide » comme disait Miloscz, pour envisager cette possibilité d'une adaptation à la mort fonctionnelle. Jusqu'à présent, le sang n'a jamais été soumis à examen dans ce but.

Bien mystérieuse aussi est cette exsudation d'un liquide huileux. On souhaiterait avoir des résultats d'analyses de laboratoire ! Hélas ! Là encore, rien n'est envisagé dans ce sens. Il semble que les lipides, facilement mis en réserve dans l'organisme, aident à la conservation[1]. On sait d'ailleurs que les huiles odorantes, myroblytes, ont de tout temps joué un rôle prépondérant et indispensable dans les embaumements[2].

Enfin, si les muscles ne se raidissent plus, c'est que leurs contractions ne s'opèrent plus. Les muscles dits « volontaires » doivent leur couleur rouge aux pigments rouges, hémoglobines et myoglobines (pour le myocarde). Ces pigments rouges sont, dans le corps humain, les analogues des parties vertes des plantes soumises à la chlorophylle. « Lors de la mort fonctionnelle, écrit Larcher, ces instruments de la vie fonctionnelle (que sont les muscles) deviennent les premiers inutiles en tant que tels, et en raison de leur richesse en eau, ils se trouvent particulièrement exposés à la corruption. Que des fermentations de glucosides s'y produisent — et le muscle est riche en hydrates de carbone — et

---

1. Quelquefois, dans les cas de noyade, une réaction chimique s'opère entre le milieu basique de l'eau et les lipides du corps humain, formant une « saponification » (autrement désignée sous le nom d'adipocire ou « gras de cadavre »).
2. Quand on étudie les cas de conservation des corps des saints, on ne tient évidemment jamais compte de ceux qui auraient été embaumés, comme certains martyrs par exemple. L'embaumement ne s'est d'ailleurs pratiqué que dans les tout premiers siècles du christianisme.

nous aurons dans les muscles rouges une source d'essence humaine absolument comparable à celle des plantes. Ainsi, ce qui fut instrument de dépense fonctionnelle pourrait devenir source d'éléments de conservation après la mort. »

Donc, si tout tissu privé de sang se nécrose, on peut admettre l'hypothèse qu'à l'inverse, s'il ne se nécrose pas, c'est que le sang y assure, d'une façon mystérieuse, la continuité d'une forme de vie. N'est-ce pas ce qu'avaient pressenti de nombreuses peuplades dites primitives qui, plaçant l'énergie vitale dans le sang, coloraient d'ocre rouge leurs défunts pour qu'ils aient toujours l'air d'être en vie et qu'ils conservent leur force vitale pour leur nouvel état ?

Certes, aujourd'hui, les progrès de la chimie permettent de mieux saisir les processus de la conservation naturelle. Mais, dans les cas que nous avons cités, aucune cause naturelle n'a pu être envisagée. Le prodige, comme toujours, semble aller contre une loi inéluctable, celle de la décomposition.

Le corps modifié

Toutes les modifications physiologiques que nous avons rencontrées de façon éparse au cours des chapitres précédents, je me propose maintenant de les regrouper en une sorte de « résumé ». Elles se situent à tous les niveaux du fonctionnement organique : au niveau des fonctions inférieures (digestives, hépato-rénales, sexuelles) ; des fonctions supérieures (respiratoires, nerveuses, circulatoires, motrices) et des fonctions générales.

La modification des fonctions digestives

Les mystiques jeûneurs absolus, inédiques, ont franchi les limites de la physiologie jusqu'à ne plus rien manger ni boire. Ce jeûne n'a cependant pas amoindri leur vitalité. Il faudrait donc admettre que la fonction digestive n'est pas indispensable aux inédiques parce qu'elle est compensée. Ces mystiques trouvent dans l'union au divin une autre nourriture.

La fonction digestive étant supprimée — du moins apparemment — les fonctions hépato-rénales sont, elles aussi, modifiées. Les muqueuses gastriques ne jouent plus leur rôle qui est de produire le suc gastrique. La vésicule biliaire n'est plus sollicitée, le foie ne sert plus aux fonctions digestives.

La diurèse est extrêmement réduite. Les urines sont inexistantes et ne sont donc pas rejetées.

Le rein, ne remplissant plus de fonction excrétoire, ne développerait-il pas une fonction endocrinienne accrue ?

Il semble en effet que lorsqu'un organe exocrine ne remplit plus sa fonction physiologique propre, il peut développer une fonction endocrine. L'équilibre endocrinien étant modifié, certaines fonctions mentales le sont aussi (notamment la vigilance et la volonté).

D'une manière générale d'ailleurs, la suppression des fonctions exocrines pourrait faire sur-développer les fonctions endocrines de telle sorte que le métabolisme en serait profondément modifié.

La modification des fonctions respiratoires

Ce sont peut-être les modifications qui ont été le mieux étudiées à cause des observations sur les yogis pratiquant le *pranayama*.

Le pranayama est un entraînement au contrôle du souffle. Après avoir adopté la posture prescrite, le yogi ralentit sa respiration de façon à harmoniser en trois temps égaux l'inspiration, la rétention du souffle inspiré et l'expiration. Ce ralentissement peut aller jusqu'à une véritable suspension de la respiration. Il favorise la concentration, le vide du mental, l'intériorisation, l'éveil, et sans doute aussi les facultées paranormales (clairvoyance et télépathie notamment).

Mais il n'y a pas que les yogis qui pratiquent une modification volontaire du souffle : les soufis, par exemple, pratiquent le *dhikr*, récitation rythmée du nom « Allah » jusqu'à l'illumination [1].

Les moines orthodoxes pratiquent l'hésychasme : dans la posture appropriée, ils répètent indéfiniment mais de façon rythmée sur le souffle, la « prière de Jésus » : « Seigneur Jésus, fils de Dieu vivant, aie pitié de moi, pécheur ».

Les anciens taoïstes pratiquaient la « respiration embryonnaire » qui elle aussi nécessite une posture convenable afin de retenir le souffle de plus en plus longtemps. Il s'agit en réalité de respirer comme un embryon, c'est-à-dire en circuit fermé, sans dépendre de l'extérieur. « Avaler » son souffle, le faire circuler à l'intérieur en demeurant parfaitement imperméable à l'extérieur,

---

1. Jean Chevalier dans le « Que sais-je ? » consacré au soufisme (n° 2176) en donne une excellente définition (p. 101) : le dhikr est le pivot de la prière collective des soufis. Au début, c'est la langue qui répète sans cesse les mots « Allah, Allah », puis elle cesse de bouger, mais les mots continuent à courir sans elle jusqu'à pénétrer l'âme et le cœur. Il ne reste donc que le sens — non le son.

permet, on s'en doute, la plus grande liberté, dans tous les milieux, terrestre, aérien, aquatique...

Je pense là à ces plongeurs en apnée qui sont devenus de véritable amphibiens, simplement parce que certaines fonctions comme la respiration et le pouls sont chez eux beaucoup plus lents qu'à l'ordinaire. Les observations médicales ont révélé une bradycardie, c'est-à-dire un ralentissement du cœur qui bat par exemple 20 fois par minute au lieu de 72, et une « érection pulmonaire » c'est-à-dire un afflux de sang vers le cerveau, le cœur et les poumons, au détriment de la périphérie et des membres.

Quel est l'intérêt de modifier la fonction respiratoire par ces techniques du contrôle du souffle ? C'est toute l'oxygénation du cerveau et des cellules qui s'en ressent. Il semble que l'on puisse trouver dans les cellules un « second souffle »...

Par ailleurs, des spécialistes des phénomènes médiumniques savent qu'une atmosphère confinée où le gaz carbonique l'emporte sur l'oxygène, favorisant l'anoxie cérébrale (manque d'oxygène dans le sang), tend à développer des dons paranormaux. Une diminution relative de l'oxygénation du cerveau semble induire une hyperactivité intellectuelle.

La modification des fonctions nerveuses

Les mystiques pratiquent diverses formes de privations sensorielles. Le silence, le renoncement à la parole, en est une forme. C'est le rôle de la clôture par exemple dans les ordres contemplatifs. La réclusion, la solitude, voire l'immobilité absolue (on pense aux stylites du haut de leur colonne) est une autre forme. De ces deux privations en naît une troisième qui est la privation intellectuelle par manque d'échanges, permettant la pratique du vide mental.

Les cinq sens ne réagissent plus de façon ordinaire : ils deviennent impassibles (l'endurance de certains mystiques est phénoménale). Ils sont comme anesthésiés. C'est, on l'a vu, l'une des caractéristiques de l'extase.

A l'inverse, les sens sont parfois hyperesthésiés, c'est-à-dire qu'ils réagissent d'une façon hypernormale. Ils deviennent plus performants, plus aiguisés. La vue, par exemple, devient perçante à tel point que certains mystiques perçoivent la réalité au-delà des formes (vision extra-oculaire). Ils acquièrent une autre forme de vision, qui, en quelque sorte, rendrait l'œil inutile : la « vision du cœur ».

Un mystique est capable de tout connaître d'un être en face de lui rien qu'en le regardant. L'odorat de certains mystiques est tel qu'ils savent s'ils ont affaire à un être bienveillant ou malveillant d'après l'odeur de celui-ci. La peau des stigmatisés par exemple est d'une telle sensibilité qu'un simple effleurement les fait hurler de douleur. Les yogis disent que le travail en méditation sur le lien entre l'oreille et l'espace leur permet d'acquérir « l'ouïe divine », grâce à laquelle leur relation à l'espace est modifiée, et par conséquent leur sens de l'équilibre, celui de l'orientation et même leur poids.

La modification des fonctions circulatoires

Elle n'est pas volontaire mais elle est fréquemment observée chez les mystiques sous forme de troubles vaso-moteurs, d'hémorragies, de lésions diverses. On peut se demander si les sueurs de sang, des paumes des mains ou du visage, qui sont le lot des stigmatisés, ne seraient pas des hémorragies d'un type exceptionnel... Personne n'a encore pu expliquer comment la grande quantité de sang perdu par les stigmatisés peut être compensée aussi rapidement.

On peut même observer chez les mystiques pratiquant un contrôle absolu de la respiration — et donc un arrêt des oxydations — un arrêt circulatoire, suite logique de la biocémèse (ralentissement de la vie semblable à l'hibernation).

La modification des fonctions circulatoires s'observe sur le fonctionnement du cœur : les ascètes, volontairement ou non, parviennent à en modifier le rythme, à arrêter le fonctionnement cardiaque. On observe aussi des modifications artérielles, veineuses et capillaires.

La modification des fonctions motrices

De nombreux cas de paralysie sont observés chez les mystiques, principalement chez les stigmatisés.

Mais aussi, on l'a vu, des cas d'agilité extraordinaire. Et également des cas de lourdeur du corps inexplicable. La faculté de modifier son poids fait partie des pouvoirs mystiques.

Autre modification, celle de la force musculaire. Certains mystiques (comme certains hystériques) voient leur force musculaire multipliée (on a testé le même phénomène chez les somnambules).

On observe parfois une variation du volume et de la forme des structures organiques elle-mêmes, autrement dit une véritable déformation du squelette. Pour certains, il s'allonge[1] ; pour d'autres, il rétrécit[2], ou il gonfle.

Faut-il prendre ses déformations à la lettre, tant elles sont incroyables ? Ou font-elles partie des légendes ? Thurston juge que de tels détails sont, au contraire, si inouïs, qu'aucun dévôt n'aurait l'idée de les inventer sous peine de n'être pas cru non plus pour les autres prodiges...

A l'inverse, en état d'extase, il y a une hypotonie musculaire qui permet de garder des postures incongrues ou fatiguantes pendant longtemps.

La modification des fonctions générales

Ce sont celles qui concernent par exemple l'homéostasie, cet équilibre indispensable qui maintient à la même température la chaleur intérieure du corps humain quelles que soient les températures et les variations extérieures. Les mystiques parviennent à modifier la température interne de leur corps soit dans le sens d'un refroidissement (c'est le cas des Yamabuschi du Japon qui s'ensevelissent et que le froid finit par momifier en quelque sorte — et on es ici tenté d'établir des rapprochements avec l'état d'hibernation) soit au contraire dans le sens d'une grande éléva-

---

1. Thurston cite le cas de Veronica Laparelli (morte en 1620) dont le procès-verbal rapporte qu'en extase, « elle s'étirait graduellement au point que la hauteur de son cou semblait tout à fait disproportionnée, si bien qu'elle était beaucoup plus grande que d'habitude ».
2. Ce prodige est rapporté — mais c est le seul cas que j'ai lu et il semble ressortir de la légende — pour le soufi Amir Arif dont « les pieds se retirèrent sur eux-mêmes pour que son cadavre puisse entrer dans le cercueil trop court ».

tion de température (c'est le cas des tibétains qui pratiquent le tumo, ou des chrétiens qui « brûlent » d'amour divin).

On pourrait aussi évoquer la réduction de sommeil. Un grand nombre de mystiques semblent dispensés du besoin de dormir. Or, température et sommeil sont deux fonctions régulées par l'hypothalamus.

On peut également évoquer les possibilités extraordinaires d'immunité. Certains yogis par exemple ne sont plus touchés par les agressions naturelles (épines, boue, pluie, etc.). Ne jamais être mouillé par la pluie ou en traversant une rivière est plusieurs fois mentionné dans les biographies des mystiques occidentaux [1].

Enfin, on l'a vu, le corps peut devenir odoriférant, embaumer de parfums mystérieux et merveilleux, et cela du vivant du mystique ou après sa mort. Tout porte à croire que le sang soit le siège de telles modifications.

De même que le corps émet aussi des lumières inexplicables. Aux modifications sanguines s'ajouteraient des modifications endocriniennes.

Tout le circuit énergétique humain, des cellules au cerveau, est modifié.

La modification de l'activité électrique du cerveau

En ce domaine, des observations ont pu être faites plus facilement car cette mesure par l'EEG (électro-encéphalographie) est assez aisée. Il suffit de placer des électrodes sur la tête d'un ascète (des tibétains, des moines zen s'y sont volontiers prêtés) en état de méditation profonde. Mais comme le souligne Pierre Weil dans son étude sur les états de conscience modifiés [2], la réalité de l'expérience est contrôlée mais pas son contenu : « Le problème de la comparaison entre les deux vécus, celui qui a été conditionné par l'EEG et la véritable extase mystique, reste entier. »

1. On le dit par exemple de Marcelline Pauper, une mystique lévitante de Saint-Saulge-en-Nivernais.
2. Pierre Weil : *L'Homme sans frontières, les États modifiés de consience* (Éd. L'Espace Bleu, 1988). Il étudie les effets de l'expérience cosmique (disparition de la perception dualiste moi-le monde, sentiment d'unité, transcendance de l'espace-temps, disparition de la crainte de la mort, visions de lumière, etc.) On ne manque pas d'établir une comparaison avec les récits des mystiques. D'ailleurs, de nos jours, aux États-Unis par exemple, le mot « mysticism » signifie ‹ expérience cosmique » et non « union à Dieu ».

On sait qu'à l'état éveillé, l'EEG indique des ondes rapides bêta, correspondant à la conscience vigile. Dès que l'on ferme les yeux, que l'attention se relâche, les ondes lentes alpha s'installent. Ce sont les ondes que l'on trouve dans les états de relaxation et de méditation. Mais que surgisse une lumière, un bruit, une stimulation quelconque, et l'on repasse de l'alpha au bêta tout à fait rapidement.

Des expériences ont donc été menées, dans les années 60, sur quatre yogis en méditation profonde, en *samadhi*. Dès qu'ils entrent en méditation apparaissent les ondes alpha comme il est normal. Mais quand ces yogis ont été soumis à des stimuli extérieurs (bruits, vibrations, lumières fortes, échauffements brûlants, etc.), le rythme alpha ne s'est pas modifié. On aurait dû voir apparaître des ondes rapides bêta. Non. L'alpha persistait. Autrement dit, rien ne peut modifier le rythme alpha quand le yogi est en samadhi. Deux autres yogis ont eu la main immergée dans l'eau glacée : à l'état d'éveil, l'alpha s'est modifié ; en samadhi, aucune modification du rythme alpha. Et ce rythme envahit toutes les zones du cerveau qui se met donc dans un état de veille vigile. Comme le souligne Aimé Michel :

« Le fait que cet état persiste en dépit de toutes les stimulations extérieures même les plus dramatiques montre que les stimulations sont volontairement arrêtées avant leur arrivée au cortex cérébral, siège de la conscience, des opérations intellectuelles et volontaires. Le mystique a appris à domestiquer l'appareil nerveux qui véhicule les sensations venues des organes et qui, d'habitude, aboutissent aux différentes " aires " spécialisées du cerveau. »

Reste à savoir si les sensations n'arrivent pas jusqu'au cerveau ou si, y arrivant, le yogi en samadhi décide de les tenir pour nulles. Tout ce que l'on sait, c'est que l'activité électrique du cortex n'est plus mobilisée par les stimuli. Quant au yogi, lui, il n'est pas endormi, car le sommeil profond aurait fait apparaître sur l'EEG des ondes très lentes delta, ni en état de transe profonde, lequel aurait fait apparaître des ondes thêta... ni en état d'hypnose... Alors ?

Dans les états mystiques, l'ascète garde une certaine vigilance tandis que son cerveau émet des ondes alpha, signe de relaxation profonde. L'ascète n'est donc ni hypnotisé ni en sommeil.

Pour approfondir une étude sur la physiologie des prodiges du corps, il faudrait étudier en détail toutes les modifications neurochimiques dues à ces modifications physiologiques. Il est encore trop tôt. Mais on peut tout de même soupçonner de profondes modifications dans le fonctionnement de la thyroïde et de l'hypothalamus. Sans parler de cette mystérieuse glande pinéale dont on disait qu'elle n'était qu'un vestige inutile, opinion qui semble remise en question aujourd'hui.

Conclusion

Au terme de cette étude, il me semble qu'on peut considérer le prodige mystique sous différents éclairages.

On peut le définir comme un bouleversement miraculeux du divin dans l'humain. Une puissance intelligente, celle de Dieu lui-même, intervient à un moment précis pour être choisi et dans un but déterminé, et le soustrait à la loi commune. Ce type de raisonnement, que toute religion admet, a prédominé pour expliquer le prodige et le miracle.

On peut aussi, en observant chacun des prodiges du corps, se demander s'il ne pourrait pas exister chez l'homme un organe ou une fonction en sommeil, hibernés en quelque sorte. Un vestige qui lui offrirait la possibilité de sortir de ses limites habituelles... Et il est vrai que, du côté du cerveau, de ses possibilités, de sa neurochimie, on n'a pas encore tout exploré. Le déclenchement de ce « vestige endormi » ne pourrait se produire que lors d'un état exceptionnel. L'ascèse, cette « fuite hors du corps » selon Jean Climaque, en est un, et jouerait un rôle primordial (mais non indispensable puisque les prodiges se produisent parfois chez des êtres non mystiques ou chez des mystiques ne pratiquant pas d'ascèse).

L'amour en serait un autre, véritable déclencheur de l'état mystique ; c'est lui, et lui seul, qui serait la source de toute union au divin. « Dieu doit être si près de moi, écrit Me Eckhart, et moi si près de Lui, que ce moi et ce Lui ne fassent qu'un seul, car tant que ce Lui et ce moi, c'est-à-dire Dieu et l'âme, ne sont pas uniques ici et maintenant, le moi ne pourra jamais opérer ni devenir un avec Lui. »

On est en droit, enfin, de constater les prodiges du corps sous l'angle de l'évolution.

Au cours de son histoire, longue de plusieurs millions d'années, de l'homme préhistorique à l'*Homo sapiens*, l'être humain n'a cessé de s'adapter. Ses composantes physiologiques se sont modifiées (le squelette s'est redressé, le cerveau a augmenté de volume, etc.) et, dans ses comportements, il a appris à faire face au monde qui l'entoure.

Cette nécessité de l'adaptation est d'ailleurs une loi générale au vivant : tout ce qui vit est soumis à l'évolution, du système solaire aux micro-organismes[1]. Les données de l'évolution, qui sont encore en cours d'études (Darwin n'a pas tout dit !) autorisent néanmoins quelques certitudes, dont celle-ci : le vivant avance toujours dans le sens d'une plus grande complexification. L'être humain lui-même s'est complexifié. Et, lentement, pas à pas, il a conquis sa liberté par rapport au milieu extérieur, grâce à ses mains, à sa pensée, à son affectivité.

Évoluer, c'est se libérer.

Or que nous montrent les prodiges du mysticisme ?

Que des êtres exceptionnels, parce qu'ils veulent réduire ou maîtriser certaines fonctions organiques afin de parvenir à l'union au divin, peuvent s'affranchir des lois auxquelles sont assujettis les hommes ordinaires.

Le « corps à prodiges » est libéré des contraintes de la nourriture, du sommeil, du froid, de la gravitation, et même de la corruption *post mortem*.

On peut voir dans cette tension au-delà des limites de l'humain, des efforts de métamorphose.

Mais cette métamorphose est infiniment douloureuse. Le « corps à prodiges » est, le plus souvent, un corps souffrant, voire brisé, dont l'âme seule connaît la félicité. Le prix à payer, pour faire éclore ce « sur-être-à-naître », est cher. Renoncements, ascèses, souffrances, traversées du « désert » (cette sécheresse solitaire dont parlent les mystiques) semblent bien être les passages obligés de cette métamorphose. A tel point qu'on pourrait considérer ces prodiges non pas comme une évolution mais comme un « compte à rebours[2] », comme une remontée dans le temps de l'évolution physiologique : le jeûne total, l'arrêt prolongé de la respiration font penser au fœtus dans le sein maternel, l'arrêt circulatoire à l'embryon de moins de quatre mois, etc.

A l'inverse, on peut considérer que ces efforts de métamor-

---

1. Pierre-Paul Grassé : *L'Évolution du vivant* (Albin Michel, 1973).
2. Je n'emploie pas le mot « régression » qui a un sens psychanalytique précis.

phose et de libération vont dans le sens général de l'évolution. L'être humain n'est peut-être qu'une ébauche, et le mystique un pionnier de l'évolution.

Ce franchissement des limites humaines actuelles autoriserait à regarder les mystiques comme des « mutants », c'est-à-dire, pour reprendre les termes de Jean Guitton[1] : comme « des types d'humanité en avance sur les autres parce qu'ils préfigurent l'humanité à venir... Ce sont des préadaptés. Ils représentent, à titre d'échantillon exceptionnel, l'humanité future, si du moins celle-ci veut bien accéder jusqu'à leur expérience ».

Non pas l'expérience des prodiges, qui ne sont qu'une manifestation spectaculaire de modifications physiologiques. Mais l'expérience essentielle, celle d'une union sublime à l'Invisible, au Tout, au Divin.

Ceux qui, aujourd'hui, aspirent à cette union sont de plus en plus nombreux. Comme si le dialogue avec l'Invisible, trop longtemps négligé, était la seule porte de sortie possible à l'homme pour poursuivre son évolution. Comme si l'homme, devant une impasse, trouvait dans l'union au Divin, l'unique échappée qui lui permette de survivre...

Après l'*Homo sapiens,* il est possible qu'en même temps que le « spatio-pithèque », l'homme capable de s'adapter dans l'espace et d'y vivre, nous regardions naître l'*Homo mysticus.*

---

1. Jean Guitton, in *Œuvres complètes,* tome « Philosophie » (Desclée de Brouwer, 1988).

Bibliographie

Acta Sanctorum (en bibliothèque).

AFLĀKI : *Les Saints des Derviches tourneurs* (Éd. Orientales, 1984).

Anthologie de l'extase, revue « Question de », n° 77 (Albin Michel, 1989).

AVALON Arthur : *Le Pouvoir du serpent* (J. Maisonneuve, 1924).

BERGSON Henri : *L'Énergie spirituelle* (P.U.F., 1985).

BONIFACE Ennemond : *Padre Pio, vie, œuvre* (La Table Ronde, 1966), *Padre Pio le crucifié* (Nouvelles Éditions Latines, 1971).

CAMUS Dominique : *Pouvoirs sorciers* (Imago, 1988).

CASTANEDA Carlos : *Le Don de l'Aigle* (N.R.F., 1982).

CHANGEUX Jean-Pierre : *L'Homme neuronal* (Fayard, 1983).

CHARCOT Jean-Martin : *Les Leçons du mardi à la Salpêtrière* (Retz, 1974).

CHAUVIN Rémy : *Dieu des étoiles, Dieu des fourmis* (Éd. Le Pré aux Clercs, 1989).

CHEVALIER Jean : *Le Soufisme* (« Que sais-je ? », n° 2176).

DAHER P. : *Vie, survie et prodiges de l'ermite Charbel Maklouf* (Éd. Spes, 1953).

DAVID-NEEL Alexandra : *Mystiques et magiciens du Tibet* (Plon, 1929).

DAVY Marie-Madeleine : *Encyclopédie des mystiques* (Seghers, 1977).

DEBREYNE Jean : *Essai sur la théorie morale, considérée dans ses rapports avec la physiologie et la médecine* (Bruxelles, 1842).

DESEILLE M. : *L'Évangile au désert* (Œil, 1985).

Dictionnaire de spiritualité (Beauchêne, 1980).

DOODS : *The Greeks and The Unrational* (Berkeley, 1959).

DORESSE Jean : *L'Empire du prêtre Jean* (Éd. Plon), *Les Livres secrets des gnostiques d'Égypte* (réédité aux Éd. du Rocher, 1984).

DOYLE Conan : *Histoire du spiritisme* (Le Rocher, 1981)

ECCLES John C. : *Le Mystère humain* (Mardaga, 1979).

EDDE G. : *Chakras et santé* (Éd. l'Originel, 1985).

ELIADE Mircea : *Mythes, rêves et mystères* (Gallimard, 1957), *Techniques du yoga* (Nouvelle Éd. Gallimard, 1975).

ELLENBERGER : *Précis pratique de psychiatrie* (Maloine, 1981).

FARGES Albert : *Les phénomènes mystiques distingués de leurs contrefaçons humaines et diaboliques* (Paris, 1920).

FONTAINE Martine : *Une guérison par des voies inhabituelles* (Éd. Québec-Amérique, 1986).

GARÇON Maurice : *Rosette Tamisier* (Cahier de la quinzaine, 1929).

GARDET Louis : *La Mystique* (« Que sais-je ? », n° 694).

GOERRES : *La Mystique divine naturelle et diabolique* (5 volumes, parus en 1854, accessibles en bibliothèque).

GOVINDA Lama : *Le Chemin des nuages blancs* (Albin Michel, 1969).

GRANET Marcel : *La Religion des Chinois* (Petite Bibliothèque Payot), 1980, 1ʳᵉ éd. 1922).

GROF Stanislas : *Les Nouvelles Dimensions de la conscience* (Le Rocher, 1987).

GUITTON Jean : *Portrait de Marthe Robin* (Grasset, 1985).

HOFFMAN Edward : *Mystique juive et psychologie moderne* (Dervy-Livres, 1988).

IMBERT-GOURBEYRE : *Les Stigmatisées* (1873), *La Stigmatisation* (1894) (3 volumes, accessibles en bibliothèque).

JAMES William : *L'Expérience religieuse, essai de psychologie descriptive* (Alcan, 1931).

JANET Pierre : *De l'angoisse à l'extase* (2 volumes, société Pierre Janet, 1975).

JEANNEROT Marc : *Le Cerveau machine* (Fayard, 1983).

KEMPE Margery : *Le Livre* (Jérôme Millon, 1987).

KŒSTLER Arthur : *Le Cheval et la Locomotive* (Calmann-Lévy, 1967).

LACARRIÈRE Jacques : *Les Hommes ivres de Dieu* (Fayard, 1975), *Marie l'Égyptienne* (Lattès, 1983).

LANTAGES et LUÇOT : *La Vie de la Mère Agnès de Jésus* (ouvrage paru en 1863, accessible en bibliothèque).

Dʳ LARCHER H. : *Le sang peut-il vaincre la mort ?* (Gallimard, 1951).

LAURENTIN René : *Yvonne-Aimée de Malestroit* (Éd. Œil, 1985)

LEBRUN Maguy : *Médecins du Ciel, médecins de la terre* (Éd. Robert Laffont, 1987).

LECHLER : *Das Raetsel von Konnersreuth im Lichte einer neuen Falles von stigmatisation* (Eberfeld, 1933) ; traduction : « Le Mystère de Konnersreuth à la lumière d'un nouveau cas de stigmatisation ».

LEROY Olivier : *La Lévitation* (Librairie Valois, 1928), *Les Hommes salamandres, recherches et réflexions sur l'incombustibilité du corps humain* (Éd. Desclée de Brouwer, 1931), *Miracles* (Éd. Desclée de Brouwer, 1951), La Splendeur corporelle des saints (Éd. Desclée de Brouwer).

LESOURD et BENJAMIN : *Les Mystères du padre Pio* (France Empire, 1969).

Pr LHERMITTE Jean : *Mystiques et faux mystiques* (Bloud, 1952).

MAILLARD Jean : *Louise du Néant* (Jérôme Millon, 1987).

MARÉCHAL Joseph : *Études sur la psychologie des mystiques* (Alcan, 1924).

MICHEL Aimé : *Metanoïa, phénomènes physiques du mysticisme* (Albin Michel, coll. Spiritualités Vivantes, 1986).

Pr MIROUSE et al. : *Pour en finir avec les maladies psychosomatiques* (Albin Michel), 1987).

MONTMORAND Maxime de : *Psychologie des mystiques catholiques, orthodoxes* (Alcan, 1920).

MURISIER Édouard : *Les Maladies du sentiment religieux* (Alcan, 1909).

Dr OLIVIERI et Dom BILLET Bernard : *Y a-t-il encore des miracles à Lourdes ?* (Lethielleux, 1972).

PESCHANSKI Marc : *Biologie de la douleur* (Le Rocher, 1986).

PEYRET Raymond : *Petite vie de Marthe Robin* (Desclée de Brouwer-Peuple Livre, 1988).

PLANSON Claude : *Le Vaudou* (M .A. Éditions, rééd. 1986).

PLOTIN : *Les Ennéades* (Vrin).

POULAIN Auguste : *Que signifie le mot mystique ?* (Revue Les Études), *Des Grâces d'oraison* (Beauchêne, 1931).

POURRAT Henri : *Saints de France* (Dominique Martin Morin, 1979).

RIBET Jérôme : *La Mystique divine distinguée de ses contrefaçons diaboliques et des analogies humaines* (Poussielgue, 1879 et 1883, 3 volumes, accessibles en bibliothèque).

ROBINET Isabelle : *La Méditation taoïste* (Dervy Livres, 1979).

ROCHAS Albert de : *Suspendre la vie* (Éd. Dorbon-Ainé).

SHELMON Barbara : *La Prière de guérison* (Pneumathèque, 1978).

Sœur Jeanne des Anges : Autobiographie (réédité par Jérôme Millon, 1985).

Le Spatiopithèque : ouvrage collectif (Le Mail, 1987).

SPIDLIK Tomas : *Les Grands Mystiques russes* (Éd. Nouvelle Cité, 1979).

SPIEGL Anni : *Thérèse Neumann, un signe pour notre temps* (Édité à Konnersreuth).

SUDREAU Auguste : *L'État mystique, sa nature, ses phases et les Faits extraordinaires de la vie spirituelle* (Amat, 1921).

Père THURSTON : *Les Phénomènes physiques du mysticisme* (réédité aux Éditions du Rocher, 1986).

TOCQUET Robert : *Hommes-phénomènes et personnages d'exception* (Robert Laffont, 1979).

TONQUEDEC Joseph de *Les Maladies nerveuses ou mentales et les Manifestations diaboliques* (Beauchêne, 1938).

TRESMONTANT Claude : *La Mystique chrétienne et l'Expérience de l'homme* (Éd. Œil, 1977).

VALLART-ROSSI Marie-Agnès : *Benoîte Rencurel, une laïque missionnaire 1647-1718* (Éd. Nouvelle Cité, 1986).

VINCENT Jean-Didier : *Biologie des passions* (Éd. Odile Jacob, 1986).

VUARNET Jean-Noël : *Extases féminines* (Artaud, 1980).

WEIL Pierre : *L'Homme sans frontières, les États modifiés de conscience* (Éd. L'Espace Bleu, 1988).

WINOWSKA Maria : *Le Vrai Visage du padre Pio* (Bibliothèque Ecclesia, 1955).

Yoga Sûtra de Patañjali, texte traduit et commentaire de TVK Desikachar (Éd. du Rocher, 1986).

Le Yoga tibétain et les Doctrines secrètes, traduction du lama Kasi Dawa Samdup (Éd. W. Y. Evans Wentz), trad. de l'anglais (Éd. Maisonneuve J., 1987).

Remerciements

Je tiens à remercier pour l'aide qu'ils m'ont apportée dans mes recherches :

le père Auvray, dominicain

M. Joachim Bouflet, historien de la spiritualité

le docteur Raphaël Bastiani, docteur en médecine, ambassadeur de la république de Saint-Marin auprès de l'UNESCO

le docteur Françoise de Courteix.

M. Olivier Clément, philosophe, écrivain, orthodoxe

M. Jean Guitton, de l'Académie française

le professeur Henri Joyeux, directeur du laboratoire de nutrition et cancérologie à l'université de Montpellier

le docteur Hubert Larcher, directeur de l'Institut métapsychique international

Claudine Lemaire, chercheur, docteur en psychophysiologie

le docteur Mangiapan, directeur du Bureau des vérifications médicales de Lourdes

Aimé Michel, auteur de *Metanoia*

le professeur Jacques Mirouze, de l'Académie nationale de médecine, professeur de clinique des maladies métaboliques et endocriniennes

le père Romul Joanta, de l'institut Saint-Serge

Mme Michèle Rudler, directeur de l'U.E.R. de médecine légale à l'université de Paris V, directeur du laboratoire de toxicologie de la police scientifique

Mireille Palson pour des recherches à la Bibliothèque nationale, et les bibliothécaires de la bibliothèque du Saulchoir à Paris.

Table des matières

Introduction 9
1. Vivre sans manger 15
2. Devenir lumière 39
3. La chair marquée 53
4. Les corps brûlants 85
5. S'élever au-dessus du sol 107
6. Le diable au corps 125
7. Vaincre la douleur 143
8. Le pouvoir de guérir 159
9. En odeur sublime 175
10. Le dédoublement 189
11. Le corps perpétué 203
    Le corps modifié 217
    Conclusion 225
    Bibliographie.... 229

Composition BUSSIERE/Impression SEPC
à Saint-Amand-Montrond (Cher),
en janvier 1990

Dépôt légal : novembre 1989
ISBN 2-86594-052-7
No d'édition : 559. — No d'impression : 037
Imprimé en France